LA GUERRE Hispano-Américaine DE 1898

Par le Capitaine Ch. BRIDE

Breveté d'État-Major (Réserve)

AVEC DE NOMBREUX CROQUIS DANS LE TEXTE

PARIS

LIBRAIRIE MILITAIRE R. CHAPELOT et Cⁱᵉ

IMPRIMEURS-ÉDITEURS

SUCCESSEURS DE L. BAUDOIN

30, Rue et Passage Dauphine, 30

1899

Tous droits réservés.

LA

GUERRE HISPANO-AMÉRICAINE

DE 1898

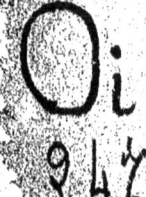

PARIS. — IMPRIMERIE E. CHAPELOT ET C°, 2, RUE CHRISTINE

LA GUERRE

Hispano-Américaine

DE 1898

Par le Capitaine Ch. BRIDE

Breveté d'État-Major (Réserve)

———

Avec de nombreux croquis dans le texte

PARIS

LIBRAIRIE MILITAIRE R. CHAPELOT et Cⁱᵉ

IMPRIMEURS-ÉDITEURS

Successeurs de L. BAUDOIN

30, Rue et Passage Dauphine, 30

———

1899

Tous droits réservés.

LA GUERRE HISPANO-AMÉRICAINE
DE 1898

CHAPITRE PREMIER
UNE PAGE D'HISTOIRE

Aperçu historique et géographique. — Découverte de Cuba et conquête de l'île. — Orographie et hydrographie. — Productions. — Population et races. — Disparition des peuplades anciennes. — La traite des nègres. — La révolte de 1812. — Le Casino espagnol et le gouvernement de l'île. — L'étoile solitaire. — Les flibustiers de Lopez. — Le président Buchanan. — La guerre de dix ans. — Les doléances cubaines. — La commission coloniale. — Le gouvernement métropolitain refuse les réformes. — Commencement de l'insurrection (1). — Prise de Bayamo. — Manuel Cespedes, le Père de la Patrie. — Les généraux Lersundi et Dulce. — Anarchie et massacres. — Don Salvador Cesneros. — Le pacificateur Martinez Campos. — Le Convenio de Zanjon. — Fin de la guerre de dix ans.

C'est en 1492 que Christophe Colomb découvrit l'île de Cuba, mais sans se rendre compte le moins du monde de la situation géographique de sa découverte ; dans la relation de son voyage, il déclare, en effet, que « les terres les plus belles que le soleil éclaire et que ses yeux aient jamais vues » appartiennent au vieux continent et sont une péninsule de l'Asie, la presqu'île Zimpango des anciens géographes.

Le voyage que fit en 1494, sur la côte méridionale de l'île, le navigateur génois ne modifia en rien sa première

---

(1) La partie relative à l'insurrection cubaine est extraite d'un remarquable travail publié en 1898, par M. E. Bousson, dans la *Revue Larousse*.

impression ; la légende rapporte qu'arrivé à quelques lieues de l'extrémité occidentale de l'île, il réunit solennellement ses équipages pour les prendre à témoin que Cuba n'était pas une île, mais bien une partie du continent ; et pour ancrer à jamais cette hasardeuse allégation dans l'esprit de ses subordonnés, il fit mettre à l'ordre de ses caravelles que tout matelot ou officier, énonçant une affirmation contraire à la sienne, aurait les oreilles ou la langue coupées.

C'est en vertu de cet argument sans réplique que Cuba continua d'être péninsule d'Asie, jusqu'en 1508, époque à laquelle Ocampo fit le tour de l'île par le détroit de Yucatan. Trois ans plus tard, en 1511, les Espagnols prenaient possession de Cuba et fondaient la première ville, Baracoa.

Les divers noms que reçut successivement la nouvelle colonie espagnole, Juana, Santiago, Ave-Maria, Fernandina, Alpha-y-Omega, sont tombés rapidement en désuétude et elle conserva définitivement son nom actuel, abrégé de l'appellation Cubanacan, sous laquelle les indigènes désignaient une portion de leur territoire. Du mot Cuba, les flibustiers de tous les pays, même de France, ont fait le vocable Coube ou Couve ; l'appellation île de la Couve se trouve notée sur quelques anciennes cartes marines.

Cuba, la plus vaste des Antilles, occupe une position géographique dominante entre le golfe du Mexique et la mer des Caraïbes ; sa forme est unique parmi les îles américaines ; les géographes espagnols l'ont fréquemment comparée à une langue d'oiseau.

De la pointe de Maisi au cap San-Antonio, elle décrit une courbe de 1450 kilomètres, dont la convexité est tournée vers le Nord ; la largeur de l'île ne dépasse nulle part 100 kilomètres. Son périmètre, d'après la carte d'Esteban Pichardo, dépasse 11,000 kilomètres ; sa superficie serait de 112,191 kilomètres carrés ; en lui adjoignant l'île de Pinos et les quelques îlots de la côte Nord et de la côte

Sud, on arrive à un total de 118,883 kilomètres carrés, c'est-à-dire qu'à elle seule, Cuba, avec ses dépendances immédiates, est aussi vaste que le reste des Antilles, plus étendue que le Portugal, et atteint le quart de la superficie de l'Espagne continentale.

L'ossature de l'île est constituée par une chaîne de montagnes bien caractérisée, qui se dresse brusquement hors des flots dans la partie sud de l'île, au nord du détroit qui sépare Cuba de la Jamaïque. Elle commence par le promontoire du cap de Cruz, et, s'élevant rapidement de terrasse en terrasse, dépasse la hauteur de 1000 mètres à l'Ojo del Toro, ou « Source du Taureau ».

Plus loin, la chaîne s'élève encore et atteint son point culminant au Pico Turquino, ou « Montagne Bleue (2,500 mètres) ». En cette partie de leur plus grande élévation, dit Élisée Reclus, les monts très escarpés du côté de la mer s'appuient à l'intérieur sur un large plateau, dont la pente ravinée s'incline vers la vallée du Cauto; mais au delà, la rangée principale, qui prend le nom de sierra del Cobre, ou « du cuivre », dû à ses gisements métallifères, se rétrécit et s'abaisse peu à peu, et, après s'être développée en amphithéâtre au nord de la côte de Santiago de Cuba, finit par mourir au bord des marécages de Guantanamo.

Une dépression transversale sépare du reste de l'île la sierra Maestra et le plateau qui lui sert de piédestal; les montagnes qui s'élèvent en désordre à l'extrémité orientale de Cuba constituent un massif distinct de la chaîne maîtresse. Beaucoup moins régulières dans leurs allures, ces montagnes, qui commencent à la pointe même du cap Maisi, sont découpées par les rivières en de nombreux groupes secondaires, formant, en maints endroits, des crêtes étroites, des taillantes, ou *cuchillas*. Quelques cimes dépassent de leurs masses puissantes le profil en dents de scie des arêtes plus basses. Non loin du promontoire terminal se dresse un superbe cône tronqué, le *Yunque* ou

« l'Enclume » de Baracoa, haut d'un millier de mètres. Au delà, les montagnes se continuent en massifs irréguliers parallèlement à la côte septentrionale de l'île.

L'ensemble du relief s'abaisse peu à peu à l'ouest et même, vers le milieu de l'île, le sol n'offre plus aucune saillie; le corps insulaire, rétréci en cet endroit à une largeur de 75 kilomètres seulement, est partiellement occupé par des marais riverains et l'espace intermédiaire est une plaine basse. Avant la construction du chemin de fer qui réunit les deux plages, une « piste » ou *trocha*, frayée à travers les forêts, était considérée comme formant la ligne de division entre les deux moitiés de Cuba; pendant l'insurrection, ou plutôt les insurrections qui précédèrent la guerre hispano-américaine de 1898, les troupes de la métropole avaient bordé la trocha d'une rangée de fortins pour fermer aux insurgés du massif oriental le chemin des villes et des plantations de l'Ouest.

Au delà de cette dépression médiane, les collines recommencent; elles ont une faible altitude, deux à trois cents mètres, mais leurs brusques parois, les fissures profondes des rochers donnent un grand aspect à ces massifs que séparent des plaines accidentées; d'après Rodriguez Ferrer, le point culminant de cette région centrale de Cuba serait le Potrerillo (908 mètres) au nord-ouest de Trinitad, dans le district des Cinco-Villas, sur le rivage du Sud.

Les hauteurs de la région occidentale constituent un premier massif entre Matanzas et la Havane, assez rapproché de la côte du Nord, et présentant, non loin de la première ville, un piton de 390 mètres, le Pan de Matanzas.

Le deuxième massif qui commence à l'ouest de la Havane et qui, vu de la mer, prend l'aspect d'une véritable chaîne, la Cordillera de los Organos, a des mornes plus élevés : le Pan de Guajaibon a 585 mètres de hauteur. Cette chaîne extrême projette son dernier promontoire au nord de la baie dite du Guadiana : au delà, l'île allonge encore, vers le détroit de Yucatan, une péninsule basse de dunes, de marais, de broussailles, et se termine par la plage du cap San-Antonio qui recourbe sa pointe en corne vers le Nord. Les fleuves de Cuba, presque tous d'un faible cours et d'un étroit bassin, sont relativement abondants. Le plus fort, le Cauto, profite de la vallée longitudinale que lui offre la sierra Maestra pour se développer au nord de cette chaîne et réunir dans son lit de nombreux affluents qui lui viennent des montagnes du nord et du sud. La longueur de son cours, de la sierra del Cobre à la baie de Manzanillo, est évaluée à 212 kilomètres et près de la moitié de cet espace est navigable pour les petites embarcations ; des navires de 50 tonneaux remontent le fleuve jusqu'au village de Cauto dit « Embarcadero ». Autrefois, la barre qui bouche actuellement l'embouchure du fleuve était beaucoup moins accentuée, et des navires de fort tonnage remontaient le Cauto ; il y a quelques années on retira des vases les canons d'un navire de haut bord qui s'y était enlisé lors d'une inondation restée légendaire, celle de 1616, qui dévasta le pays et modifia l'hydrographie de la région.

Les autres rivières de Cuba, même les deux cours d'eau les plus connus de la côte septentrionale, Sagua la Grande et Sagua la Chica, sont beaucoup moins abondantes que le Cauto ; un grand nombre d'entre elles n'atteignent même pas la mer et se perdent dans des lacs intérieurs ou dans les lagunes et marécages salés du littoral.

L'île de Cuba se trouve en entier dans la zone tropicale. La richesse et la variété de sa végétation lui a fait donner le nom de « Perle des Antilles ». Quant à sa faune, elle n'existe pour ainsi dire que depuis la conquête. Avant le débarquement de Colomb, il n'y avait à Cuba d'autres mammifères que des chauves-souris et de petites espèces de rongeurs parmi lesquelles le guaquinaji ou « chien muet », sorte de raton qui a disparu aujourd'hui. Les autres animaux sont d'importation européenne. Quelques espèces sont redevenues sauvages ou se sont complètement tranformées.

Particularité remarquable et dont les Cubains sont très fiers, aucun serpent n'est venimeux dans l'île ; d'aucuns affirment même, sans d'ailleurs apporter de preuves à l'appui, que les espèces venimeuses introduites à Cuba finissent par perdre leur venin ; la morsure du scorpion, par exemple, ne produirait qu'une légère irritation. C'est sur cette terre privilégiée que les Espagnols prétendirent au XVI° siècle apporter la civilisation. En trois années, de 1512 à 1515, l'intérieur de l'île était complètement reconnu et la population, entièrement soumise, avait déjà disparu de maint district ; les Indiens ne résistaient pas, mais ils mouraient. Seul, le cacique Hatuei, venu d'Haïti dans la partie orientale de Cuba, essaya de combattre : c'est celui qui, dans les tortures, refusa de se laisser baptiser, afin de ne pas aller au même ciel que les « bons » Espagnols. En 1524, les Indiens de Cuba avaient déjà diminué des deux tiers : les uns succombaient à la peine, les autres hâtaient leur fin en mangeant de la terre et des cailloux ou bien du manioc dont la farine contenait encore le suc vénéneux. En 1532, dit un rapport officiel, on ne comptait plus guère que 4,000 Indiens à Cuba : vingt et une années avaient donc suffi pour faire disparaître presque complètement la race. En 1554, soixante familles d'aborigènes errant dans la partie occidentale furent réunies en une sorte de lazaret à Guanabacoa, près de la Havane, mais quelques restes de tribus survivaient dans les montagnes de la région orientale. Encore en 1847, Rodriguez Ferrer visita non loin de Tiguabo, dans une des vallées de la sierra Maestra qui s'inclinent vers la baie de Guantanamo, une famille d'Indiens non mélangés comprenant plus d'une centaine d'individus avec fils, petits-fils et arrière-petits-fils. Dans la même région, plusieurs autres familles sont considérées comme d'origine indienne, mais les alliances avec noirs et blancs ont modifié l'aspect de la race. Les nègres que les planteurs importèrent dans l'île pour remplacer les indigènes exterminés et que l'on achetait à poids d'or lorsque Cortez préparait son expédition au Mexique ne s'accrurent que bien lentement en nombre, et de nouvelles cargaisons durent incessamment réparer les pertes des anciennes chiourmes; encore, au milieu de ce siècle, en dépit des conventions signées avec la Grande-Bretagne et du rachat de la traite payé par elle au prix de 10 millions, en dépit des lois qui interdisaient l'achat des noirs sous les peines les plus sévères, mais qui défendaient aussi de faire enquête sur les droits de propriété des planteurs, les négriers débarquaient chaque année de trente à cinquante chargements de *bozales* ou « nègres bruts » que se disputaient les acquéreurs convoqués sur la plage écartée où devait se tenir le marché. On évalue à un demi-million d'hommes le nombre des malheureux introduits par fraude à Cuba depuis l'abolition officielle de la traite en 1820 : une once d'or ou 84 francs, tel était le bénéfice du négrier pour chaque esclave importé. Pendant la période où la traite était libre, le nombre des esclaves débarqués ouvertement n'avait pas été plus considérable.

La population noire ne commença d'augmenter spontanément dans l'île que vers la fin du siècle dernier, alors qu'après l'élimination successive des célibataires, le nombre des femmes, sans égaler celui des hommes, suffit pour permettre aux familles de se constituer. Les esclaves finirent par l'emporter sur les hommes libres : dès l'année 1791, on les évaluait à un peu plus de la moitié des habitants; mais la répression définitive de la traite, puis la guerre de la Sécession américaine, qui se termina par l'abolition de l'esclavage dans la république reconstituée des États-Unis, rendirent impossible le maintien de la servitude dans l'île espagnole lors de l'insurrection des districts orientaux; les planteurs révoltés émancipèrent eux-mêmes et armèrent leurs esclaves contre les troupes péninsulaires. Le gouvernement de la métropole, quoique toujours dévoué aux intérêts des grands propriétaires, comprit enfin qu'il fallait céder, et, en 1880, une loi décréta l'abolition graduelle de l'esclavage. Sept années après, en 1886, l'émancipation définitive était proclamée : il ne restait plus que 25,000 esclaves à affranchir.

Le changement fut plus apparent que réel dans les plantations : les noirs, esclaves hier, continuèrent de travailler comme serviteurs; seulement le salaire direct remplaça la nourriture et l'entretien. D'ailleurs, même pendant la période de servitude, les noirs cubains avaient été moins durement opprimés que ceux des colonies d'autres nations.

On leur avait garanti les « quatre droits » : 1° de se marier à leur convenance ; 2° de se chercher un nouveau maître quand le premier était trop dur ; 3° de racheter leur liberté par le travail ; 4° enfin, d'acquérir une propriété leur permettant, au cas échéant, de libérer leur famille.

Les subdivisions de races que l'on retrouve aujourd'hui à Cuba sont multiples. Les Andalous et les Castillans furent d'abord les colons les plus nombreux; puis vinrent les Basques et les Catalans, les Canariotes descendants des Guanches, les Gallegos ou Galiciens qui fournissent un grand nombre de travailleurs aux usines de sucre. Tous ces colons constituent la classe des paysans dits *blancos de la tierra*, « blancs de la terre » ou *goajiros*. Parmi les blancs qui ne sont pas d'origine espagnole, les plus nombreux sont les colons de provenance française, échappés aux massacres de Saint-Domingue et établis à Baracoa, à Santiago de Cuba, à Guantanamo, à Cienfuegos. C'est au mélange des sangs français et espagnol que les femmes de Santiago doivent la beauté de leur visage, la finesse de leurs traits, l'élégance de leur démarche. Les étrangers anglais, américains du Nord, allemands se sont établis principalement dans les villes commerçantes de la rive nord, la Havane, Matanzas, Cardenas.

Enfin, dans les bas-fonds de la société grouille une population jaune, ramassis de la plus vile populace de Canton et de Macao, que les planteurs ont transportée dans l'île pour remplacer les nègres morts ou émancipés. L'immigration mexicaine a fourni également quelques milliers de travailleurs yucatèques aux plantations de Cuba.

En dépit de la doctrine de Monroë et du principe si souvent proclamé, « l'Amérique aux Américains », Cuba n'a cessé d'appartenir aux descendants des conquérants espagnols que depuis quelques jours (décembre 1898).

Mais, depuis la conquête, elle fut souvent menacée par les pirates anglais et français, et l'on montre encore des fortins appelés, dans le langage populaire, à tort ou à raison, « tours des Boucaniers ».

Deux fois la Havane fut occupée par les forces britanniques; mais les Cubains se défendirent toujours avec vaillance contre les étrangers, et c'est au commencement de ce siècle seulement, après la guerre d'indépendance américaine, les révolutions de France et de Saint-Domingue et l'invasion de l'Espagne par les armées françaises, que des symptômes d'insurrection se manifestèrent parmi les créoles de Cuba contre les Espagnols.

De même qu'au Mexique, les « Péninsulaires », proportionnellement beaucoup plus nombreux à Cuba, tenaient les créoles en mépris et ne leur laissaient aucune part dans l'administration. Ceux-ci se vengeaient par des caricatures et des libelles : ils désignaient les Espagnols sous le nom de *Godos* ou Goths, synonyme de barbares, encore plongés dans les superstitions des temps anciens. La haine de caste avait fini même par séparer les femmes : tandis que les *Godas* gardaient leur chevelure, les Cubaines la coupaient, d'où le nom de *Pelonas* ou pelées que leur donnaient les Espagnols.

Soixante ans plus tard, une autre mode prévalut chez les femmes créoles du parti de l'indépendance, celle de porter les cheveux épars.

Malgré le mécontentement des créoles cubains, aucune insurrection n'éclata, et même les blancs des deux castes se réconcilièrent soudain, en 1812, quand on apprit que les nègres du district oriental s'étaient soulevés, près de Holguin et de Bayamo ; les planteurs de Puerto-Principe, à la tête des esclaves fidèles, firent des battues contre les nègres marrons, les cernèrent dans les forêts et les massacrèrent ; le chef, Aponte, fut réservé pour la pendaison, avec huit de ses camarades. L'esclavage, c'est-à-dire la complicité forcée des Espagnols et des créoles dans les crimes de la traite et de l'exploitation des noirs, était le lien qui rattachait l' « île toujours fidèle » à la mère patrie. Mais de grands changements politiques et sociaux modifièrent peu à peu l'équilibre du Nouveau Monde : en 1819, les possessions espagnoles des Florides, le long du golfe mexicain, furent remises aux Etats-Unis, puis les diverses provinces de la Terre-Ferme, dans l'Amérique centrale et l'Amérique du Sud, se constituèrent en républiques indépendantes, après de sanglants conflits auxquels de nombreux volontaires cubains avaient pris part. La traite avait été interdite, puis l'esclavage aboli dans les colonies anglaises, et plus tard dans les îles françaises, et cependant la situation restait toujours la même à Cuba.

Le gouvernement de la métropole avait accordé aux insulaires le droit de se faire représenter aux Cortès, puis le leur avait repris ; les Cubains vivaient en réalité sous le régime de l'état de siège, et le capitaine général était toujours investi des mêmes pouvoirs que le commandant d'une place assiégée.

Mais ce dictateur absolu ne l'était qu'en apparence : il se trouvait en réalité comme un simple instrument dans la main d'un pouvoir occulte, le « Casino espagnol », c'est-à-dire l'association des grands propriétaires d'esclaves,

Par la force que lui donnaient ses richesses, ce comité pouvait sans peine faire édicter des lois qui lui convenaient et violer celles qui le gênaient, acheter les gouverneurs complaisants et briser ceux qui lui étaient hostiles. Le Casino, d'autant plus redoutable dans son autorité qu'il était irresponsable et sans nom, n'avait en vue que le maintien de la traite et de l'esclavage.

Aussi, la première insurrection qui se produisit pendant la période révolutionnaire du milieu de ce siècle n'avait-elle point pour but d'abolir la servitude : au contraire, elle devait annexer Cuba, « l'Étoile solitaire » (Lone star), aux autres étoiles américaines, et ajouter un demi-million d'esclaves et le groupe puissant des planteurs cubains à l'empire politique des États du Sud. Le gouvernement de Washington, alors dominé par le parti des esclavagistes, voulait bien ignorer, ou même favoriser, les expéditions qui se préparaient dans ses ports; pourtant elles ne réussirent point. Lopez et ses « flibustiers » ne purent se maintenir pendant deux jours à Cardenas où ils avaient débarqué, en 1851 ; une deuxième tentative, faite dans la Vuelta de Abajo, ne réussit pas davantage, et Lopez fut passé par les armes avec 50 de ses compagnons. Néanmoins, la révolution était pour ainsi dire en permanence par suite des conspirations incessantes tramées aux États-Unis par les fugitifs et les bannis, et des difficultés diplomatiques suscitées par le gouvernement des États-Unis : celui-ci voulut régler définitivement la situation en achetant Cuba, et le président Buchanan offrit à l'Espagne la somme de un milliard, refusée avec indignation par les patriotes castillans. D'ailleurs, la guerre de Sécession éclata presque aussitôt après et la République Nord américaine, menacée de disparaître, ne songea plus à s'annexer de nouveaux États.

Enfin la grande insurrection cubaine éclata en 1868 à Yara, dans ce même district oriental où tant de mouvements de révolte avaient eu déjà lieu.

La guerre devait durer dix ans : 1868 à 1878. Pourtant, à la veille de commencer les hostilités, les Cubains firent une dernière tentative de conciliation. Ils adressèrent à la reine Isabelle, qui régnait alors en Espagne, une supplique dans laquelle ils demandaient qu'on voulût bien les entendre et permettre l'organisation à la Havane d'un cercle réformiste. Cette supplique, dans laquelle ils protestaient de leur dévouement à la couronne d'Espagne, fut mal accueillie à la cour de Madrid où dominait l'influence des péninsulaires. Ces opposants, intéressés à la conservation d'un état de choses qui leur permettait de faire fortune en trois ou quatre ans à la tête de l'administration de Cuba, firent rédiger par leurs amis un contre-projet dans lequel l'île était complètement sacrifiée. Ils firent venir de Cuba trois de leurs partisans qui, habilement soutenus, n'eurent point de peine à faire rejeter les demandes des Cubains et notamment celle qui tendait à obtenir pour l'île une députation spéciale. M. Canovas del Castillo, alors ministre d'outre-mer, fit rendre un décret royal qui créait à Madrid une commission d'enquête chargée d'examiner les réclamations des Cubains. Aux termes de ce décret, les municipalités de Cuba et de Porto-Rico devaient élire 22 commissaires chargés de répondre aux questions que leur adresserait le gouvernement. Celui-ci devait, de son côté, nommer 22 commissaires auxquels il se réservait le droit d'adjoindre quelques personnalités éminentes ayant exercé des emplois dans les colonies.

Le gouvernement nomma ses commissaires qui tous furent choisis parmi les adversaires de toute réforme ; 20 commissaires sur 22 nommés par les Cubains étaient, à des degrés divers, partisans d'un remaniement du système colonial espagnol.

Les Cubains étaient donc en minorité. Ils acceptèrent cependant le débat et la commission se réunit à Madrid. Ses séances eurent lieu à huis clos et sans qu'il pût être fait de compte rendu.

Les commissaires coloniaux demandèrent qu'on s'occupât d'abord de la traite africaine et de l'esclavage ; mais le gouvernement écarta cette question et promit aux délégués, qui voulaient se retirer, de la reprendre à la fin de la session. Sur cette promesse formelle, les délégués des colonies reprirent séance et firent connaître à la commission :

1º Le système adopté avec les nègres émancipés et les Chinois importés dans l'île, système qui aboutissait à obliger les uns et les autres à se rembarquer à leurs frais sous peine d'être obligés de se mettre à la merci des planteurs ;

2º Les motifs de la dépopulation de l'île qui, avec un territoire capable de nourrir plus de 16 millions d'habitants, en contenait à peine un million et demi, tant étaient nombreuses les émigrations aux États-Unis. Les délégués attribuaient cette dépopulation à l'administration tyrannique de l'île, dont les gouverneurs n'étaient favorables qu'aux péninsulaires venus pour s'enrichir et repartir en Espagne, leur fortune faite. Ils faisaient remarquer que la conséquence de ce manque de bras était l'abandon à l'état de terres incultes des neuf dixièmes d'un territoire capable de donner les plus belles et les plus riches productions du monde.

Ils se plaignirent, en outre, de l'absence de voies de communication, faisant observer que les quelques routes construites l'avaient été aux frais des Cubains et que souvent le pouvoir s'était opposé, dans l'intérêt de telle ou telle personnalité, à leur percement, bien que les frais dussent être faits exclusivement par les municipalités.

Ils signalèrent encore l'absence de traités de commerce avantageux pour leur île, d'un régime douanier régulier, d'un système d'impôts bien combiné ; ils ajoutèrent qu'on n'avait jamais rien fait pour développer l'instruction publique dans l'île, que les municipalités étaient sans pouvoir, que la vénalité et la malversation des hauts fonctionnaires étaient connues de tous, même du gouvernement qui tolérait les plus monstrueux abus et mettait toute la population cubaine à la merci de gouverneurs qui étaient de vrais pirates.

La question des charges qui pesaient sur les habitants de l'île fut l'occasion d'une longue et intéressante discussion dans laquelle il fut établi : 1° que chaque Cubain payait annuellement 618 réaux de contribution, tandis que chaque péninsulaire n'en payait que 140 ; 2° que la somme énorme que produisait l'impôt était absorbée par la métropole, soit pour le traitement de fonctionnaires dont les appointements étaient scandaleux, soit pour des expéditions inutiles au Mexique ou ailleurs, soit pour solder des dépenses qui devaient rester à la charge exclusive de l'Espagne. Ces détails, fournis par des hommes compétents et dont la situation commerciale était, à Porto-Rico comme à Cuba, très importante, produisirent une certaine impression sur la majorité de la commission.

Lorsque la question de la réforme de l'impôt vint en discussion, les commissaires coloniaux consentirent, au profit de l'Espagne, un impôt de 6 pour 100 et déclarèrent qu'il leur était impossible de faire plus.

Sur la question de l'esclavage, les commissaires cubains et ceux de Porto-Rico se divisèrent. Les premiers proposèrent un plan d'abolition graduelle qui devait donner satisfaction à tous les intérêts ; ce plan était jugé nécessaire, la population noire étant de 400,000 hommes dans une île qui ne comptait que 1,500,000 habitants. Les représentants de Porto-Rico réclamaient l'émancipation immédiate, ce qui ne pouvait amener chez eux aucune perturbation, puisque les noirs ne représentaient dans leur île que le quinzième de la population totale (40,000 noirs pour 600,000 blancs).

Les députés coloniaux, divisés sur cette question de mesure, demandèrent à l'unanimité que la traite des noirs fût considérée comme piraterie. Les négriers, nombreux dans la commission, s'indignèrent et protestèrent de toutes leurs forces. Néanmoins, les commissaires arrêtèrent un plan général de réforme qui donnait une certaine satisfaction aux justes réclamations des colonies.

Restait à obtenir du gouvernement de Madrid la ratification des décisions prises. Les commissaires coloniaux avaient quitté l'Espagne et attendaient la réforme tant désirée lorsque le gouvernement de la reine modifia le système des contributions et, tout en laissant subsister des impôts dont la suppression avait été demandée, fixa à 10 pour 100 l'impôt direct au lieu de 6 pour 100, accepté comme maximum par les commissaires.

A la nouvelle de cette décision, la commission coloniale se réunit pour protester, mais elle fut dissoute et le recouvrement de l'impôt à 10 pour 100 fut immédiatement ordonné.

Sur ces entrefaites éclatait en Espagne le pronunciamiento qui renversait la reine Isabelle (septembre 1868). Les Cubains jugèrent le moment arrivé de lutter pour leur indépendance et coururent aux armes.

Le 10 septembre 1868, l'avocat Carlos Manuel Cespedes, auquel les Cubains ont décerné le titre de « Père de la Patrie », et Jean Aguilera, riche propriétaire, déployaient le drapeau cubain et, au nombre de 3,000, marchaient contre Bayamo dont ils s'emparaient. Quelques jours après, le général insurgé Pedro Figueredo donnait à l'armée de l'indépendance son hymne national, la Bayamesa, dont voici la première strophe :

> Al combate corred, Bayameses
> Que la patria os contempla orgullosa,
> No temais una muerte gloriosa
> Que morir por la patria es vivir (1) !

---

(1)   Courez au combat, vainqueurs de Bayamo,
       Car la patrie orgueilleuse vous contemple ;
       Ne craignez point une mort glorieuse,
       Car mourir pour la patrie c'est vivre !

Le général Lersundi, gouverneur de Cuba au nom de l'Espagne, dirigea de Santiago des troupes régulières contre les insurgés. Ceux-ci, armés de *machetes*, sortes de grands coutelas servant à couper les cannes à sucre, et de fusils de chasse, tinrent en échec les soldats du gouvernement et leur firent une guerre cruelle.

Pour donner une idée exacte de leur manière d'opérer et des résultats qu'obtinrent au début les bandes de Cespedes, il suffira de dire qu'à l'effectif de 500 hommes, ils vinrent camper sur les hauteurs qui dominent Santiago, bloquèrent cette ville pendant plus de trois mois, arrêtant les convois et tenant tête à la garnison, qui comptait cependant plus de 3,000 hommes. Celle-ci joua d'ailleurs un rôle passif, se contentant d'attendre des renforts. Mais pendant ce temps de nouvelles recrues arrivaient à l'insurrection. Les petits cultivateurs ruinés par le fisc, les nègres auxquels la liberté était promise se joignaient à la troupe de Cespedes. Après la prise de Bayamo, qui eut dans l'île un retentissement immense, les bandes cubaines purent s'équiper et s'armer dans les magasins de la place.

Tout le centre de Cuba s'insurgea.

Le gouvernement de la Havane envoya contre les rebelles les généraux Balsameda et Lono. Les Cubains se retirèrent après quelques petits combats, en brûlant tout derrière eux et faisant le vide devant l'armée régulière. Cette tactique eut le résultat qu'en attendaient les indépendants. Les troupes durent renoncer à suivre Cespedes et l'insurrection gagna du terrain, couvrant le territoire des Cinco-Villas, où se trouvent les cinq villes les plus riches de l'île après la Havane. La lutte continua avec férocité de part et d'autre.

En janvier 1869, le général Lersundi était remplacé comme gouverneur par le général Dulce. Le premier acte de celui-ci fut de confisquer les biens de tous les Cubains qui avaient pris une part même indirecte à l'insurrection. Mais cette mesure, destinée surtout à remplir les caisses espagnoles, ne produisit que peu d'effet, à cause de la difficulté de transformer en espèces les biens confisqués et surtout à cause de la rapacité et du gaspillage des fonctionnaires chargés de l'opération.

Pendant le gouvernement du général Dulce, des scènes de meurtres se produisirent à la Havane et dans les environs ; des volontaires indisciplinés se livrèrent à tous les excès, au cri de : Vive l'Espagne ! fusillant les Cubains suspects d'appartenir au parti de l'indépendance, pillant et incendiant leurs maisons, sans que le gouverneur osât intervenir. De leur côté, les Cubains, par représailles, fusillaient sans pitié les volontaires qui tombaient en leur pouvoir. L'anarchie était complète dans la malheureuse capitale de l'île.

Le général Caballero de Rodas, qui succéda au général Dulce, essaya en vain de rétablir l'ordre. Les volontaires méconnurent ses ordres et continuèrent leurs excès, jetant ainsi dans l'insurrection des habitants restés jusque-là fidèles à l'Espagne.

Cependant, les insurgés tenaient presque toute la campagne, obligeant les Espagnols à se renfermer derrière les remparts des villes ; car si l'armée de Cespedes avait des fusils et des cartouches, elle n'avait pas de canons. Elle ne put s'en procurer qu'en 1870 ; au cours de cette année, l'armée de l'indépendance avait un effectif de 10,000 soldats aguerris. Quelques mois plus tard, lorsque le général Jordan succéda à Cespedes dans le commandement de l'armée, celle-ci s'élevait au chiffre de 20,000 rationnaires.

En 1872, don Salvador Cesneros, marquis de Santa-Lucia, fut placé à la tête du gouvernement insurrectionnel et donna à la lutte une vigueur nouvelle. Mais, fidèle à la tactique adoptée depuis le commencement de la guerre, il évita avec soin les batailles rangées, épuisant les Espagnols par des escarmouches et des entreprises de partisans.

Au commencement de 1874, le capitaine général Concha, ne pouvant obtenir de la mère patrie les renforts nécessaires, essaya d'enrôler des Cubains et des nègres, frappant d'une amende énorme ceux qui voudraient se soustraire à cette conscription. Mais cette mesure donna peu de résultats ; les intéressés s'enfuirent aux États-Unis ou rejoignirent les bandes insurgées. Jusqu'en 1876, celles-ci tinrent en échec toutes les troupes régulières, que d'ailleurs la fièvre jaune décimait périodiquement. A cette époque, le maréchal Martinez Campos débarqua à Cuba avec tous les pouvoirs. Son intervention énergique, sa fermeté, tempérée par une certaine bienveillance, amenèrent une détente dans les esprits et une solution à la crise.

Les insurgés, en proie à une grande lassitude, n'ayant pu obtenir des États-Unis l'appui qu'ils en espéraient et leur reconnaissance de belligérants, déposèrent les armes après les pourparlers qui aboutirent au *Convenio del Zanjon*. La guerre de dix ans était terminée.

Par la convention de Zanjon, l'Espagne concédait aux Cubains les mêmes droits politiques qu'aux habitants de Porto-Rico, reconnaissait libres tous les esclaves appartenant aux bandes insurgées et accordait un pardon général pour les délits commis pendant la guerre. Quelques-uns des principaux chefs insurgés, parmi lesquels Antonio Maceo et Vicente Garcia, refusèrent de souscrire au pacte de Zanjon et esayèrent de continuer la lutte. Mais, le 9 mars 1878, Maceo lui-même abandonna la partie et s'embarqua pour la Jamaïque. Enfin, au mois de mai, les autres chefs qui tenaient encore la campagne, **Limbano Sanchez, Guillermon, José Maceo, Quintin Bandera** et **Vicente Garcia**, qui resta le dernier à son poste de combat, renoncèrent à des efforts désormais superflus. Vicente Garcia s'embarqua pour le Venezuela.

Un autre soulèvement éclata en 1880 à Santiago de Cuba, dirigé par le général cubain Calixto Garcia. Mais le général Blanco, alors gouverneur, en eut vite raison. « Le soulèvement de Santiago, dit M. le comte de S... (*Revue internationale*), était la dernière lueur de l'incendie allumé en 1868. Ce feu, qui avait duré douze années, paraissait décidément bien éteint. On pouvait espérer que désormais toute menace d'embrasement ou de sinistre avait disparu. En tout cas, le rôle de l'élément militaire était terminé. C'était aux hommes politiques à prendre les mesures nécessaires pour guérir complètement les blessures saignantes encore et pour les empêcher de se rouvrir. »

CHAPITRE II

L'INSURRECTION CUBAINE

La révolution de 1895. — Les causes de la révolte. — Griefs des Cubains. — Réponse des Espagnols. — Les préparatifs. — L'avocat José Marti. — Comités de propagande et comités d'action. — Les chefs de l'insurrection. — Inertie du gouverneur Calleja. — Il est remplacé par Martinez Campos. — Premiers engagements. — Combat du Contramaestro. — Mort de Marti. — Combats de Perlaujos et de Mulato. — Le marquis de Santa-Lucia. — Manifeste révolutionnaire. — Incendie de Baracoa. — La République proclamée à Jimaguayu. — Constitution cubaine. — Le premier Président de la République. — M. Bartolomé Masso. — Les représentants cubains à l'étranger. — Le trésor de guerre. — L'armée révolutionnaire. — Les Maceo. — Mlle Agramonte. — Rappel de Martinez Campos. — Le général Weyler. — Les Reconcentrados. — Terribles représailles. — La mort de Maceo. — Les trochas. — L'assassinat de Canovas. — Les décrets d'autonomie. — Le maréchal Blanco. — L'exécution du colonel Ruiz. — Trop tard.

Il serait injuste de ne point mentionner les efforts faits par l'Espagne depuis 1878 pour réparer les erreurs commises antérieurement et améliorer la situation de ses colonies américaines. C'est ainsi qu'en 1880 elle étendit à tous les noirs la clause d'émancipation contenue dans le pacte de Zanjon ; elle autorisa les Cubains à élire aux Cortès un député par 40,000 habitants ; elle donna aux provinces des conseils généraux et aux villes des représentations municipales. Malheureusement, toutes ces réformes arrivaient trop tard, et les Cubains émettaient déjà la prétention de s'administrer eux-mêmes ; quelques-uns, le parti avancé, songeaient même à secouer définitivement le joug de la métropole et à revendiquer la pleine et entière indépendance de Cuba.

Dans son étude : *L'Espagne, Cuba et les États-Unis*, M. Charles Benoist résume ainsi qu'il suit les revendications révolutionnaires :

« L'Espagne, dit-il, refuse au Cubain tout pouvoir effectif dans son propre pays ; elle le condamne à l'infériorité politique sur le sol où il est né ; elle confisque le produit de son travail sans lui donner ni sécurité ni prospérité, ni instruction ; elle exploite, écrase et corrompt Cuba. »

Dans une brochure officieuse intitulée : *L'Espagne et Cuba, état politique et administratif de la grande Antille sous la domination espagnole*, le gouvernement a fait répondre à ces accusations : « L'Espagne refuse au Cubain tout pouvoir effectif dans son propre pays. »

Du côté espagnol, on réplique par la liste des Cubains pourvus de hauts emplois dans l'armée, la magistrature, le clergé, aussi bien en Espagne même que dans les colonies.

« L'Espagne condamne le Cubain à l'infériorité politique sur le sol où il est né. »

On réplique que Cuba est représentée aux Cortès par treize sénateurs et trente députés et que le Cubain (quoiqu'il y ait Cubain et Cubain) n'est condamné à l'infériorité ni dans l'État, ni dans la province, ni dans la commune.

« L'Espagne confisque le produit du travail des Cubains (ceci se rapporte probablement à l'impôt et à l'usage qui en est fait) sans donner à Cuba la sécurité, la prospérité, l'instruction. »

Du côté espagnol, on réplique que ce n'est pourtant pas l'Espagne qui fomente les prises d'armes pour avoir le plaisir de dépenser du sang dont elle n'a pas assez, à les arrêter et à les châtier, etc.

Quant à l'instruction, la Havane n'est-elle pas le siège d'une université complète : faculté des sciences, de philosophie et des lettres, de médecine, de pharmacie et de droit ? N'y a-t-il pas à Cuba des collèges et des écoles primaires ? Le recteur de l'Université de la Havane ne nomme-t-il pas une partie des maîtres et des maîtresses de ces écoles ? Et le recteur ne peut-il pas être Cubain ?

La preuve qu'il peut l'être : don Joaquin Lastres est Cubain ; Cubains aussi le vice-recteur et les doyens de toutes les facultés. Sur 80 professeurs, 60 sont Cubains.

« L'Espagne s'est montrée incapable de gouverner et d'administrer Cuba ; elle l'exploite, l'écrase et la corrompt. »

On répond : Il se peut que la politique coloniale de l'Espagne ait laissé autrefois fort à désirer, que l'Espagne ait pendant trop longtemps négligé ses colonies qui ont pu sembler, en effet, n'être ni gouvernées ni administrées ou qui souvent l'ont été d'une façon détestable. Mais à partir de 1865 et sous l'impulsion de M. Canovas, une nouvelle méthode a été mise en pratique. Vingt lois nouvelles ont fait de Cuba une province espagnole assimilée aux provinces de la péninsule et qui peut être encore mal administrée, mais ne l'est ni plus mal ni moins mal que les autres, ou ne l'est plus mal que parce qu'elle est plus loin.

Mais les Cubains insistent et à l'encontre des assertions espagnoles, ils citent des faits et des chiffres :

Les Espagnols, disent-ils, dont le nombre est bien inférieur à celui des Cubains, ont la majorité dans les conseils. L'exercice du droit de vote est subordonné au payement d'un impôt d'autant plus onéreux que, par le fait de la dernière insurrection, les propriétaires cubains sont en majorité ruinés. De cette façon, il y a actuellement 53,000 électeurs sur 1,630,000 habitants, ce qui donne une moyenne dérisoire de 3 pour 100. De plus, pour assurer la prépondérance à l'élément européen, la loi n'est point basée sur la propriété foncière, qui est presque toute en la possession des originaires, mais sur l'industrie et le fonctionnarisme, qui sont tous deux espagnols. Tout propriétaire désirant devenir électeur doit payer une contribution de 125 francs et tout commerçant peut faire inscrire ses employés sur sa simple déclaration qu'ils sont ses associés. Les colons européens, qui représentent

9 pour 100 de la population totale, ont ainsi la majorité dans toutes les assemblées. Un exemple cité par M. Enrique José Varona, ex-député de Cuba aux Cortès, fait ressortir cette iniquité : « Dans le district municipal de Güines, dit cet homme politique, sur 13,000 habitants, il y a seulement 500 Espagnols ou Canariens. Et cependant, sur le recensement électoral, l'on ne voit figurer que 32 Cubains contre 400 Espagnols. La proportion est donc la suivante : Cubains, 0,25 pour 100 ; Espagnols, 80 pour 100. »

Les municipalités sont composées d'après les mêmes procédés, ce qui permet d'en exclure les Cubains d'une façon plus catégorique encore. Les majorités espagnoles leur font supporter les impôts qui n'entrent pas dans le calcul des quotes-parts, base de l'électorat, et gardent pour les Espagnols les taxes qui sont prises en considération pour déterminer ces quotes-parts. Le conseil municipal de la Havane ne comptait récemment *pas un seul Cubain* parmi ses membres. En 1891, on constatait que 31 municipalités sur 37 de la province de la Havane avaient une majorité espagnole, quoique les Cubains fussent la partie la plus nombreuse de la population. D'autre part, tous les emplois lucratifs ou influents sont soumis au seul agrément du gouvernement de la métropole. C'est lui qui nomme tous les gouverneurs de provinces, intendants, contrôleurs, magistrats, évêques, chanoines, etc., et l'on pense si la faveur intervient parfois dans la concession de ces emplois.

Le budget de Cuba est de 130,000,000 de francs. Il fut de 232,970,000 francs au lendemain de l'insurrection de 1878, alors qu'un tiers seulement du pays était en état de supporter les taxes énormes dont on l'accabla. Le déficit ne tarda pas à apparaître. En 1878, il était de 40 millions ; l'année suivante, de 100 millions, et progressivement il a atteint le demi-milliard. Cette gestion a eu pour conséquence le désarroi complet des finances cubaines et l'augmentation de la dette dans des proportions inouïes ; en 1868, elle était de 125 millions ; en 1897, elle était d'un milliard et demi. Vu sa population, Cuba a la plus forte dette de toute l'Amérique. Le payement des intérêts seul entraîne une imposition annuelle de 49 francs par habitant.

D'après les derniers budgets, chaque Cubain paye 85 pesetas d'impôt annuel ; l'Espagnol ne paye que 42 pesetas, soit moins de la moitié.

40 pour 100 des 132 millions du budget sont absorbés par la surveillance des habitants de l'île (guerre, police, gendarmerie). L'agriculture, qui ferait la richesse de Cuba, n'en reçoit que 3 pour 100 ; l'instruction publique émerge au budget pour 182,000 francs. Quant aux travaux publics, ils ne touchent rien. La région de Vuelta-Abajo, qui fournit le meilleur tabac du monde entier, ne possède ni chemins, ni ponts, ni ports. En vingt-huit ans, il a été construit 39 kilomètres de routes dans l'île entière. Les émoluments des fonctionnaires espagnols, par contre, sont très élevés ; 250,000 fr. vont au gouverneur qui a, de plus, des frais de représentation et une caisse de fonds secrets bien garnie ; l'archevêque de Santiago, l'évêque de la Havane touchent chacun 92,500 francs ; le lieutenant gouverneur, 75,000 francs ; le secrétaire du gouverneur, 40,000 francs, et ainsi jusqu'au dernier chef de bureau dont les appointements dépassent 20,000 francs. Au point de vue économique, l'Espagne fait à sa propre colonie une guerre de tarifs. En ce qui concerne notamment l'exportation des tabacs et des sucres, l'Espagne prélève 2 francs par 100 cigares et 31 francs par 100 kilogr. de sucre à leur sortie de la Havane. Elle prélève sur les marchandises venant d'Europe des droits qui atteignent jusqu'à 2,300 pour 100 de leur valeur.

Ainsi, 100 kilogr. de laine payent : produit espagnol, 77 francs, produit français, 1500 francs. Il y a mieux encore : l'Espagne, qui ne produit pas assez de blé pour sa propre consommation, prétend en alimenter exclusivement ses sujets de Cuba. Elle oblige les blés américains à destination de l'île, à passer par un port d'Espagne, change leur étiquette de provenance, met à la place son cachet d'origine, prélève 40 pour 100 de droits et retourne les blés à Cuba. Au total, 40 jours de traversée, alors que Cuba est à quelques heures des États-Unis. Il est facile de s'expliquer que, dans ces conditions, l'Espagne tire annuellement 150 millions de francs de sa colonie.

Telles sont les plaintes que les Cubains formulent contre la métropole. A ces raisons de mécontentement, exagérées ou non, s'ajoutent les souvenirs des luttes précédentes, le désir de venger la mort de ceux qui y ont succombé, et enfin l'irrésistible attrait qu'exerce sur ces populations longtemps opprimées cet idéal de liberté que symbolise « l'étoile solitaire » dont s'orne leur drapeau. Voilà les causes principales de la révolution actuelle. Elles suffiraient à expliquer la ténacité, l'esprit de suite et l'énergie indomptable dont n'ont cessé de faire preuve les chefs et les soldats de ce parti révolutionnaire, bien résolu à ne pas désarmer avant d'avoir fait de Cuba une petite république, sœur de la grande qui lui a prêté son appui plus ou moins désintéressé.

Le plus actif organisateur de la révolte de 1895 a été l'avocat José Marti.

Celui-ci, très instruit, avocat, diplomate, consul dans les diverses républiques de l'Amérique du Sud, mena dans la presse une campagne acharnée en faveur de l'indépendance de sa patrie.

Il profita de son séjour en Amérique pour créer partout des *comités de propagande* dont l'action pécuniaire et morale prépara la révolution. L'émigration cubaine aux États-Unis est considérable ; il sut grouper habilement les éléments dispersés et obtint des émigrés qu'ils missent chaque jour de côté une fraction de leur salaire ou de leur revenu pour constituer un trésor de guerre suffisant.

A Cuba même, Marti avait fondé des *comités d'action*

dont les chefs entretenaient avec lui une correspondance régulière. En attendant l'heure favorable, on introduisait dans l'île des armes et des munitions.

Aussi, lorsque le 24 février 1895, le signal de la révolte fut donné, toutes les forces étaient prêtes et pourvues des moyens d'action nécessaires pour entreprendre la lutte.

Le gouverneur de Cuba, général Calleja, n'avait pas su prévenir la révolte; aussi fut-il débordé rapidement, et bientôt le mouvement, localisé au début dans la province de Matanzas, prit une extension inquiétante. Les chefs de l'insurrection, Bartolomé Masso, Amador Guerra, Enrique Cespedes, Antonio Lopez Coloma et Juan Gualberto Gomez, déployaient d'ailleurs dans la lutte une énergie farouche. A ce moment, le ministère Sagasta fut renversé et remplacé par un ministère Canovas, qui rappela le général Calleja et envoya à Cuba le maréchal Martinez Campos, l'heureux signataire du pacte de Zanjon.

Les ovations les plus enthousiastes saluèrent au départ le « Pacificateur de Cuba »; mais à son arrivée à la Havane, le maréchal put se rendre compte combien la situation était changée. Les révolutionnaires n'étaient plus les hommes affaiblis et découragés de 1878; c'étaient des soldats aguerris, organisés, pleins d'enthousiasme et de confiance et décidés à lutter jusqu'au bout pour l'indépendance de la patrie.

Les colons espagnols eux-mêmes témoignaient d'un médiocre empressement à seconder la répression ainsi qu'ils l'avaient fait lors de la précédente insurrection. En 1868, ils avaient formé un corps de volontaires de 100,000 hommes qui avait rendu de réels services au gouvernement. A son retour dans l'île en 1895, Martinez Campos voulut de nouveau faire appel à ces volontaires. Leurs chefs répondirent qu'ils étaient prêts à soutenir la cause de l'Espagne, mais qu'ils ne voulaient pas sortir des villes. Le maréchal voulut alors incorporer de force les volontaires dans son armée; mais ceux-ci firent afficher une longue et véhémente protestation et refusèrent le service. D'autre part, le maréchal ayant essayé de négocier sur place un emprunt destiné à compenser l'insuffisance des fonds envoyés par l'Espagne, échoua complètement dans son entreprise.

Enfin, dès le début de la campagne, une délégation de la députation provinciale fut envoyée au gouverneur pour le prier de demander à la métropole de renoncer à la contribution onéreuse prélevée sur les tabacs. Le maréchal fit observer que cette suppression rencontrerait de sérieuses difficultés, étant donné que cet impôt rapportait à l'Espagne 90 millions. A cette objection, l'un des délégués répondit : « L'Espagne choisira : ou elle renoncera aux 90 millions, ou elle perdra Cuba ! »

La situation, on le voit, était peu encourageante pour le maréchal.

Cependant, les insurgés ne perdaient point leur temps. Antonio Maceo, un des chefs qui avaient combattu jusqu'au dernier jour lors de la guerre de dix ans et dont la bravoure et l'ardeur exerçaient un grand prestige sur les Cubains, venait de débarquer à Baracoa, venant de Costa-Rica, avec une vingtaine de compagnons robustes et résolus.

Quelques jours après, José Marti lui-même quittait Haïti et débarquait également à Baracoa, amenant avec lui le célèbre Maximo Gomez qu'il avait décidé à prendre le commandement des troupes révolutionnaires.

Le 14 avril 1895, Gomez et Marti joignirent le colonel Félix Ruenes et se rendirent à marches forcées sur Guantanamo. Ayant alors réglé de concert l'organisation de la campagne, Marti et Gomez se dirigèrent sur Las-Tunas et Camaguey. Surpris par les Espagnols entre Bijas et Dos-Rios sur la rive droite du Contramaestre, ils en vinrent aux mains. L'engagement dura plus d'une heure. Marti, mortellement frappé, resta sur le champ de bataille. Son corps, relevé par les Espagnols, fut inhumé dans le cimetière de Ramanganaguas et transporté quelques jours après à Santiago de Cuba.

Martinez Campos prononça sur la tombe de Marti un discours dans lequel, rendant hommage aux brillantes qualités de l'avocat cubain, il exprimait le regret qu'il ne les eût pas employées au service de l'Espagne, sa mère patrie.

De son côté, Antonio Maceo ne restait pas inactif. Il se distingua particulièrement au combat de Peralejos où il infligea des pertes sérieuses aux Espagnols.

La lutte fut menée vigoureusement, sans que les forces des deux partis se livrassent jamais de grandes batailles, les révolutionnaires, bien inférieurs en nombre, ayant pour tactique de harceler l'ennemi, de fondre sur lui à l'improviste et de démoraliser les troupes en cherchant à atteindre les chefs dans ces rencontres rapides et meurtrières. Les Espagnols eurent à déplorer la mort de plusieurs de leurs officiers : le colonel Bosch, le capitaine Garrido, tués à Mulato ; le général Santocildes, frappé à Peralejos à côté du maréchal Martinez Campos.

La révolution, encouragée par ces succès, gagnait de jour en jour du terrain et s'étendait peu à peu aux provinces voisines : dans le Camaguey, le marquis de Santa-Lucia entraînait avec lui la jeunesse des principales familles ; Las Villas se soulevait à son tour ; l'ouest, où le gouvernement espagnol avait trouvé des auxiliaires dans la précédente campagne, fournissait cette fois son contingent aux insurgés, et l'armée révolutionnaire, sans cesse grossie par de nouvelles recrues, arrivait comme un flot montant jusqu'aux murs de la capitale.

Le maréchal, se sentant débordé, constatant l'insuffisance de ses moyens d'action, fut obligé de demander à la métropole un renfort de 100,000 hommes. Il édicta des mesures sévères à l'égard de tous les suspects et arrêta que désormais tous les prisonniers seraient mis à mort.

En présence de ces décisions, les révolutionnaires

publiaient de leur côté un manifeste qui interdisait, sous peine de mort, l'introduction dans les villes et centres de population occupés par l'ennemi, de toutes denrées alimentaires, tout bétail sur pied et toute viande de boucherie et menaçait d'une destruction complète toutes les exploitations agricoles, moulins et établissements sucriers qui continueraient à travailler pendant la durée de la révolution.

Conformément à ces ordres du général en chef Maximo Gomez, les révolutionnaires mirent au pillage plusieurs fermes des environs de Santiago, Cienfuegos et Puerto-Principe. Ils incendièrent même une partie de la ville de Baracoa. Ils parvinrent ainsi à arrêter en bien des points le mouvement commercial de l'île et s'assurèrent par ce moyen des ressources et des approvisionnements qui faisaient défaut aux troupes du gouvernement.

Profitant de la situation dont ils se trouvaient momentanément les maîtres, les délégués des révolutionnaires, réunis en Assemblée constituante à Jimaguayu, le 17 septembre 1895, proclamèrent la République.

Aux termes de la Constitution, signée le même jour, il était institué un gouvernement provisoire, comprenant un président, un vice-président et quatre secrétaires d'État : guerre, intérieur, finances et affaires étrangères.

Chaque ministre avait à ses côtés pour le suppléer un sous-secrétaire d'État.

Les attributions du conseil de gouvernement consistaient à : 1° promulguer toutes les dispositions relatives à la vie civile et politique de la révolution ; 2° imposer et recevoir les contributions ; contracter des emprunts publics ; émettre du papier-monnaie ; répartir les fonds recueillis dans l'île à quelque titre que ce fût, ainsi que ceux recueillis à l'étranger ; 3° concéder des patentes de course, lever et équiper des troupes, déclarer la conduite à suivre avec l'ennemi et ratifier les traités ; 4° donner l'autorisation, quand il le jugerait utile, de soumettre le président et les autres membres du conseil au pouvoir judiciaire ; 5° résoudre toutes les difficultés, sauf celles du ressort du pouvoir judiciaire, *que tous les hommes de la révolution avaient le droit de lui présenter ;* 6° approuver la loi, les règlements et ordonnances militaires que lui proposerait le général en chef de l'armée ; 7° conférer les grades militaires des principaux chefs de l'armée, après rapport de leurs chefs supérieurs immédiats et du général en chef, et la nomination de ce dernier et du lieutenant général qui devait le remplacer en cas de vacance ; 8° ordonner l'élection de quatre représentants par chaque corps d'armée chaque fois que, conformément à la Constitution, la convocation de l'assemblée serait nécessaire.

Le président pouvait signer des traités avec la ratification du conseil de gouvernement.

La Constitution établissait, en outre, que tous les Cubains étaient obligés de servir la révolution, de leur personne et de leurs biens, selon leurs aptitudes et leurs moyens.

Les fonctionnaires de n'importe quel ordre devaient se prêter un appui mutuel pour l'accomplissement des résolutions prises par le conseil de gouvernement. Les propriétés appartenant aux étrangers étaient soumises à un impôt en faveur de la révolution tant que leurs gouvernements respectifs n'auraient pas reconnu la belligérance de Cuba.

Toutes les dettes et obligations contractées au cours de la guerre actuelle, jusqu'à ce que la Constitution eût été promulguée par les chefs de l'armée au service de la révolution, étaient reconnues.

Le conseil de gouvernement pouvait destituer ceux de ses membres qui l'auraient mérité.

Le pouvoir judiciaire pouvait procéder avec une entière indépendance ; son organisation et sa réglementation étaient à la charge du conseil de gouvernement.

Cette Constitution était applicable à Cuba pendant deux

ans à partir de sa promulgation, si la guerre de l'indépendance n'était pas terminée avant ; passé cette date, l'Assemblée des représentants devait être convoquée de nouveau pour modifier la Constitution, s'il y avait lieu, et procéder à l'élection d'un nouveau conseil de gouvernement et au jugement du précédent.

Le conseil du gouvernement choisit, pour le mettre à sa tête, M. Cisneros Betancourt, marquis de Santa-Lucia, né à Puerto-Principe en 1832, qui avait déjà occupé la première magistrature cubaine au cours de la guerre de dix ans et comptait parmi les intransigeants restés réfractaires à toute entente avec le gouverment espagnol. Après le traité de Zanjon, le marquis de Santa-Lucia s'était réfugié à New-York où il était resté jusqu'en 1886, époque à laquelle il était rentré dans l'île. Il s'était tenu à l'écart jusqu'à la révolution et avait repris alors sa place à la tête de la jeunesse cubaine de Puerto-Principe. En raison de ses hautes qualités et en récompense des services rendus à la cause de l'indépendance à laquelle le marquis de Santa-Lucia avait consacré durant toute sa vie son activité et sa grande fortune, les délégués de la révolution l'élevèrent pour la seconde fois à la première dignité de l'État.

Quand le conseil de gouvernement fut renouvelé en 1897, M. Cisneros Betancourt fut remplacé à la présidence par M. Bartolomé Masso.

A l'intérieur de l'île, le gouvernement provisoire créa des gouverneurs civils de provinces et des préfets.

A l'extérieur, il désigna pour le représenter des hommes de haute valeur ; ce furent : à New-York, M. Tomas Estrada Palma ; à Paris, le docteur Betancés, mort tout récemment ; à Washington, M. de Gonzalvo de Quesada, avocat, ami et collaborateur de la première heure de Marti.

D'autre part, les comités créés par ce dernier fonctionnaient activement ; rien qu'aux États-Unis il en existait

150, dont faisaient partie plus de 20,000 Cubains. Chaque mois, les comités américains versaient au trésor cubain la somme de 12,000 piastres ou 60,000 francs.

La principale préoccupation du gouvernement se porta nécessairement sur les questions militaires.

L'armée révolutionnaire, forte d'environ 50,000 hommes, fut partagée en corps d'armée, divisions et brigades. Deux bataillons d'infanterie ou quatre escadrons de cavalerie constituèrent le régiment; deux ou trois régiments formèrent la brigade qui, jointe à deux autres, forma la division. Le corps d'armée comprenait un nombre variable de divisions et de troupes de toutes armes.

A la tête de l'armée se trouvait le général en chef Maximo Gomez. Habile tacticien, rompu par les insurrections précédentes à toutes les manœuvres de la guerre de partisans à laquelle l'obligeaient les difficultés du terrain et la supériorité numérique des Espagnols, Maximo Gomez a toujours été considéré par ceux-ci comme un redoutable adversaire.

Sous ses ordres immédiats se plaçaient les généraux Antonio et José Maceo et Calixto Garcia.

Antonio Maceo s'était enrôlé comme simple soldat dans l'armée cubaine au début de la guerre de dix ans et avait conquis un à un tous ses grades. Robuste, fougueux, cavalier intrépide, il communiquait à ses troupes un élan extraordinaire. En 1878, le maréchal Martinez Campos traçait de lui ce portrait:

« A Santiago de Cuba, il n'a pas été possible de s'entendre avec le camp ennemi. Celui qui commande là-bas était muletier et est actuellement général. Cet homme a une ambition immense, un grand courage et beaucoup de prestige; sous sa rude écorce, il cache un talent incontestable. »

Son frère, José Maceo, était doué également de grandes qualités militaires dont il donna maintes fois les preuves et qui le firent nommer major général. Désigné pour commander le corps d'armée de l'Orient, en remplacement de son frère, appelé à conduire ses troupes dans les provinces occidentales, il fut mortellement frappé dans une rencontre.

Calixto Garcia Iniguez, ancien chef d'état-major de Maximo Gomez dans la précédente campagne, puis commandant de la division d'Holguin et plus tard général en chef du corps d'armée du département oriental, avait mené une rude campagne contre les Espagnols pendant la guerre de dix ans.

Au moment du traité de Zanjon, fait prisonnier par les Espagnols, il se tira un coup de revolver dans la tête, mais survécut à son horrible blessure. Interné en Espagne, il parvint à s'échapper et nous le retrouvons à Cuba dès l'ouverture des hostilités.

A côté de ces trois généraux et leurs égaux sinon comme renommée du moins comme bravoure et patriotisme, citons les généraux Guillermon, Masso, Garzon, Portuondo, Alfredo Rego, etc.

Le corps médical de l'armée cubaine, comprenant 50 médecins, était dirigé par le docteur Sanchez Agramonte.

Le nom de celui-ci est cher aux patriotes cubains, non seulement à cause du dévouement personnel de celui qui le portait, mais parce que les frères et les fils du docteur combattaient à divers titres dans l'armée de l'indépendance et que sa fille, Mlle Agramonte y Varona, fut tuée à la tête d'un détachement du corps d'armée de Maceo.

L'habillement des soldats cubains consistait en un pantalon de toile flottant, une blouse de toile blanche serrée à la taille par un ceinturon, un large chapeau de paille ou de feutre, des souliers et des guêtres pour les fantassins, des bottes pour les cavaliers. L'armement comprenait un fusil Mauser, Winchester ou Remington, un revolver et un sabre droit à deux tranchants appelé *machete*.

Quelques canons, dont un à la dynamite, étaient servis par des artilleurs américains et cubains.

Enfin, l'armée cubaine avait son drapeau, arboré pour la première fois en 1851 par le général révolutionnaire Narciso Lopez et dont voici la description exacte donnée par les journaux cubains : « Les couleurs sont les mêmes que celles des drapeaux français, des États-Unis, du Chili, de Libéria, disposées de la façon suivante : tout le long du rectangle trois bandes bleues et deux blanches qui, partant de la marge extérieure, viennent rejoindre le triangle rouge qui se trouve à la marge intérieure, au centre duquel est placée une étoile blanche à cinq pointes. »

Telle était l'armée contre laquelle le talent et l'énergie des généraux espagnols allaient être inutiles. D'ailleurs, la communauté de vues était loin d'exister entre le maréchal Martinez Campos et le gouvernement de la métropole. Celui-ci, justement inquiet des progrès de l'insurrection, avait engagé le maréchal à modifier ses projets administratifs et militaires, et s'était attiré cette réponse : « Je vous préviens que je ne changerai pas de politique ; je fusille les chefs pris en armes et j'envoie aux fers les autres prisonniers ; les insurgés me rendent mes prisonniers et soignent mes blessés. Je ne puis ni ne veux aller plus loin. »

L'Espagne rappela aussitôt Martinez Campos et le remplaça par le général Weyler, un ancien combattant de la guerre de dix ans, dont la rigueur farouche, légendaire à Cuba, paraissait seule pouvoir répondre aux nécessités du moment.

Weyler, arrivé dans l'île au moment des pluies, ne put d'ailleurs entreprendre aucune opération sérieuse. Il se contenta d'édicter des mesures draconiennes qui ne firent que surexciter les esprits.

Pour empêcher que les révolutionnaires fussent secourus clandestinement par les colons et les habitants des campagnes, il organisa la *Concentration de pacificos*. Il ordonna à tous les habitants des campagnes, sous peine de mort, de se concentrer dans les villes de garnison espagnole dans un délai de huit jours. Il fit aussi paraître un décret punissant de mort quiconque sympathiserait avec les Cubains ou déshonorerait le nom de l'Espagne « en actions, en paroles ou par la pensée ».

Au mois de juillet 1896 éclata le soulèvement des Philippines. Le gouvernement espagnol demanda d'urgence des renforts au général Weyler, mais celui-ci déclara que ses forces étaient à peine suffisantes pour continuer la lutte à Cuba.

Quand les pluies eurent cessé, le gouverneur se mit en campagne et mena les hostilités le plus rapidement qu'il put.

A la fin de l'année 1896, un événement se produisit qui parut un instant devoir changer la face des choses. On annonçait la mort d'un des chefs révolutionnaires les plus en vue et les plus redoutés, Antonio Maceo. Le bruit fut, en effet, confirmé, mais les circonstances de cette mort sont restées obscures. Les révolutionnaires ont accusé les Espagnols d'avoir fait assassiner Maceo. Bien que la disparition de ce général ait porté un coup sensible à l'insurrection, Maximo Gomez et les autres chefs dont nous avons parlé tenaient toujours haut et ferme le drapeau de l'indépendance. Malgré tous ses efforts, le maréchal Weyler se trouvait impuissant à empêcher le débarquement des troupes de renfort qui arrivaient, sur ses talons, relever les courages abattus et regagnaient ainsi le terrain péniblement conquis. Les fameuses *trochas* ou lignes fortifiées qui séparaient l'île en trois tronçons, à l'ouest de la baie de Mariel à la baie de Majana, à l'est de Moron à Jucaro, et qui devaient suffire, dans l'esprit du général, à arrêter les jonctions des troupes révolutionnaires qui, divisées, n'étaient pas en état, selon lui, d'opposer une longue résistance, avaient été franchies sur plusieurs points et les colonnes volantes des insurgés étaient parvenues à s'y ouvrir un passage comme à travers les mailles d'un filet.

N'ayant pas mieux réussi que son prédécesseur à étouffer la révolution, le général Weyler fut à son tour remplacé par le maréchal Blanco.

Au mois d'août 1897, à la suite de l'assassinat du président du conseil, Canovas, un nouveau ministère Sagasta prit la direction des affaires. Animé d'un tout autre esprit que le précédent cabinet, celui-ci entra résolument dans la voie des réformes et au mois de novembre 1897, il fit paraître les décrets d'autonomie également applicables à Cuba et à Porto-Rico. Le maréchal Blanco fut chargé de présider à l'application de ces réformes qui reçurent l'adhésion du parti autonomiste. Celui-ci fit paraître un manifeste qui se terminait par ces mots : « Vive Cuba et vive l'Espagne ! » Mais la Constitution octroyée par l'Espagne à ses colonies des Antilles ne pouvait satisfaire les révolutionnaires, et, loin de déposer les armes, ils continuèrent la lutte avec d'autant plus d'acharnement qu'ils interprétèrent ces mesures de conciliation prises par le gouvernement de la métropole comme un signe de lassitude et de faiblesse, précurseur de l'abandon définitif. Il fut dès lors interdit, sous peine de mort dans le camp cubain, de parler d'autonomie. L'article 11 de la Constitution cubaine, les décrets de Calixto Garcia, de Maximo Gomez, l'ordre du général Rodriguez édictant cette mesure draconienne furent exécutés sans pitié. Plusieurs officiers espagnols, parmi eux le colonel Ruiz, en furent victimes. Le dernier lien avec la mère patrie était rompu ; un fleuve de sang séparait désormais les Espagnols d'Espagne d'avec les Espagnols de Cuba. Les destinées de la Perle des Antilles allaient s'accomplir, grâce aussi, il faut le dire, à l'intervention étrangère.

CHAPITRE III

L'ESPAGNE EN EXTRÊME-ORIENT

Aux Îles Philippines. — La découverte de Magellan. — Un archipel asiatique. — Don Miguel de Legaspi. — Les cinquante peuplades. — Volcans philippins. — Le Bombon. — Sages précautions. — A Mindanao. — Flore et faune asiatiques. — Le régime politique de l'archipel. — Le cabeza de barangay. — Les bandits tulisanes. — Augustins et récollets, franciscains et dominicains. — Le casuel des chapitres. — L'Université de Saint-Thomas. — Les loges maçonniques. — A San-Juan del Monte. — Les frères dormants. — Aguinaldo. — Les foyers de conspiration. — La révolte de 1896. — Les aveux de M. Canovas. — La situation à Manille. — Don Ramon Blanco y Erenas, marquis de Pena-Plata. — Le tercer entorchado. — Disgrâce imméritée. — Le général Polaviega. — Victoires d'Imus et de Cavite. — Don Fernando Primo de Rivera. — Une médaille commémorative.

Les Philippines, découvertes en 1521 par Magellan, portèrent pendant quelque temps le nom de Magellanie, bientôt remplacé, en l'honneur du roi d'Espagne Philippe II, par le nom qu'elles portent aujourd'hui.

Les îles Philippines constituent un immense archipel composé de plus de deux mille îles de toutes dimensions; quelques-unes, comme Luzon et Mindanao, n'ont pas moins de 100,000 kilomètres carrés; cinq autres ont chacune une surface de 10,000 kilomètres carrés. Autour de ces terres principales se répartissent des centaines d'îlots, quelques-uns microscopiques, habités par environ neuf millions d'habitants, dont à peine 14,000 Espagnols.

Ceux-ci n'apparurent dans l'archipel que vers 1570 sous la conduite de Miguel de Legaspi qui, en 1571, établit à Manille le centre de la puissance castillane. Grâce à la discipline et aux armes européennes, il eut facilement raison des petits princes du Nord; mais la conquête de l'archipel n'a jamais été complète et les événements que nous allons raconter font présager que les Philippins et les Tagals redeviendront libres avant d'avoir été complètement assujettis aux Européens.

Plus de cinquante « nations » différentes, dit Reclus, habitent l'archipel. Les plus nombreuses sont les Igorrotes, populations païennes, indonésiennes ou malaises, les Tinguianes nominalement catholiques, mais qui se servent de leurs crucifix comme de talismans, les Ifuagos, les Catalanganes, les Irayas, les Manobos, les Mandayas, qui tuent pour l'honneur; les Chinois, détenteurs du petit commerce, cent fois expulsés ou massacrés et pullulant malgré tout dans les villes du littoral; les Maures, les Zambales, les Tagals, etc. Ces derniers, au nombre de plus de 2 millions, le quart par conséquent de la population, sont les plus civilisés des autochtones; leur nombre s'accroît sans cesse et, comme nous le verrons, ce sont eux qui, dans ces dernières années, ont le plus contribué à ruiner la domination espagnole dans l'archipel.

Dans toutes les terres qu'il comporte, le sol est montueux; chaînes succèdent à chaînes; les seules plaines que l'on rencontre sont des régions alluviales situées aux bouches des rivières et les espaces laissés entre les montagnes au croisement des rangées. Les Philippines sont très riches en métaux et en métalloïdes. On y trouve de l'or à l'état natif, du cuivre, du fer, de la galène, de la houille, du soufre.

Les monts à cratères éteints ou encore actifs sont extrêmements nombreux. Citons parmi eux l'Alivancia et le Talaraquin qui vomissent à intervalles irréguliers des torrents de lave et autres matières ignées. Dans l'île de Mindanao, le Sangil ou Sarangani n'a plus donné signe de vie depuis nombreuses années. Mais c'est surtout dans l'île de Luzon que s'est concentrée l'activité volcanique des Philippines. A la pointe méridionale la plus avancée de cette île s'élève, très semblable au Vésuve, le volcan de Bulusan; plus au nord, le Pœdal ou pic de

Bacon; puis, plus loin, dominant le golfe d'Albay, le Mayon, la plus haute et la plus inaccessible des montagnes de l'archipel. Ce volcan, dont la base couvre un espace de 200 kilomètres carrés, a son cratère à une altitude de 2,700 mètres. En 1814, il ensevelit sous ses laves la ville de Daraga; les cendres, portées par le vent, allèrent obscurcir l'air à 335 kilomètres de là, dans la ville même de Manille.

Citons encore pour mémoire le Mazaraga (1354 mètres), l'Iraga (1212 mètres), l'Ysarog ou « le Solitaire » (1966 mètres), le Majayjay (1980 mètres) et le San-Cristobal (2,333 mètres). Enfin le Malarayat et le Maquiling (1200 mètres), superbes observatoires d'où l'on voit à ses pieds le monde de lacs, de lagunes, de golfes, d'îles et de presqu'îles qui donnent une si étonnante variété aux paysages des Philippines.

Le plus petit volcan de l'archipel, — il n'a que 234 mètres d'altitude, — est pourtant un des plus remarquables de la région. Il occupe un îlot dans le milieu d'un lac, le Bombon, séparé de la mer par un isthme bas et étroit. Raviné par de profondes crevasses, ce volcan appelé le Taal offre un énorme cratère nommé Purgatoire et que les indigènes croient être l'entrée du lieu d'épreuves des morts.

A l'extrémité septentrionale de Luzon s'élève le Cagut (1195 mètres) qui fume constamment. Au delà, la ligne de feux se continue sous la mer. Le volcan de Camiguin est un mont de 736 mètres renfermant des solfatares. En 1856, à quelques lieues de là, un autre volcan entra en activité. On aperçut d'abord une nuée blanche au-dessus des écueils; deux jours après une nouvelle terre apparaissait qui, en quatre années, acquerrait un relief de 210 mètres. Actuellement, ce volcan a une hauteur de 256 mètres au-dessus du niveau de l'Océan.

Le phare terminal des Philippines complétant, à 1700 kilomètres de distance, la chaîne de volcans qui commence au Sangil est le Babuyan-Claro, dont le cône, haut d'environ 1000 mètres, éclaire pendant la nuit les passages dangereux de la mer de Formose.

LES PHILIPPINES

Est-il besoin d'ajouter que les Philippines sont une des

régions les plus souvent bouleversées par les tremblements de terre. Manille et les principales villes ont été plusieurs fois renversées. Pour parer dans la mesure du possible à ces désastres, les constructions sont élevées aujourd'hui de manière à pouvoir résister aux oscillations sismiques. Les maisons à un seul étage sont en boiseries entre-croisées, de manière à former une vaste cage posée sur les murs larges et bas du rez-de-chaussée. Les toitures sont constituées par des feuilles légères de tôle galvanisée, et, détail original, les tables des appartements sont faites du bois le plus lourd possible pour pouvoir, à la première alerte, se réfugier dessous et éviter le choc des plâtres et autres débris de la maison.

L'alignement des montagnes philippines en chaînes parallèles a permis à quelques fleuves de Luzon et de Mindanao de prendre un développement considérable. Le plus abondant de tous est celui qui porte, en effet, le nom de « Grand-Fleuve », Cagayan, Tajo ou Rio-Grande. Il coule entre deux cordillères de Luzon, sur une longueur de plus de 350 kilomètres et se jette dans la mer en face de l'île Camiguin.

L'Agno débouche dans la baie de Lingayen; le Rio-Pampangan, qui parcourt la vaste plaine de ce nom, se déverse dans la partie septentrionale de la baie de Manille où il a formé un vaste delta d'alluvions. Un autre fleuve qui se jette dans la même baie, le Pasig, n'a qu'une vingtaine de kilomètres de cours; mais il est l'émissaire d'un grand lac d'eau douce profond de 36 mètres, la Laguna de Bay, et la cité de Manille s'est bâtie sur ses bords. Il méritait à ce titre une mention particulière. Au sud, la rivière de Taal n'est que le court émissaire de l'ancienne baie de Bombon, aujourd'hui transformée en lac.

Dans Mindanao, le cours d'eau le plus abondant est celui d'Agusan ou de Butuan que les embarcations peuvent remonter à plus de 100 kilomètres de son embouchure.

Un autre fleuve, le Rio-Grande de Mindanao, prend sa source au centre de l'île dans le lac de Magindanao, coule au sud-ouest, puis ayant reçu les eaux de plusieurs petits lacs, se retourne vers le nord-est pour se jeter dans la mer de Célèbes. Le climat des Philippines est tropical : la chaleur mensuelle variant à peine de quelques degrés ne peut servir à distinguer les saisons.

Le partage de l'année se fait par le renversement des moussons et l'alternance de la pluie et des sécheresses. Pendant six mois, d'octobre en avril, le vent du nord-est ou courant polaire souffle sur les îles ; d'avril en octobre, c'est la mousson du sud-ouest qui devient maîtresse de l'air. Le changement des moussons est souvent signalé par des cyclones épouvantables, tel le typhon de 1882 au cours duquel le vent atteignit la vitesse inouïe de 232 kilomètres à l'heure.

La flore des Philippines est extrêmement riche. Il y a quelques années, les botanistes y avaient signalé la présence de près de cinq mille espèces de végétaux. Quelques-unes atteignent des proportions colossales. Dans la province de Camarines, un *balete* ou figuier banian avait atteint de telles dimensions qu'on l'avait transformé en citadelle à deux étages *armés de canons*.

Les arbustes précieux des Moluques, le cannellier, le giroflier, le poivrier, se trouvent dans les forêts de l'archipel, et l'on réussit aujourd'hui la culture de l'arbre à thé.

Quant à la faune, elle est représentée dans l'espèce carnassière par le ngiao, sorte de chat sauvage et, dit-on, par une sorte de léopard, mais dans la seule île de Paragua.

Les sangliers sont nombreux dans les îles, ainsi que l'antilope, le cerf et les singes.

Les gallinacés sont représentés par des sujets superbes ; les coqs élevés par les Tagals dépassent en beauté, en orgueil et en intrépidité les coqs de combat si prisés des amateurs philippins.

Quant aux bras de mers qui entourent les îles de l'archipel, et aux cours d'eau qui s'y déversent, ils fourmillent de poissons de toute nature ; l'un d'entre eux, le dalag, est organisé de manière à vivre aussi bien dans l'herbe terrestre que dans l'eau, et, d'après Semper, on en a rencontré grimpant au tronc des palmiers. A l'encontre de Cuba, les variétés de serpents sont nombreuses ; toutes les espèces redoutables, trigonocéphales, vipères najas sont représentées dans la faune locale ; quant aux crocodiles, ils deviennent énormes ; on en a vu atteignant 10 mètres de longueur.

Le sucre est la principale culture des Philippines faite en vue de l'exportation ; la récolte, achetée presque en entier par les États-Unis et l'Angleterre, comporte annuellement plus de deux millions de quintaux métriques, d'une valeur de cinquante millions de francs. Le café, le cacao, le tabac, le chanvre de Manille feraient, concurremment avec la canne à sucre, la richesse de ce beau pays si depuis des siècles il n'était administré d'une façon déplorable.

Examinons, comme nous l'avons fait pour Cuba, les erreurs commises par les Espagnols, erreurs desquelles la crise actuelle a été la fatale résultante. Les phrases suivantes, tombées de la bouche d'un président du conseil des ministres d'Espagne, mettent à nu le système dont meurt aujourd'hui l'archipel philippin :

« Non, il est vrai, depuis le XVI⁰ siècle, depuis Magellan, Elcano et Legaspi, nous n'avons point, aux Philippines, changé de gouvernement. Constamment, depuis trois cents ans, nous avons voulu gouverner cette colonie avec des soldats et des moines. Nous y avons fondé une sorte de féodalité à la fois militaire et théocratique, et contre elle, enfin, s'est dressée la franc-maçonnerie, si bien qu'il n'y a plus dans l'archipel, Européens ou indigènes, que les loges et leurs adeptes, en face des ordres et de leurs fidèles.

« J'en puis parler très librement, n'étant pas franc-maçon, non plus que je ne suis jésuite. De bonne foi, il faut avouer que ce gouvernement par les moines est, dans le monde moderne, un anachronisme. Mais, sommes-nous là-bas dans le monde moderne ? Nous avons affaire à des gens dont beaucoup sont des sauvages ; les plus avancés n'en sont guère qu'où nous en étions il y a trois ou quatre siècles. Dès lors, la conclusion semble aller de soi : donnons-leur les institutions que nous avions il y a trois ou quatre siècles.

« Ce serait, en effet, une conclusion ; seulement, par une contradiction singulière, en ce pays de trois ou quatre siècles en retard, où nous ne changions pas autre chose, nous avons essayé d'introduire notre Code civil espagnol, lequel, naturellement, s'inspire, comme aujourd'hui tous les codes occidentaux, du grand principe de l'égalité devant la loi. Un grand principe, assurément ; mais en faire à l'adresse des Philippines, dans leur état actuel, un article d'exportation, c'est la pire des absurdités et le contraire même de la politique.

« Je me plais souvent à dire que l'histoire est d'hier, la poésie de demain, la science et la religion de toujours, mais que la politique est de ce jour et d'un seul jour. La première qualité d'un gouvernement est, en conséquence, de répondre à l'état social et aussi à l'état mental du peuple pour qui il prétend être fait. Dans la condition des Philippines, que leur fallait-il ? Un despotisme éclairé, le bon tyran : Pierre le Grand, Frédéric II ou Charles III. Que leur envoyons-nous ? Des moines d'abord, et qui sont insatiables, qui sans cesse importunent la reine : « Madame, que Votre Majesté veuille bien nous donner ceci et, par grâce, y ajouter cela. » — Elles ont trouvé le moyen, les missions des Philippines, de se faire loger à l'Escurial ! Et puis, après les moines, les maçons, et par là-dessus, un régime militaire : des généraux, qui sont tantôt les serviteurs des frères, tantôt les compagnons de la secte et qui, selon qu'ils sont l'un ou l'autre, favorisent outrageusement ou les ordres ou les loges.

« Cependant, la colonie est tiraillée d'un camp à l'autre camp et d'un système au système opposé, gouvernée et administrée en partie par des lois trop jeunes, en partie par des mœurs trop vieilles. Au lieu de ces capitaines généraux, incapables pour la plupart de comprendre leur rôle politique, que n'expédie-t-on à Manille un homme ayant le sens et la pratique des affaires de l'État, qui instaurerait un gouvernement civil et laïque, mais dont les éléments seraient combinés et dosés d'après le caractère, l'intelligence et le degré d'éducation du sujet. »

De quelle façon, avec quels instruments l'Espagne gouverne-t-elle et administre-t-elle les huit millions et demi d'Indiens, d'Igorrotes, de Maures, de métis, de Chinois, etc., que renferme l'archipel philippin ?

Au sommet, nous dit M. Charles Benoist, dans sa remarquable étude sur les îles Philippines, le gouverneur général réunit presque tous les pouvoirs ; il est plus que n'était jadis un vice-roi du Pérou ; il commande l'armée, dirige la politique ; c'est de lui que relèvent les affaires civiles, et les affaires religieuses elles-mêmes ne lui sont pas étrangères, puisqu'il exerce le patronat royal vis-à-vis de l'Église, est comme le vicaire de la couronne et représentant la personne du prince, comme « l'évêque extérieur » pour les Indes orientales. Depuis 1824, le gouverneur général a toujours été un officier, capitaine ou lieutenant général, et le gouvernement général des Philippines est en même temps une capitainerie générale. Au sommet donc, le régime militaire ; les âmes appartiennent à l'archevêché : le capitaine général et l'archevêque, à eux deux, détiennent ainsi la somme de l'autorité ; ils la détiendraient toute, sans réserve ni recours, si la justice n'était du ressort de la *Audiencia*.

Les provinces forment, soit des gouvernements civils *alcadias mayores* confiés à des juristes ou hommes de loi, soit des gouvernements ou commmandements politico-militaires. A la seule île de Luzon, et seulement à certaines parties de cette île, se borne jusqu'à présent le champ d'expériences du régime civil : les Visayas, Mindanao et Jolo, les îles adjacentes sont territoire militaire.

Les Espagnols tiennent l'État et la province ; ils abandonnent la commune aux indigènes. Chaque *pueblo* ou commune possède une mairie, *le tribunal* où siège la *Principalia*, assemblée des membres et anciens membres de *l'ayuntamiento*, sorte de conseil municipal. Le chef de la commune est le *gobernadorcillo* ou « petit gouverneur », qu'on appelle couramment *capitan*. C'est le maire de nos communes rurales avec, pour signes de son autorité, le frac et chapeau de haute forme et la canne à glands d'or.

Les impôts ne sont pas excessifs. L'impôt de capitation s'élève à 7 fr. 50 par personne ou 15 francs par ménage ; la corvée de quarante journées de travail paraîtrait exorbitante si l'on n'ajoutait qu'en Extrême-Orient la journée de travail ne coûte pas 0 fr. 50 et que les prestations se rachètent au prix de 15 francs. Mais ce qui exaspère les indigènes philippins, c'est la manière dont les impôts sont perçus par le collecteur ou *cabeza de barangay*.

Celui-ci, un indigène, est responsable pour tant de têtes de contribuables ; si ceux-ci ne payent pas, il paye, lui, et l'on comprend qu'à l'occasion il se couvre ou se dédommage. Comme d'ailleurs il exerce ses fonctions au nom de l'Espagne, c'est sur celle-ci que retombe l'odieux des exactions commises par les collecteurs des tailles.

Les petits gouverneurs, capitaines et lieutenants de villages, les principaux, *les cabezus*, leurs femmes et leurs enfants ne cessent pas pour cela d'être considérés ; même lorsqu'on en pâtit, on les excuse et on les plaint presque : ils sont bien forcés de faire ce qu'ils font ; à l'Espagne, seule on en veut de toutes ces prévarications. Pendant ce temps-là, en travaillant ainsi pour eux, ils travaillent à l'envi contre elle.

Et pendant ce temps-là, dit don Manuel Scheidnagel, les Espagnols remettent la police des îles à une garde civile indigène qui coûte cher, est mal composée, plus mal dressée, plus mal armée; qui poursuit, sans jamais les atteindre, *les tulisanes*, les bandits dont deux compagnies d'infanterie ne tarderaient guère à rendre compte et depuis la création de laquelle les délits sont plus nombreux qu'auparavant. De telle façon que les chefs de villages, les petits fonctionnaires indigènes fournissent à l'insurrection ses officiers; la garde civile lui fournit ses cadres; quant aux prétextes et aux meneurs, on pense bien qu'ils ne manquent pas.

Quatre ordres religieux prospères et puissants se partagent les Philippines : augustins, récollets, franciscains et dominicains. Ils occupent tout Luzon à l'exception des deux provinces de Lepanto et de Bontoc et toutes les îles Visayas; Mindanao est réservé à la compagnie de Jésus. Leurs titres de possession évangélique sont anciens et vénérables; les augustins sont venus en 1565 avec Legaspi; les franciscains en 1577; les dominicains en 1587, les récollets en 1606; les jésuites, après avoir été supprimés par Charles III, ne sont rentrés qu'en 1852.

Recrutés exclusivement parmi les Espagnols, dit M. Charles Benoist, ils ne s'enferment pas au fond de leurs couvents pour y vivre dans la prière et la contemplation; ils occupent la majeure partie des cures paroissiales. Le reste, celles qui appartiennent en propre aux diocèses et, par exception, quelques-unes aussi de celles qui dépendent des ordres, est laissé au clergé séculier presque exclusivement indigène. Les bénéfices n'en sont point méprisables. Chaque fois qu'un indigène paye la capitation de 7 fr. 50, il est retenu 1 fr. 25 à titre de *sanctorum* et les sommes ainsi perçues sont distribuées aux curés des diverses communes sans préjudice des autres offrandes coutumières. L'archevêque de Manille touche de l'État 60,000 francs; les archevêques de

Cebu, Nueva-Segovia, Nueva-Caceres et Jaro, chacun 30,000 francs. Le chapitre de Manille reçoit annuellement 170,000 francs, nos compris les émoluments des *proviseurs*, *fiscaux* et *notaires ecclésiastiques* qui varient entre 10,000 et 15,000 francs. Le haut clergé et le clergé paroissial coûtent à l'État chaque année 3,500,000 francs ; la cure la plus minime rapporte 10,000 francs ; certaines valent jusqu'à 75,000 fr.

Le clergé aux Philippines est également le corps enseignant. Quoi que l'on veuille étudier, théologie, jurisprudence, médecine, pharmacie ou notariat, il n'y a à Manille qu'un endroit où l'on enseigne : *la royale et pontificale Université de Saint-Thomas*, dirigée par les dominicains. Des petits séminaires, dirigés par les dominicains, les jésuites ou le clergé séculier, préparent aux cours de l'Université.

En face des communautés religieuses des îles Philippines se sont dressées depuis longtemps les loges maçonniques. A Manille, seize d'entre elles sont affiliées au Grand-Orient d'Espagne, et une au moins dans les autres provinces de Luzon ainsi que dans Zamboanga et les Visayas ; un club-loge anglo-allemand, dont le capitaine général, le commandant en second, le président du tribunal, le directeur de l'administration, le gouverneur civil et le commandant général de la marine ont accepté d'être membres honoraires et où des généraux fréquentaient quotidiennement ; une loge encore, exclusivement allemande, celle-là, et rattachée au Grand-Orient de Berlin, *l'Union germanique ;* puis *la Société de tir de San-Juan del Monte*, centre commun aux Suisses, Belges, Français et Hollandais, qui, une fois par an, sort en armes dans les rues de Manille, évolue sous le commandement du gouverneur général et défile devant lui ; en tout, assure-t-on, *cent quatre-vingts* loges et, y compris les « frères dormants », *vingt-cinq mille* initiés, tel serait, d'après Vergara, l'effectif de la franc-maçonnerie aux

Philippines. Parmi ces initiés figurent un très grand nombre d'indigènes et notamment les plus riches, les plus influents ; d'autre part, l'élément indien, poussé par l'attrait du mystère, irrésistible pour l'homme primitif, s'est enrôlé en masse dans la franc-maçonnerie, qui a fourni ainsi à l'insurrection les chefs comme Aguinaldo Llanera et Andrés Bonifacio.

L'affiliation aux loges des indigènes a, en effet, été la cause déterminante, quoique éloignée, de l'insurrection, prélude de la guerre étrangère. A force de se rencontrer pour les « tenues » et les cérémonies, les Indiens ont appris à se compter, à compter les Européens et à se compter comme à les compter homme pour homme. Depuis des siècles, les moines leur enseignaient à regarder l'Espagnol comme un père, avec l'idée de pouvoir quasi illimité qu'emporte la paternité dans le régime patriarcal ; les francs-maçons les ont autorisés à ne plus le regarder que comme un frère, avec l'idée d'égalité que la fraternité comporte dans le régime moderne de l'Occident. Entendant sans cesse dans leurs loges mal parler du prêtre, ils ne le respectaient plus ; y coudoyant chaque jour l'officier, ils ne le craignaient plus. Le commandement se rapprochant d'eux perdait de son poids ; mais eux, se rapprochant les uns des autres gagnaient le sentiment de leur masse.

Le groupement qui manquait aux indigènes des Philippines, la franc-maçonnerie le leur a donné, groupement non seulement politique, mais militaire. Quand la franc-maçonnerie a eu dans l'archipel cent quatre-vingts loges, non seulement la conjuration a eu cent quatre-vingts foyers, mais l'insurrection cent quatre-vingts régiments : 25,000 francs-maçons, plus de 20,000 rebelles sachant ce qu'ils faisaient ; derrière, la multitude de ceux qui ne savaient pas et qui se levaient tout de même.

Nous ne nous occuperons point ici des insurrections partielles qui, à toutes les époques, semblent avoir été la vie normale de toutes les colonies espagnoles; nous passerons de suite à la révolte de 1896.

Au mois d'août de cette année, des bruits fâcheux circulaient en Espagne ; on parlait de révolution aux Philippines, d'incendies, de massacres. Le gouvernement gardait le silence. Enfin, le 31 août, M. Canovas del Castillo, président du conseil, fut interrogé au Sénat sur le crédit que méritaient ces bruits et fut contraint de faire la réponse suivante : « Malheureusement, on ne dit que la vérité. Il est triste que depuis quelque temps nous recevions des nouvelles peu agréables qui obligent la nation espagnole à montrer, comme elle le montrera, toute la virilité dont elle est capable contre toute espèce d'attaques et contre toute engeance d'ennemis. »

Et le président du conseil communiquait les renseignements suivants : 1000 soldats de troupes indigènes avaient fait défection ; on comptait que les conjurés devaient être au nombre d'environ 4,000 ; 2,000 ou 3,000 des plus audacieux avaient attaqué les lignes qui défendent l'ample circuit de la ville de Manille. Mais ils avaient été repoussés. Cependant, le gouverneur général se hâtait de mettre sur pied un bataillon de volontaires formé d'Espagnols de la péninsule et il avait demandé au commandant de la station navale de lui prêter 500 marins ; à Manille même, la garnison était plutôt faible ; il n'y avait qu'un bataillon d'artillerie à pied et quatre compagnies d'infanterie de marine péninsulaires. C'était assez pour que la capitale ne courût pas un sérieux danger ; ce n'était pas assez pour restaurer la paix dans l'île. Il n'était point difficile de découvrir dans ce langage la triste réalité. Les déclarations de M. Canovas voulaient dire que Luzon était pleine d'insurgés et que le capitaine général était assiégé dans Manille.

Le gouverneur des Philippines était alors don Ramon Blanco y Erenas, marquis de Peña Plata, homme d'une bravoure reconnue et d'une grande intelligence militaire.

Il avait passé par tous les grades de la hiérarchie et avait conquis le *tercer entorchado*, la troisième torsade, soit, chez nous, le bâton de maréchal. Dès 1866, il avait fait campagne dans l'île comme aide de camp du capitaine général don José de la Gandara ; de 1868 à 1871, il avait exercé les fonctions de gouverneur de Mindanao ; enfin, en 1893, il avait assumé la charge de gouverneur général à laquelle il adjoignait quelques-mois plus tard celle de général en chef. C'est en cette qualité qu'après sa victoire à Marahui, il avait reçu des Cortès des remerciements unanimes et du gouvernement le *tercer entorchado*. C'est ce vieil et vaillant soldat qui, soudain, avec deux bataillons, dont l'un à peine formé, et quelques volontaires, se trouva en face d'une insurrection qui s'annonçait formidable.

« Dans le malheur, dit avec juste raison M. Charles Benoist, on accuse toujours. On reprocha au maréchal Blanco de s'être entêté dans l'expédition de Mindanao, d'avoir dégarni Luzon, de n'avoir rien prévu, de n'avoir pourvu à rien et, maintenant même que la capitale était comme investie, de ne rien faire et de ne rien tenter. »

Loin de mériter les injures et les délations, le maréchal déploya le courage le plus rare et qui coûte le plus à un militaire ; ne pouvant utilement marcher, il sut se résigner à une immobilité que tout autour de lui il entendait qualifier d'étonnante, si ce n'était de scandaleuse.

Ne pouvant faire davantage, n'était-ce pas déjà faire beaucoup que de ne point donner à l'ennemi l'occasion de profiter d'une faute, de ne point jeter au grand incendie cet aliment, la flamme d'une victoire ? Mais, immobile, le maréchal Blanco n'était pas inactif, et, dans la défensive prudente où il se renfermait, il préparait l'offensive prochaine. Il n'eut le temps que d'en esquisser le premier geste, car la clameur de ses adversaires s'élevait trop haut, et en lui envoyant le général Polavieja comme lieutenant, il était manifeste que le gouvernement lui envoyait un successeur. Ainsi le comprit le maréchal, qui remit ses pouvoirs et s'embarqua aussitôt pour l'Espagne.

Polavieja était le héros de la *Guerra chiquita*, de la petite guerre, dernière convulsion de la révolte où, dix années durant, de 1868 à 1878, jusqu'après le pacte de Zanjon, avait été en jeu la souveraineté espagnole sur Cuba. Connu pour procéder à la manière forte, il emportait aux Philippines les espérances des patriotes impatients que la lenteur obligée de Blanco avait mis hors d'eux-mêmes. En possession de moyens que son prédécesseur n'avait pas, Polavieja ne laissa décevoir aucune de ces espérances : quoique malade, cloué sous sa tente par la fièvre, à demi aveugle, il agit, ne fut-ce qu'en commandant énergiquement l'action, et, secondé à merveille par un de ses divisionnaires, le général Lachambre, il eut vite fait de chasser les insurgés d'Imus, de Cavite-Viejo et d'en purger les environs de Manille, les provinces qui sont comme le cœur de Luzon et le centre de toute la colonie.

Mais il ne lui fut pas permis d'aller au delà et, à son tour, il eut un successeur en la personne du capitaine général de Madrid, don Fernando Primo de Rivera, marquis de Estella, pour qui, non plus, les Philippines n'étaient pas un pays nouveau, puisqu'il en avait été précédemment le gouverneur. Primo de Rivera ne pouvait que poursuivre ce que Polavieja avait si bien commencé ; il s'attacha avec décision et bonheur à ce labeur ingrat ; l'insurrection recula, les rebelles furent battus en maintes rencontres et, si l'on ne tient pas compte des petites révoltes locales survenues au cours de l'année 1897 et rapidement réprimées, on peut dire que l'ordre régnait aux Philippines jusqu'au jour où la guerre étrangère vint ranimer les espérances des chefs indiens et remettre de nouveau en question la souveraineté de l'Espagne sur ses possessions d'Extrême-Orient.

Le 26 janvier 1898, un décret royal créait une médaille destinée à « rappeler les gloires et les souffrances de l'armée et de la flotte pendant la dernière campagne aux îles Philippines ».

Cette médaille, en bronze, comporte sur la face le buste du roi avec l'inscription : Alphonse XIII à l'armée des Philippines ; sur le revers, l'inscription : Valeur, Discipline et Loyauté, 1896 à 1898. Le ruban est en soie rayée aux couleurs nationales, jaune et rouge.

CHAPITRE IV

AU PAYS DES DOLLARS

Le rôle des États-Unis. — Un message de M. Cleveland. — Conflit inévitable. — La junte insurrectionnelle cubaine. — Les navires flibustiers. — Proposition d'intervention. — Protestation du gouvernement espagnol. — L'orgueil castillan. — M. Mac Kinley à la Maison-Blanche. — Réorganisation municipale de Cuba. — L'indécision de M. Sagasta. — La junte de New-York. — Le consul général Lee. — Situation tendue. — L'incident Dupuy de Lôme. — L'explosion du *Maine*. — M. Polo de Barnabé à Washington. — Jingoïstes et presse jaune. — Le télégramme du capitaine Sigsbee. — Effroyable catastrophe. — Accident ou crime. — Préparatifs de guerre. — La commission d'enquête. — Rupture imminente. — Conclusions inconciliables. — Un message présidentiel. — Encore les reconcentrados. — Propositions espagnoles. — Mobilisation des flottes. — Intervention du pape. — Démarche des six puissances. — Un armistice à Cuba. — Les instructions des ambassadeurs.

Quel rôle ont joué les États-Unis pendant la période de crise qui précéda l'ouverture effective des hostilités entre l'Espagne et l'Amérique. Ce rôle est aujourd'hui facile à préciser au moins dans ses grandes lignes. Avant de quitter le pouvoir, dans les premiers mois de 1897, M. Cleveland adressait au Congrès un message qui était de nature à faire réfléchir le cabinet de Madrid.

« L'île de Cuba, disait M. Cleveland, est si près de nous qu'à peine est-elle séparée de notre territoire. Nos intérêts pécuniaires engagés dans l'île occupent le second rang ; ils viennent immédiatement après ceux du gouvernement et du peuple espagnols. On calcule, sur des bases certaines, que les capitalistes américains ont, pour le moins, de 30 à 50 millions de dollars employés en plantations, chemins de fer, exploitations minières et autres entreprises à Cuba. Le mouvement commercial entre les États-Unis et Cuba qui, en 1889, représentait environ 74 millions de dollars, s'éleva en 1893 à près de 103 millions, et en 1894, un an avant le début de l'insurrection actuelle, atteignit encore 96 millions de dollars. **Les États-Unis** *se trouvent donc inévitablement impliqués dans la lutte*, soit par les vexations, soit par les dommages matériels qu'ils ont à en souffrir. »

ENTRE LA FLORIDE ET CUBA

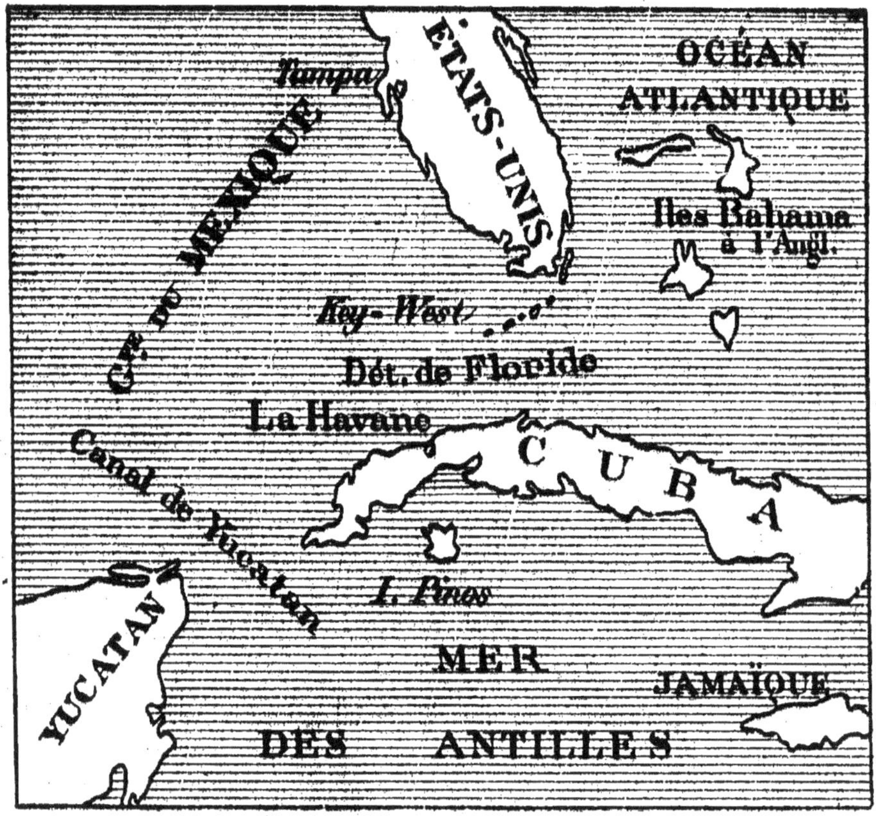

Voilà donc clairement énoncé le motif qu'avaient les Américains de se mêler des affaires de Cuba, affaires américaines autant qu'espagnoles, selon M. Cleveland. Mais il y en avait bien d'autres. Examinons-les avec l'aide de M. Charles Benoist, que l'on ne saurait trop citer en pareille matière.

La présence à New-York de la junte insurrectionnelle

cubaine, qui faisait de cette ville le bureau de recrutement et le centre de ravitaillement des insurgés en ressources de toute nature, hommes, armes, argent; la présence à Cuba de citoyens américains plus ou moins récents, plus ou moins authentiques, mais qui, de par leurs papiers mis en règle, scellés du sceau du Consulat, avaient le droit de couvrir du drapeau de l'Union leurs intrigues et leurs démarches; la présence un peu partout, dans l'immense étendue des quarante-cinq États, surtout dans les États du Sud, dans la Floride, vers l'îlot de Key-West, d'éléments turbulents, aventureux, surexcités et prêts à partir en campagne quand passerait un flibustier, le *Laurada* ou le *Three-Friends;* tout cela, disait M. Cleveland, créait au gouvernement américain des tracas incessants, l'obligeait à une surveillance minutieuse sur les côtes et dans les ports, était pour lui une cause de gros soucis et de grosses dépenses; et il se fondait là-dessus pour presser l'Espagne d'en finir. Il l'en sollicitait, d'ailleurs, par des considérations plus hautes, pour mettre un terme aux maux d'une rébellion et d'une répression également impitoyables, qui, l'une et l'autre, ravageaient et ruinaient l'île, l'une sous prétexte de l'affranchir, l'autre à l'effet de la pacifier.

Pour cette pacification de Cuba, si l'Espagne ne réussissait pas d'elle-même et à elle seule à l'assurer; s'il était démontré par les événements, ou si elle avouait qu'elle n'y pouvait réussir dans un délai fixé, en recourant à des moyens qu'il indiquait, M. Cleveland proposait les bons et loyaux offices des États-Unis, laissant entendre qu'au cas où le gouvernement espagnol ne les accepterait point, la République américaine imposerait, au besoin, ces bons offices, devenus nécessaires.

De son côté, M. Canovas, chef du cabinet espagnol, repoussait énergiquement cette proposition de M. Cleveland et du Congrès américain, que les affaires cubaines étaient presque des affaires américaines. Rien, suivant l'homme d'État espagnol, ne se débattait à Cuba qui regardât personne au monde, hormis les Cubains insurgés et les Espagnols, et c'était à l'Espagne seule de se débrouiller avec les rebelles, en vertu de ce principe que chacun est maître chez soi. Sans nier que les États-Unis eussent à Cuba des intérêts, M. Canovas soutenait que le gouvernement espagnol, à l'exclusion de tout autre, avait qualité pour les faire respecter et n'y avait jamais failli. Il se refusait à admettre qu'on lui assignât une limite de temps, et, tout en écoutant les avis qu'on lui donnait sans qu'il les demandât, il se réservait d'examiner s'il les trouvait compatibles avec la dignité et la souveraineté de l'Espagne. Il se refusait, d'ailleurs, à soumettre à la régente les décrets réglant d'une façon libérale le sort de Cuba, avant qu'il ne fût évident que « *ce que l'Espagne octroie de bonne grâce, on ne l'a ni arraché par la violence, ni surpris par la ruse. Victorieuse, l'Espagne peut donner beaucoup; mais, jusqu'à la victoire, rien!* »

M. Canovas était d'ailleurs soutenu dans sa résistance aux invitations des États-Unis par le sentiment national et un patriotisme exalté. Les marchés étrangers venant de se fermer aux emprunts espagnols, la péninsule avait fait un effort désespéré pour fournir les 400 millions qu'on sollicitait d'elle, après tant d'autres sacrifices, 200,000 hommes à Cuba, 25,000 aux Philippines.

Le premier ministre ne s'effrayait même pas de l'éventualité d'une intervention armée des États-Unis dans la question cubaine. Il savait mieux que personne que ceux-ci avaient pour eux le nerf de la guerre : l'argent, mais croyait être fixé sur la valeur de l'armée et de la flotte yankees, bien inférieures, pensait-il, à la flotte et à l'armée espagnoles.

Il pensait que l'Espagne n'ayant pas adhéré à l'acte de Paris de 1856, son gouvernement délivrerait des lettres de marque aux hardis marins de Catalogne et de Biscaye.

D'autre part, la guerre sur terre ne l'effrayait pas non plus. Napoléon ne s'était-il pas brisé à la résistance des

Espagnols sur leur territoire national? Et au cas probable où la lutte serait circonscrite à Cuba, n'y avait-il pas là-bas 200,000 bons soldats qui sauraient tenir en échec les milices informes des États de l'Union?

Néanmoins, M. Canovas voulait à tout prix écarter la guerre, pourvu que ce ne fût pas au prix de l'honneur espagnol; et les mouvements populaires provoqués aux États-Unis, les résolutions enflammées déposées dans les deux Chambres, la lacération, à New-York, du drapeau espagnol, et la pendaison en effigie du général Weyler ne purent le faire sortir de son calme et le déterminer à jeter son pays dans les pires aventures.

Cependant, M. Mac Kinley avait remplacé M. Cleveland à la Maison-Blanche et le général Woodford était venu représenter les États-Unis à Madrid. Si la froideur entre les diplomates et les cabinets des deux pays était grande, du moins la correction la plus absolue présidait-elle à leurs relations journalières.

Il semblait même qu'une détente dût se produire à brève échéance entre les deux nations; le gouvernement espagnol venait de promulguer un décret réorganisant à Cuba les conseils municipaux et les conseils provinciaux; d'autres garanties avaient été, sinon données, du moins formellement promises, et bien des gens espéraient que l'accord se ferait lorsque M. Canovas tomba sous les balles d'Angiolillo.

Son successeur, M. Sagasta, avait en Amérique une réputation de faiblesse et d'indécision qui contrastait fort avec celle de fermeté laissée par M. Canovas.

Aussi, son arrivée au pouvoir ranima-t-elle les espérances des partisans de l'autonomie absolue de Cuba ou même de son annexion aux États-Unis.

Le rappel du général Weyler, l'envoi du général Blanco, chargé de porter à Cuba les décrets d'autonomie relative, furent interprétés de l'autre côté de l'Océan comme des signes de défaillance et de lassitude.

Maximo Gomez, nous l'avons vu plus haut, ne jeta pas l'épée, ne se sentit pas, comme en 1878, le désir d'aller vivre dans une petite maison tranquille où il n'y aurait ni une cour, ni un arbre ; et les clameurs ne tombèrent pas dans les Chambres américaines.

Cependant, la guerre s'éternisait ; les intérêts américains continuaient d'être lésés et l'opinion américaine se montait et s'échauffait de plus en plus. La junte cubaine à New-York la tenait savamment en haleine. Chaque jour amenait une nouvelle affaire. Tout était motif à réclamations, protestations et enquêtes.

Le consul général Lee, pour les cas ordinaires et au moindre incident, tel envoyé officiel ou officieux, tel ami du président Mac Kinley, tel membre du Congrès recevaient ou se donnaient mission de surveiller et de dénoncer « la barbarie, la cruauté, l'inhumanité » des autorités espagnoles, de montrer aussi qu'elles étaient incapables de venir à bout des insurgés, qu'aucune province n'était pacifiée, qu'aucune ville n'était sûre, pas même la Havane, ce qui n'empêchait pas les navires flibustiers de naviguer sous pavillon américain et les dollars américains d'affluer dans la caisse de la junte cubaine. D'une part, on reprochait à l'Espagne de ne pouvoir vaincre l'insurrection ; de l'autre, on faisait ou on laissait faire tout ce qu'il fallait pour qu'elle ne pût pas la vaincre.

La situation s'envenima peu à peu, et dans les premiers jours de 1898 elle était déjà singulièrement tendue, quand se produisirent coup sur coup l'incident de la lettre de M. Dupuy de Lôme et l'explosion du *Maine*.

M. Dupuy de Lôme, ministre d'Espagne à Washington, avait écrit à un de ses amis une lettre *absolument privée*, dans laquelle, se soulageant de la contrainte qui lui était imposée par son masque diplomatique, il donnait franchement son opinion sur les relations entre l'Espagne et les États-Unis, et jugeait avec beaucoup de sévérité l'attitude du président Mac Kinley.

Cette lettre, interceptée par la junte insurrectionnelle cubaine de New-York, fut publiée par la presse américaine. Tous les journaux de l'autre côté de l'Atlantique redoublèrent de violence à l'égard du gouvernement espagnol, et le général Woodford, ambassadeur des États-Unis à Madrid, remit à M. Sagasta une note regrettant « que le gouvernement espagnol n'ait pas spontanément censuré et désapprouvé officiellement les passages de la lettre de M. Dupuy de Lôme qui contiennent des insultes au président Mac Kinley, et qui indiquent que l'autonomie cubaine n'est pas sérieuse, ni les négociations commerciales sincères ». Pour le cas où le gouvernement espagnol ne connaîtrait pas le texte de la lettre Dupuy de Lôme, la note américaine reproduit les passages incriminés.

Le cabinet espagnol se tira de cette impasse en publiant dans la *Gazette officielle* un décret acceptant la démission de M. Dupuy de Lôme, mais sans la formule d'usage, disant *que le gouvernement est satisfait de son zèle et de ses services.*

La même gazette publia le décret lui donnant comme successeur M. Polo de Barnabé, chef de la direction du commerce et des consulats, ancien secrétaire à la légation de Washington lorsque son père y était ministre d'Espagne, en 1874.

Le ministre des affaires étrangères, d'autre part, répondit à la note américaine en déclarant que le cabinet espagnol croyait avoir suffisamment signifié sa désapprobation de la conduite du représentant de l'Espagne en acceptant sa démission avant même la première réclamation américaine. Il était donc surpris de recevoir une nouvelle réclamation au sujet d'une lettre particulière dont, naturellement, il réprouvait les passages insultants pour le président des États-Unis.

La note était rédigée en termes flatteurs pour le président Mac Kinley, et le gouvernement espagnol exprimait l'espoir que l'incident serait clos, d'autant plus que le choix d'un nouveau représentant (M. Polo de Barnabé) était un gage du désir d'achever les négociations commerciales.

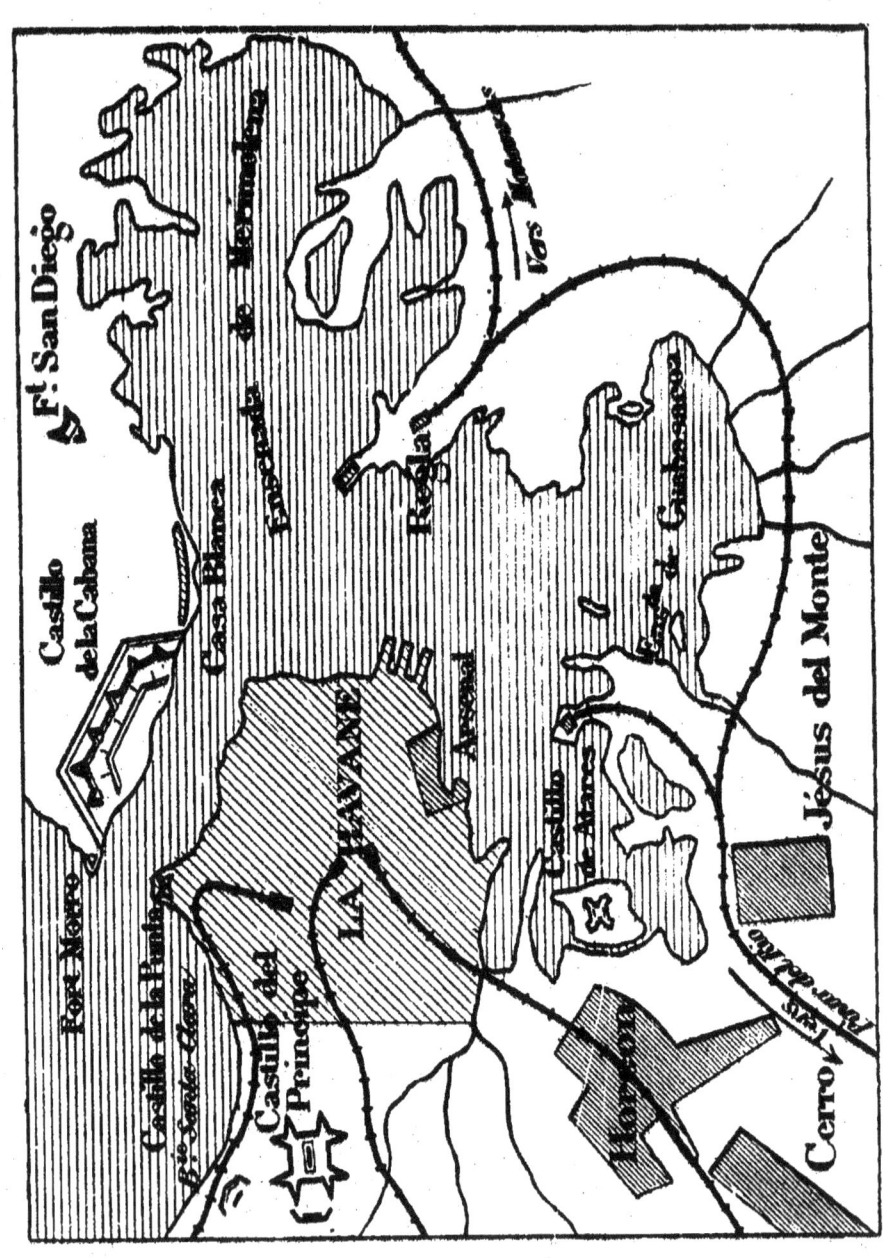

Le 16 février, M. Dupuy de Lôme quittait Washington. Mais si dans les sphères dirigeantes on s'accordait à constater une détente dans les rapports entre les deux pays, il n'en était pas de même dans le peuple, que surexcitait une presse nationaliste, celle que nos voisins d'outre-Atlantique appellent la « presse jaune ». Pour les jingoïstes outranciers de New-York, tout était prétexte à clameurs furibondes, et le gouvernement de M. Mac Kinley était sans cesse gêné dans les négociations en cours par des rodomontades de membres du Congrès, désireux de créer autour de leur personnalité une réputation de patriotes raffinés.

Cependant, les affaires semblaient s'arranger; un navire de guerre américain, le *Maine*, avait été désigné pour visiter successivement les ports de Cuba; et, par réprocité, un croiseur espagnol devait faire escale dans divers ports des États-Unis.

Le *Maine* arriva à la Havane dans les premiers jours de février et fut salué par les forts espagnols et les navires de guerre ancrés dans le port.

Le 16 février, le télégramme suivant, expédié par le consul des États-Unis à la Havane, était affiché à New-York :

« Le *Maine* a sauté dans le port de la Havane, à neuf heures quarante.

« Le bâtiment est détruit. Il y a plusieurs blessés, et, probablement, le nombre des tués et des noyés est plus considérable que celui des blessés. Les autres hommes de l'équipage sont à bord d'une canonnière espagnole et d'un vapeur américain.

« En l'absence de renseignements plus circonstanciés, l'opinion publique doit s'abstenir de tout jugement sur la cause de l'explosion.

« On croit que tous les officiers sont sauvés. Toutefois, deux d'entre eux manquent. Plusieurs officiers espagnols, parmi lesquels le maréchal Blanco, sont venus m'exprimer leur sympathie. »

Ce télégramme, signé du capitaine Sigsbee, commandant le *Maine*, produisit en Amérique une impression de stupeur. Il fut d'ailleurs suivi à bref délai d'autres télégrammes donnant les détails suivants sur le sinistre :

L'explosion semblait s'être produite dans la soute centrale. Elle fut si violente que le croiseur fut soulevé hors de l'eau, puis retomba en partie détruit. Tous les officiers, à l'exception du médecin, étaient réunis dans la cabine centrale au moment de l'explosion.

La secousse fut formidable ; tous se précipitèrent sur le pont ; mais il leur fut impossible d'avancer vers le milieu du navire. Les quelques survivants des 350 marins qui purent sortir de la cale débouchèrent avec tant de rapidité que plusieurs tombèrent à l'eau et se noyèrent.

Des tuyaux en cuivre, des garnitures, des barres de fer et d'autres fragments du navire tombaient en pluie dans toutes les directions. Une fumée épaisse s'éleva, au milieu de laquelle on entendait des cris d'angoisse.

Lorsque le premier moment de stupeur fut passé, des faisceaux de lumière électrique furent concentrés de la rive sur le lieu de la catastrophe, éclairant ainsi une scène épouvantable. Des bateaux espagnols se détachèrent du rivage et accostèrent le *Maine*, qui brûlait et s'enfonçait peu à peu. Bientôt sa coque disparaissait et seuls le mât de poupe et quelques gréements émergeant au-dessus de l'eau indiquaient l'endroit où flottait, quelques heures auparavant, un navire cuirassé de 6,682 tonneaux, armé de quatre pièces de 254 millimètres, de dix canons à tir rapide de 57 millimètres, et d'un grand nombre de pièces légères et de mitrailleuses.

Le nombre des victimes de l'explosion était de 270, tués ou noyés ; celui des blessés de 115.

Les premiers rapports parvenus à Washington établissaient très affirmativement que l'explosion du *Maine* était due à une cause intérieure, à un accident non encore déterminé.

Peu à peu, cependant, sous la pression des journaux

jingoïstes, une autre opinion se fit jour, accueillie avec enthousiasme par la population outrancière.

Les partisans de la guerre avec l'Espagne affirmaient que l'explosion du *Maine* avait été provoquée par une torpille ou une mine sous-marine, et que le mauvais vouloir du gouvernement espagnol n'était pas étranger au sinistre.

L'amiral commandant l'escadre américaine du Nord de l'Atlantique nomma aussitôt une commission d'enquête.

Un navire de guerre des États-Unis, le *Bangrove*, ayant à son bord les officiers supérieurs de la commission, partit pour la Havane, emportant des scaphandriers, et vint mouiller à côté de l'épave du *Maine*. La commission entendit le rapport du capitaine Sigsbee et commença aussitôt ses investigations.

Aux États-Unis, les préparatifs militaires allaient leur train ; les batteries de côtes recevaient leurs servants, et des munitions étaient envoyées sur divers points du littoral, ce qui n'empêchait pas le général Merritt de déclarer que « la situation ne justifie aucune émotion » (23 février).

De son côté, la presse jaune continuait consciencieusement sa campagne d'excitations et d'injures.

Avant même que la commission d'enquête fût arrivée dans les eaux de Cuba, un journal de New-York publiait, en caractères d'affiches, qu'il « possédait et présentait à ses lecteurs la preuve irrévocable de l'existence d'une mine sous-marine, dont l'explosion, préméditée, avait occasionné la perte du *Maine* ».

On peut juger par cela de l'état d'esprit dans lequel se trouvait la population américaine. Voici, d'ailleurs, l'extrait d'une correspondance publiée par le *New-York Herald* à la date du 28 février :

« Bien que la commission d'enquête conduise ses investigations aussi secrètement que possible, il semble établi que l'explosion qui a détruit le *Maine* s'est produite sous la quille du navire et que les magasins à poudre n'ont eu aucune part dans l'explosion initiale comme on l'avait cru tout d'abord.

« La catastrophe aurait donc été déterminée par une *mine sous-marine*.

« Le gouvernement espagnol affirme qu'il n'existait pas d'engins de cette sorte dans le port de la Havane ; mais le fait est établi par une carte qui se trouve à la bibliothèque de Washington et qui montre la position exacte de ces mines. On peut ainsi constater que le *Maine* était ancré à proximité de deux de ces engins, qui étaient directement reliés au rivage.

« Tout le monde ici s'attend si bien à la guerre que les grands journaux se préparent à envoyer leurs correspondants à Key-West, dans la Floride, le point le plus proche des futures opérations.

« On craint toujours qu'un mouvement révolutionnaire éclate à la Havane et que la vie des nationaux soit sérieusement menacée.

« Aux États-Unis, la fièvre belliqueuse va grandissant. Les préparatifs sont poursuivis sans interruption. Le département de la marine a donné l'ordre d'enrôler des recrues pour la flotte, sans aucune limite de nombre, et, depuis deux jours, beaucoup de matelots et d'artilleurs se sont fait inscrire.

« Le général Powell, un grand ami du président Mac Kinley, affirme que celui-ci est prêt, si la catastrophe du *Maine* est due à une trahison, à agir de façon à satisfaire tous les citoyens des États-Unis.

« M. Mac Kinley a également déclaré au sénateur Hobbart et à deux autres sénateurs que la guerre lui semblait inévitable. Peu importe, d'après lui, que l'explosion ait eu lieu avec ou sans la connivence des autorités espagnoles. Le sentiment du pays ne permettrait pas au gouvernement d'agir autrement.

« Le chef du bureau de la navigation vient de rentrer,

après avoir effectué, sur le croiseur *Montgomery*, l'inspection des côtes de Cuba, particulièrement des ports de Matanzas et de Santiago, en vue d'une action des flottes américaines. L'escadre de l'Atlantique du Sud vient de faire sa concentration avec l'escadre du golfe du Mexique, et, en vingt-quatre heures, toutes ces forces pourraient être massées devant la Havane. »

Ainsi, de l'aveu du plus important organe des États-Unis, le président Mac Kinley avait déclaré, le 28 février, que la guerre avec l'Espagne était inévitable; ce qui n'empêchait point, d'ailleurs, la commission d'enquête de continuer ses investigations. Son rapport parvint à Washington à la fin du mois de mars. En voici les conclusions :

1º Au moment de l'explosion le navire se trouvait par environ six brasses d'eau;

2º La discipline à bord était excellente et tout était arrimé conformément aux ordres; la température dans les soutes, à 8 heures, était normale, excepté dans la soute arrière, affectée aux canons de dix pouces, et qui ne fit pas explosion;

3º L'explosion eut lieu à 9 h. 40 du soir. Il y eut deux explosions à un très court intervalle. Le navire fut soulevé par la première explosion;

4º La commission ne peut former aucune opinion définitive des dépositions des plongeurs, relativement à la condition des épaves;

5º Il résulte des détails techniques, relativement aux épaves trouvées dans cette partie, qu'une mine fit explosion au-dessous de l'eau, à bâbord;

6º L'explosion n'est due à aucune faute de l'équipage du *Maine*;

7º L'opinion de la commission est que l'explosion d'une mine causa l'explosion de deux soutes;

8º La commission déclare qu'elle ne peut pas trouver de preuves pour fixer la responsabilité.

Les membres de la commission sont unanimes dans leur conclusion.

Le rapport ne fait aucune mention de l'Espagne ou des Espagnols.

La commission d'enquête espagnole, de son côté, avait établi un rapport sur l'explosion du croiseur américain.

Les conclusions de ce rapport étaient exactement l'opposé de celles du rapport américain.

Contrairement à ce qui se passait aux États-Unis, la presse espagnole conservait tout son sang-froid, et les journaux de toute nuance publiaient des articles rassurants. Le gouvernement, affirmait-on, était décidé à faire tout son possible pour éviter la guerre, si la dignité et l'honneur de l'Espagne n'étaient pas atteints.

Le rapport américain sur l'explosion du *Maine* fut communiqué au Congrès en même temps qu'un message du président Mac Kinley.

Ce message débutait par l'exposé des motifs qui décidèrent les États-Unis à envoyer un navire dans les eaux cubaines.

Après avoir constaté qu'un sentiment de soulagement et de confiance suivit la reprise de cet échange amical de visites qui avait été interrompu pendant longtemps, le message ajoute, parlant de l'explosion du *Maine* :

« Cette terrible calamité a frappé nos nationaux d'un coup écrasant, et, pendant une courte période, une indescriptible agitation prévalut. Chez un peuple ayant moins le contrôle de soi-même et moins juste que le nôtre, cette agitation aurait pu conduire à des actes prompts d'un ressentiment aveugle. Cet esprit, toutefois, fit place à la raison, plus calme, à la décision d'étudier les faits et d'attendre des preuves matérielles afin de juger la cause et la responsabilité.

« Les conclusions de la commission d'enquête sont que la perte du *Maine* n'est due ni à une erreur ni à une négligence des officiers ou de l'équipage.

« Le navire a été détruit par l'explosion d'une mine sous-marine, laquelle a elle-même amené l'explosion partielle de deux ou plusieurs magasins de l'avant ; aucune preuve fixant la responsabilité sur une ou plusieurs personnes n'a pu être obtenue.

« Le président a décidé que les résultats de l'enquête et l'opinion du gouvernement sur ces résultats seront communiqués au gouvernement espagnol.

« Je ne me permets pas, conclut-il, de mettre en doute que les sentiments de justice de la nation espagnole ne dictent l'attitude que suggèrent l'honneur et les relations amicales des deux gouvernements.

« Ce sera le devoir du pouvoir exécutif d'aviser le Congrès sur le résultat obtenu. »

Le message du président Mac Kinley fut renvoyé sans discussion à la commission des affaires étrangères du Sénat, qui jugea opportun d'attendre les résultats des négociations engagées entre l'Espagne et les États-Unis pour se prononcer.

A la Chambre des représentants, un ordre du jour en faveur de l'indépendance de Cuba souleva, le 30 mars, les applaudissements des tribunes ; mais après une discussion très chaude, il fut ajourné pour vice de forme par 179 voix contre 139.

Les négociations engagées à Madrid par le général Woodford, ambassadeur des États-Unis, portaient sur deux points principaux :

1° L'Espagne proclamerait immédiatement un armistice jusqu'en octobre 1898, et dans cet intervalle, les États-Unis emploieraient leurs bons offices auprès des insurgés cubains pour rendre permanente cette paix provisoire ;

2° L'Espagne emploierait tous ses efforts à secourir les habitants de l'île réduits à la misère, et les États-Unis lui prêteraient leur concours dans cette œuvre.

Les bons offices qu'offriraient les États-Unis pour assurer la paix permanente à Cuba porteraient soit sur l'indépendance de l'île moyennant indemnité, soit sur un système rendant simplement Cuba tributaire de l'Espagne pendant une période d'années après laquelle l'île deviendrait indépendante.

Sur le deuxième point le cabinet espagnol était d'accord avec le gouvernement américain et sa bonne volonté s'était déjà traduite par des actes.

C'est ainsi qu'avant même d'avoir reçu notification des instructions envoyées au général Woodford, le gouvernement espagnol avait rendu un décret aux termes duquel un crédit de trois millions de pesetas était ouvert pour venir en aide aux *reconcentrados;* nous avons vu plus haut que ceux-ci étaient les habitants de la campagne cubaine parqués dans les villes de garnison par les ordres du général Weyler.

D'autre part, le maréchal Blanco avait fait publier par la *Gazette de la Havane* un décret mettant fin à la concentration des paysans. Ceux-ci étaient autorisés, avec leurs familles, à retourner à leurs champs pour y reprendre leurs travaux sous la protection des autorités.

Des comités de secours étaient formés dans l'île pour pourvoir à leurs moyens de culture ; des travaux publics étaient décidés, et des cuisines économiques s'établissaient sur divers points pour assurer la subsistance des *reconcentrados* aux meilleures conditions possibles.

Quant au premier point visé par la note du général Woodford, le cabinet espagnol était hésitant ; il sentait fort bien qu'une concession intempestive en nécessiterait une autre et que bientôt la question même de la souveraineté espagnole sur Cuba ne tarderait pas à se poser.

Il fallait cependant répondre aux sommations non déguisées du gouvernement et du Congrès américains. Le cabinet espagnol le fit en ces termes le 2 avril :

« Le gouvernement espagnol déclare que le maréchal Blanco a révoqué les mesures prises par le général Weyler à l'égard des *reconcentrados* des provinces occidentales de

Cuba ; qu'il a été ouvert au général Blanco un crédit de trois millions de pesetas pour aider les paysans en attendant la reprise du travail. L'Espagne acceptera toutefois le concours des États-Unis pour distribuer des secours aux indigents conformément aux arrangements actuellement en vigueur.

« L'Espagne propose que l'arrangement d'une paix honorable soit laissé au Parlement cubain, qui se réunira le 4 mai, et sans la coopération duquel elle ne saurait arriver à un résultat définitif ; mais il faut que les pouvoirs réservés au gouvernement central par la Constitution ne soient pas amoindris.

« L'Espagne ne fera aucune objection à la suspension des hostilités, si les insurgés le demandent au gouverneur général, qui en déterminera les conditions.

« L'Espagne offre tous ses regrets pour l'accident du *Maine* et propose un arbitrage. »

Cependant, en dépit des négociations engagées entre les deux pays, des préparatifs de guerre avaient lieu fiévreusement.

C'est ainsi que dans l'espace de quelques jours :

La Chambre américaine adopte un amendement tendant à l'acquisition de douze nouveaux torpilleurs et de douze contre-torpilleurs ;

Le général Lee, consul américain à la Havane, et les consuls des États-Unis à Matanzas et à Sagua, font embarquer leurs nationaux ;

La junte des insurgés cubains à New-York offre d'enrôler 60,000 rebelles pour marcher sur la Havane si les États-Unis fournissent les armes et les munitions ;

Enfin, à Key-West, le port de la Floride le plus rapproché de Cuba, les mesures préliminaires de la mobilisation de la flotte sont prises avec le plus grand soin.

De son côté, le conseil des ministres espagnol décide la concentration aux îles du cap Vert de l'escadrille des torpilleurs. On lui adjoindra une escadre composée du

Charles-Quint, de l'*Alphonse-XII*, de l'*Infante-Thérèse*, du *Christophe-Colomb* et du *Destructor*, qui accompagneront l'escadrille jusqu'à Cuba.

Il est arrêté également que lorsque l'*Oquendo* et la *Viscaya*, en route pour Porto-Rico, arriveront dans les eaux de cette colonie, on leur prescrira par signaux de continuer leur route jusqu'à la Havane.

Les commandants de garnisons et les capitaines généraux des divers districts militaires de la péninsule reçoivent l'ordre de se tenir prêts à renforcer les postes maritimes au premier signal.

Les sapeurs du génie, en garnison à Logrono, sont mis en route pour les Baléares.

Les travaux à bord des navires qui ne sont pas encore en état se poursuivent rapidement, et le gouvernement envoie des instructions pour rappeler immédiatement des eaux étrangères les navires achetés récemment.

Des mesures analogues sont prises à l'égard du matériel de guerre acheté à l'étranger.

Le croiseur *Charles-Quint* quitte le Havre et rallie le port du Ferrol où l'on terminera l'installation de ses tourelles.

Enfin, le conseil, sans prendre toutefois de décision définitive, examine les propositions reçues par le gouvernement et qui ont pour objet d'armer en course les bateaux marchands.

A l'étranger, pourtant, on n'avait pas encore perdu tout espoir d'arriver à une solution amicale du conflit.

Le mot d'intervention amicale avait été déjà plusieurs fois prononcé, mais aucun acte n'était venu encore corroborer les intentions conciliatrices de l'un ou l'autre gouvernement, lorsque le 3 avril, dans la soirée, le nonce du pape à Madrid et le ministre des affaires étrangères reçurent de Rome un télégramme annonçant que le pape avait ordonné au cardinal Rampolla d'informer l'ambassadeur d'Espagne auprès du Saint-Siège, M. Merry del Val, qu'il désirait offrir sa médiation ou son arbitrage entre l'Espagne et les États-Unis.

La reine régente approuva l'idée de ses ministres d'accepter la médiation papale, et une réponse portant acceptation et remerciements du gouvernement espagnol fut aussitôt transmise à Rome.

D'un autre côté, une démarche collective était faite à Washington, auprès du président Mac-Kinley, par les ambassadeurs ou ministres de la Grande-Bretagne, la France, la Russie, l'Allemagne, l'Autriche et l'Italie.

Les représentants des six puissances, après avoir été reçus officiellement par le président, remirent au ministre des affaires étrangères la note suivante :

« Les représentants soussignés ont été dûment autorisés à adresser au nom de leurs gouvernements respectifs un pressant appel aux sentiments d'humanité et de modération du président et du peuple américains dans leur différend actuel avec l'Espagne.

« Ils espèrent vivement que de nouvelles négociations conduiront à un accord qui, tout en assurant le maintien de la paix, donnera toutes les garanties nécessaires pour le rétablissement de l'ordre à Cuba.

« Les puissances ne doutent pas un instant que le caractère absolument désintéressé et tout humanitaire de leurs représentations sera entièrement reconnu et apprécié par la nation américaine. »

Le président Mac Kinley répondit en ces termes :

« Le gouvernement des États-Unis reconnaît les sentiments de bonne volonté qui ont inspiré la communication amicale des six puissances et qui sont traduits dans la note que présentent Vos Excellences.

« Il partage l'espoir qui y est exprimé que la solution de la situation actuelle à Cuba soit le maintien de la paix entre les États-Unis et l'Espagne, obtenu à l'aide des garanties nécessaires pour le rétablissement de l'ordre à Cuba et la suppression de l'état chronique de troubles dans ce pays, qui cause tant de tort aux intérêts américains et menace la tranquillité de la nation américaine par la nature et les conséquences d'une lutte entretenue à nos portes et qui révolte, en outre, les sentiments d'humanité de notre nation.

« Le gouvernement des États-Unis apprécie le caractère humanitaire et désintéressé de la communication qui est faite, aujourd'hui, au nom des puissances signataires, et, pour sa part, il est convaincu que ces puissances apprécieront également les efforts désintéressés et sincères des États-Unis pour remplir un devoir d'humanité en mettant un terme à une situation dont la prolongation indéfinie est devenue intolérable. »

Si l'intervention presque simultanée du pape d'une part, et des six grandes puissances européennes d'autre part, firent naître à Madrid l'espoir que l'on maintiendrait la paix, il n'en était pas de même à Washington.

L'entrée en scène du Souverain Pontife fut accueillie assez froidement dans ce milieu protestant ; et une note maladroite de la nonciature de Madrid, en blessant les susceptibilités américaines, contribua encore à faire écarter l'intervention du chef de la religion catholique. Cette note disait en substance qu'il était inexact que M. Mac Kinley eût repoussé l'intervention du pape en faveur de la paix ; *une telle impolitesse eût été d'autant plus impolitique qu'elle eût témoigné d'une barbare intolérance*, attendu que les protestants, si ennemis qu'ils soient du pape, ne peuvent pas repousser la voix d'un vénérable vieillard...., etc.

Qu'on s'imagine l'effet de cette déclaration dépourvue de diplomatie, tombant dans le milieu surchauffé des jingoïstes yankees !

Quoi qu'il en soit, et après une démarche des représentants à Madrid de la France, de l'Allemagne, de l'Autriche, de la Russie, de l'Angleterre et de l'Italie, le gouvernement espagnol se décidait à souscrire à une suspension d'hostilités qui, dans l'opinion de toutes les puissances et du pape, ne saurait porter atteinte à l'honneur ni à la dignité de l'Espagne et de sa vaillante armée et pourrait grandement contribuer à faciliter la paix.

Séance tenante, un télégramme était expédié à Cuba au maréchal Blanco, lui prescrivant de publier dans la *Gazette de la Havane* une proclamation annonçant une suspension des hostilités dont le gouverneur général lui-même fixerait les conditions et la durée, parce qu'on avait entière confiance en sa prudence et en son patriotisme.

Le général Woodford était en même temps avisé de la détermination du cabinet espagnol, qu'il transmit sans retard à son gouvernement.

En Espagne, la nouvelle de l'armistice fut, en général, accueillie avec satisfaction. Par ordre du ministre de l'intérieur, les préfets durent faire connaître à leurs administrés que l'armistice demandé par le pape et conseillé par les grandes puissances laissait saufs l'honneur militaire et la dignité de l'Espagne, et ne portait aucune atteinte aux droits de celle-ci sur les Grandes-Antilles.

Les négociations diplomatiques devaient continuer sur les bases de la nouvelle situation créée par l'armistice. Elles comporteraient, affirmait-on du côté espagnol, l'engagement, de la part des États-Unis, de rappeler ses escadres des eaux de Cuba et des Philippines et de retirer leur appui moral ou matériel aux insurgés.

Le général Correa, ministre de la guerre, ne semblait point partager entièrement l'optimisme de son collègue de l'intérieur :

« J'ai consenti, disait-il, à la cessation des hostilités, parce que se refuser à l'invitation des puissances aurait été séparer l'Espagne du monde entier ; d'un autre côté, en donnant ma démission, j'aurais placé mon successeur dans une pénible situation.

« Si, pendant l'armistice accordé aux insurgés, il y a d'importantes soumissions, et si les États-Unis retirent leurs navires des eaux de Cuba et des Philippines, les affaires iront bien et nous marcherons rapidement vers la paix.

« Dans le cas contraire, la guerre continuera à Cuba ; les puissances seront obligées de demander aux États-Unis une absolue neutralité et la dissolution du comité des flibustiers de New-York.

« Tout cela n'empêchera pas le gouvernement de continuer les préparatifs militaires, en mettant dans les meilleures conditions de défense la péninsule, les Canaries, les Baléares et Porto-Rico. »

Quel accueil allait-on faire maintenant, en Amérique, à la proclamation de l'armistice à Cuba ?

Il fallait peut connaître les intentions et les aspirations des patriotes américains et des révolutionnaires cubains pour s'imaginer que l'armistice suffirait à les contenter.

L'agitation était trop profonde, les passions trop surexcitées pour que l'on pût espérer qu'une concession arrachée à l'Espagne dans de telles conditions fît tomber les armes des mains à ceux qui étaient résolus à lutter jusqu'au bout pour l'indépendance.

A la réception du télégramme du général Woodford, annonçant que l'Espagne souscrivait à l'armistice, un conseil de cabinet réunit à la Maison-Blanche les titulaires du ministère américain. Il fut décidé que le message du président Mac Kinley, retardé depuis plusieurs jours pour laisser aux pourparlers le temps d'aboutir, serait enfin lu au Congrès. Pour qui connaissait l'état d'esprit des représentants et du Sénat, c'était la guerre à brève échéance.

Sur ces entrefaites, le consul général des Etats-Unis à la Havane, le général Lee, débarquait à Key-West et se rendait directement à Washington. Il avait chargé, en partant, des intérêts américains dans l'île, M. Gollan, consul général d'Angleterre à Cuba.

Quant à M. Woodford, ambassadeur des États-Unis à Madrid, il faisait ses préparatifs de départ. Sa famille, celles des secrétaires de l'ambassade et de l'attaché naval étaient déjà parties pour Biarritz. Lui-même s'attendait d'un moment à l'autre à recevoir ses passeports.

Il avait d'ailleurs donné l'ordre à tous les consuls et vice-consuls américains de se tenir prêts à remettre les archives aux consuls anglais qui seraient chargés, en cas de guerre, de la protection des sujets américains.

Quant à M. Polo de Barnabé, représentant de l'Espagne à Washington, il avait pour instructions, en s'embarquant pour l'Europe, de remettre entre les mains de l'ambassadeur de France les intérêts et la sauvegarde des Espagnols résidant aux États-Unis.

CHAPITRE V

LA RUPTURE

Le message de M. Mac Kinley. — Historique de la question cubaine. — Paix ou guerre. — Impuissance de l'Espagne. — Un rapport de M. Lee. — Propositions belliqueuses. — Une lettre de Maximo Gomez. — Entente impossible. — Préparatifs espagnols. — Une souscription nationale. — Au Sénat américain. — Les ordres du jour. — Résolution conjointe. — A la Chambre des représentants. — L'ultimatum de M. Mac Kinley. — M. Polo de Barnabé demande ses passeports. — Départ du général Woodford pour la France. — L'ouverture des Cortès. — Un discours de la reine régente. — Déclaration de guerre officielle. — Capture de navires marchands. — Le blocus de Cuba. — L'amiral Sampson quitte Key-West. — Devant la Havane. — L'escadre du Pacifique. — Cuba en état de siège. — Mobilisation espagnole.

Le message du président Mac Kinley, si impatiemment attendu dans les deux mondes, fut enfin envoyé au Congrès de Washington le 12 avril 1898.

Voici les passages les plus saillants de cet important document :

« Il est de mon devoir de vous entretenir de la grave crise qui est survenue entre les États-Unis et l'Espagne par suite de l'état de guerre qui a sévi à Cuba pendant plus de trois ans.

« Je le dois à cause de la relation intime de la question cubaine avec les États de notre Union, et parce que l'attitude qu'il appartient maintenant à la nation d'adopter doit nécessairement influencer la politique traditionnelle de notre gouvernement. Cette attitude doit s'accorder avec les principes établis par les fondateurs de la République, et religieusement observés par les gouvernements qui se sont succédé.

« La révolution actuelle n'est que le résultat des insurrections similaires qui se sont produites à Cuba contre la domination de l'Espagne.

« Chacune de ces insurrections a soumis les États-Unis à de grands efforts et à de grandes dépenses pour maintenir les lois de la neutralité, a causé d'énormes pertes au gouvernement américain, a produit des résultats regrettables et des troubles parmi nos compatriotes, et, par des pratiques de guerre cruelles, barbares et contraires à la civilisation, a choqué la sensibilité et a offensé les sympathies démocratiques de notre peuple.

« Depuis le commencement de la révolution actuelle, les États-Unis ont vu un domaine fertile ravagé par le fer et par le feu. Au cours de cette lutte, qui n'a pas son égale dans l'histoire de Cuba, et qui n'a pas son parallèle, par le nombre des combattants et l'acharnement dans la lutte, dans aucune révolution des temps modernes, où un peuple indépendant et luttant pour devenir libre s'est vu opposer les forces de l'Etat souverain, nous avons vu un pays, au début prospère, réduit à un état lamentable et son peuple périssant, par dizaines de mille, de faim et de misère.

« Nous nous sommes trouvés dans l'obligation, afin d'observer une stricte neutralité, de faire la police de nos mers et de surveiller nos propres ports, dans le but de prévenir tout acte illégal pour venir en aide aux Cubains. Notre commerce a souffert ; les capitaux de nos concitoyens ont été en grande partie perdus. La longanimité et la patience de notre peuple ont été mises à une dure épreuve, qui a créé une agitation périlleuse parmi nos propres compatriotes.

« Cette agitation a inévitablement trouvé, de temps en temps, une expression dans la législature nationale, de telle sorte que des problèmes qui nous sont extérieurs attirent l'attention et barrent le chemin au progrès des problèmes domestiques qui incombent à une communauté dont la maxime fondamentale a été d'éviter tous les embarras étrangers. Tout cela a soulevé la plus grande anxiété dans les conseils du gouvernement. »

Le président rappelle les efforts inutiles de ses prédécesseurs pour assurer la paix à Cuba, le gouvernement espagnol refusant de prendre en considération toute forme de médiation ou tout projet de solution ne comportant pas la soumission immédiate des insurgés; puis il continue ainsi :

« Les efforts de l'Espagne pour réprimer l'insurrection se sont augmentés par l'adjonction aux horreurs de la guerre de circonstances nouvelles et inhumaines, heureusement sans précédent dans l'histoire moderne des peuples chrétiens et civilisés.

« Les paysans, y compris tous ceux qui vivent dans l'intérieur agricole, ont été chassés dans les villes de garnison ou isolés dans des endroits occupés par les troupes. Les moyens des approvisionnements leur ont été interdits. Les champs restaient dévastés, les habitations détruites ou incendiées.

« En résumé, tout ce qui pouvait désoler le pays et le rendre impossible à toute habitation humaine a été ordonné et exécuté par l'un ou par l'autre des partis en lutte.

« Lorsque l'administration actuelle a pris le pouvoir, la population agricole de Cuba, dont le nombre était estimé à 300,000 individus, avait été enfermée comme un troupeau dans les villes ou leur voisinage immédiat; elle n'avait pas de moyens d'existence, pas de toits pour s'abriter, abandonnée avec des haillons et exposée aux conditions les plus insalubres.

« A mesure que la rareté des vivres augmentait par la dévastation des territoires de production dépeuplés, la famine et la misère augmentaient; la statistique des décès augmentait de mois en mois dans une proportion alarmante, et, au mois de mars 1897, d'après les données puisées à des sources officielles espagnoles, la mortalité parmi les *reconcentrados*, soit par les privations, soit par les maladies, dépassait 50 p. 100 de leur nombre total. »

M. Mac Kinley fait ensuite allusion à son précédent message et à ses tentatives en rapport avec la situation cubaine, avec les mesures de secours des États-Unis. Il parle de la reconnaissance par le gouvernement espagnol de la nécessité de modifier la situation des *reconcentrados*, et des efforts faits par le président pour améliorer cette situation, puis il poursuit :

« La continuation de la lutte veut dire extermination de l'un ou de l'autre des partis. Ayant conscience de cela, il me semble qu'il est de mon devoir, dans l'esprit d'une sincère amitié, non moins envers l'Espagne qu'envers les Cubains, de chercher à amener la fin immédiate de cette guerre. »

Le président énumère les efforts diplomatiques récemment faits par les États-Unis, et dit :

« La véritable question, en ce qui concerne la reconnaissance du droit de belligérance, est de savoir si la communauté qui le réclame est, oui ou non, indépendante sans l'ombre d'un doute.

« Au point de vue de l'opportunité, je ne crois pas qu'il soit sage ni prudent pour le gouvernement américain de reconnaître actuellement l'indépendance de la soi-disant république de Cuba.

« Cette reconnaissance n'est pas nécessaire pour permettre aux États-Unis d'intervenir dans le but de pacifier l'île. Lier le pays maintenant par la reconnaissance d'un gouvernement quelconque à Cuba pourrait nous entraîner dans des conditions embarrassantes d'obligations internationales envers l'organisation ainsi reconnue. Si nous intervenions, notre attitude serait soumise à l'approbation ou à la désapprobation de ce gouvernement et exigerait de nous que nous nous soumissions à sa direction et que nous assumions envers lui les simples relations d'un allié amical.

« Lorsque, plus tard, nous verrons s'il existe dans l'île de Cuba un gouvernement capable d'assumer les devoirs et de remplir les fonctions d'une nation indépendante et, en fait, possédant la véritable forme et les attributions d'une nationalité, ce gouvernement peut être promptement reconnu, et les relations et les intérêts des États-Unis réglés avec cette nation.

« Reste l'alternative d'une intervention pour mettre fin à la guerre, soit en agissant comme État neutre et impartial et en imposant un compromis rationnel entre les deux partis, soit en agissant comme l'allié actif d'un parti ou de l'autre.

« En ce qui concerne le premier terme de l'alternative, on ne doit pas oublier que, pendant les derniers mois, les relations des États-Unis ont été virtuellement celles d'une intervention amicale faite dans des formes dont aucune n'était définitive, mais que toutes tendaient à exercer une influence puissante pour obtenir un résultat final pacifique, juste et honorable pour tous les intéressés dans la question.

« L'esprit qui a guidé tous nos actes jusqu'à présent a été un désir profond et désintéressé pour la paix et la prospérité à Cuba, sans arrière-pensée de divergence entre les États-Unis et l'Espagne et sans que cette paix et cette prospérité soient rougies par le sang de citoyens américains.

« L'intervention par la force des États-Unis, comme État neutre, pour mettre fin à la guerre, est justifiable par des raisons rationnelles d'après les grandes lois de l'humanité et d'après les nombreux précédents historiques, montrant des États voisins s'interposant pour arrêter le sacrifice inutile d'un grand nombre d'existences en intervenant dans des conflits hors de leurs frontières. Cela exige toutefois d'employer la force sur les deux partis en lutte, autant pour les forcer à un armistice que pour amener une solution éventuelle.

« La justification pour une intervention de ce genre peut être résumée rapidement comme suit :

« 1° La cause de l'humanité pour mettre fin aux barbaries, à l'effusion du sang, à la famine et à l'horrible misère qui existe maintenant à Cuba, et que les partis en lutte sont incapables d'adoucir ou d'amoindrir, ou qu'ils ne veulent ni adoucir ni amoindrir.

« Ce n'est pas répondre que de dire :

« Cela se passe dans un autre pays appartenant à une
« autre nation : cela ne nous regarde donc pas. »

« C'est notre devoir particulier, car cela se passe juste à nos portes ;

« 2° Nous devons à nos concitoyens, qui habitent Cuba, cette protection et ces indemnités pour les existences enlevées ou les biens perdus, qu'aucun gouvernement à Cuba ne peut ou ne veut accorder, et dans ce but, nous devons mettre fin à une situation qui les prive d'une protection légale ;

« 3° Les droits d'intervention peuvent être justifiés par le préjudice très sérieux causé au commerce et aux affaires par de folles destructions, par la dévastation ouvertement conduite de l'île ;

« 4° La situation actuelle des affaires à Cuba est une menace constante à la paix de notre pays et nous entraîne à d'énormes dépenses. Ce conflit qui dure depuis des années dans une île aussi rapprochée, avec laquelle le peuple américain commerce et a tant de relations d'affaires, alors que l'existence et la liberté de nos concitoyens sont dans un danger perpétuel, leurs biens détruits, eux-mêmes ruinés, où nos navires de commerce peuvent être saisis et sont saisis jusqu'à nos portes par les navires de guerre d'une nation étrangère ; les expéditions de flibustiers que nous sommes dans l'impuissance absolue de prévenir ; la question irritante et les embarras qui surviennent ici, toutes ces raisons, et d'autres que je n'ai pas besoin de mentionner et qui ont pour résultat de rendre nos relations difficiles, sont une menace constante pour la paix de notre pays, et nous forcent à nous maintenir sur un pied qui ressemble au pied de guerre vis-à-vis une nation avec laquelle nous sommes en paix.

« Les éléments de danger et de désordre que je viens de signaler ont été mis en relief avec beaucoup de force par le tragique événement qui a profondément ému le peuple américain.

« J'ai déjà transmis au Congrès le rapport de la cour navale d'enquête sur la destruction du *Maine* dans le port de la Havane. La destruction de ce noble navire remplit le cœur de la nation d'une inexprimable horreur. 258 braves marins ou soldats et 2 officiers de notre marine, confiants dans la sécurité imaginaire d'un port ami, ont été précipités dans la mort. Leurs familles sont dans la douleur et le besoin. La nation est dans la tristesse.

« La cour d'enquête, il est inutile de le dire, méritait la confiance absolue du gouvernement. Elle a été unanime dans sa conclusion que la destruction du *Maine* avait été causée par une mine sous-marine. Elle n'a pas défini la responsabilité qui reste à fixer. En tous cas, la destruction du *Maine*, par une cause extérieure quelconque, est une preuve évidente et de nature à produire une grande impression que l'état de choses à Cuba est intolérable.

« La situation a ainsi montré que le gouvernement espagnol ne peut pas assurer la sécurité d'un navire de la marine américaine dans le port de la Havane, alors que ce navire avait une mission de paix et avait le droit d'être là. »

Se référant de nouveau, au sujet du *Maine*, à la correspondance diplomatique récemment échangée, le message dit :

« Une dépêche de notre ministre à Madrid, en date du 26 mars, contenait la déclaration que le ministre des affaires étrangères espagnol lui avait donné l'assurance positive que l'Espagne fera tout ce que le sentiment de l'honneur et de la justice exigeait dans la question du *Maine*. Une autre dépêche contenait aussi l'expression que l'Espagne était prête à soumettre à un arbitrage toutes les divergences que cette question pouvait soulever. Cette proposition a été ultérieurement expliquée par le ministre espagnol à Washington, en date du 10 avril, ainsi qu'il suit :

« Quant à la question de fait qui résulte de la diversité « de vues dans les rapports américain et espagnol, l'Es-« pagne propose que le fait soit vérifié par une enquête « impartiale d'experts dont l'Espagne accepte par avance « la décision. »

« Il n'a pas été fait réponse à cette proposition.

« Un long essai a prouvé que le but pour lequel l'Espagne a fait la guerre ne pouvait pas être atteint. Le feu de l'insurrection se ravivait ou s'éteignait, suivant les diverses saisons, mais il n'a pas été et il ne peut pas être éteint par les méthodes actuelles.

« Le seul espoir d'apaisement et de calme dans cette situation, qui ne peut pas être supportée plus longtemps, est d'imposer la pacification au nom de l'humanité et de la civilisation, au nom des intérêts américains mis en danger, intérêts qui nous donnent le droit et qui nous font un devoir de parler et d'agir. La guerre à Cuba doit cesser.

« *En vue de ces faits et de ces considérations, je demande au Congrès d'autoriser le président et de lui donner le pouvoir de prendre des mesures pour assurer la cessation finale et complète des hostilités entre le gouvernement espagnol et le peuple de Cuba et d'assurer, dans l'île, l'établissement d'un gouvernement stable et capable de maintenir l'ordre et d'observer ses obligations internationales en assurant la paix, la protection et la sécurité de ses citoyens aussi bien que des nôtres, et d'employer les forces militaires et navales des États-Unis, dans la mesure où cela sera nécessaire, pour obtenir ces buts.* Et dans l'intérêt de l'humanité, pour aider et préserver l'existence de la population affamée, je recommande que la distribution de secours et de provisions soit continuée et qu'un crédit soit ouvert sur le trésor public pour venir en supplément à la charité de nos concitoyens. La situation est maintenant aux mains du Congrès. C'est une responsabilité solennelle. J'ai épuisé tous les efforts pour sortir de l'intolérable situation qui est à nos portes. Prêt à exécuter toute obligation qui m'est imposée par la Constitution et par la loi, j'attends votre décision. »

Un rapport du consul général des États-Unis à la Havane, M. Lee, était annexé au message présidentiel. Il faisait un long exposé des horreurs et des désastres de la guerre et des scènes de misère parmi les *reconcentrados*, scènes dont le général Lee disait tenir le récit de témoins oculaires.

Le message de M. Mac Kinley produisit parmi les amis de la paix une stupéfaction profonde. Malgré tous les artifices de langage, un fait se dégageait nettement et irrémissiblement de la prose présidentielle : le chef du gouvernement américain demandait au Congrès l'autorisation de faire la guerre à l'Espagne ; et vu la surexcitation des représentants aussi bien que des sénateurs, la réponse n'était pas douteuse.

La Chambre écouta en silence la lecture du message ; mais lorsque furent prononcés les mots « la guerre à Cuba doit cesser », les applaudissements éclatèrent et se reproduisirent jusqu'à la clôture.

Au Sénat, la communication du document fut écoutée silencieusement ; celui-ci fut renvoyé à la commission des affaires étrangères ; toutefois, la discussion s'engagea immédiatement dans la Chambre haute.

Un sénateur de la Caroline du Nord, M. Butler, proposa une résolution tendant à considérer l'explosion du *Maine* comme un acte de guerre contre les États-Unis, *de reconnaître la République cubaine afin de venger un crime ignoble et sans précédent* et de mettre fin à une guerre atroce. La résolution demandait, en outre, le rappel des troupes espagnoles.

Toutefois, aucune décision ne fut prise immédiatement.

Sur ces entrefaites, M. Polo de Barnabé présentait au département d'État une note annonçant officiellement la concession de l'armistice, rappelant les institutions libérales octroyées à Cuba et renouvelant la proposition de l'Espagne de soumettre la question du *Maine* à des experts désignés par les puissances maritimes.

D'autre part, on apprenait à New-York que le maréchal Blanco avait publié un décret proclamant l'armistice accordé aux insurgés. Mais pour contrebalancer l'effet de cette mesure pacifique, les journaux américains reproduisaient en même temps une lettre de Maximo Gomez, le général en chef des insurgés, à M. Barker, consul des États-Unis à Cuba, dans laquelle le chef cubain disait que l'armistice avait déjà été offert un an auparavant et refusé.

« Je suis désireux, ajoutait-il, que les hostilités cessent, non pas simplement pour la saison des pluies, où nous avons l'avantage, mais d'une manière définitive. *Si l'Espagne consent à évacuer Cuba*, j'accepterai un armistice jusqu'au 1er octobre. J'écris dans le même sens à la junte cubaine de New-York avec laquelle les Espagnols peuvent traiter directement s'ils le désirent. »

Comme on le voit, malgré l'armistice, les insurgés et les Espagnols n'étaient pas près de s'entendre.

Le trait caractéristique de la situation, à la date du 12 avril, est donc le fait que l'Espagne et les États-Unis n'ont pris aucun engagement réciproque, ni pour le règlement des questions pendantes entre les deux pays, ni pour la solution de la question cubaine, non plus qu'au sujet de l'armistice ou de la suspension des hostilités.

Ce dernier point, entièrement réglé par l'intervention du pape et des puissances en dehors des États-Unis, ne lie le gouvernement de Washington, en aucune façon, à tel point qu'il s'est borné, par l'intermédiaire de son représentant à Madrid, à recevoir communication de la décision prise à la requête des puissances.

L'Espagne décrète donc cette suspension à ses risques et périls pour faciliter l'action du gouvernement autonomiste cubain auprès des insurgés, afin de concerter la paix et d'obtenir leur adhésion au nouvel état de choses, et, quelles que soient les concessions nécessaires dans ce sens, elles seront accordées par le gouvernement espagnol.

En attendant, les États-Unis regarderont faire, en conservant toute liberté d'action pour faire usage des pouvoirs très larges que le président recevra des Chambres pour défendre les intérêts américains dans les Antilles et réaliser la pacification et le règlement définitif de la question cubaine selon les circonstances et la marche des événements.

Tous les bruits contraires sur les prétendus engagements des États-Unis sont inexacts, et le gouvernement espagnol sait parfaitement que ceux-ci entendent n'être pas liés par des arrangements auxquels ils n'ont point pris part, vu que, ni les puissances européennes, ni l'Espagne, n'ont rien exigé ou obtenu du président, sauf l'ajournement à quelques jours de son message.

Lorsque l'on connut à Madrid les lignes principales du message de M. Mac Kinley, le conseil des ministres se réunit extraordinairement, et, après une longue discussion, fit publier le communiqué suivant :

« Le conseil estime que ce qu'il connaît du message présidentiel suffit pour affirmer, en face des doctrines du message, celle que la souveraineté et les droits de la nation espagnole sont incompatibles avec les ingérences étrangères dans les résolutions concernant ses affaires intérieures.

« Le gouvernement estime qu'en dehors de la solennelle

affirmation des droits de la nation, il n'a à faire aucune autre déclaration tant que les décisions du Congrès américain et les initiatives du président ne résoudront pas en des faits concrets les doctrines exposées dans le document en question.

« L'inébranlable conscience de son droit, joint à la résolution de le maintenir intact, inspireront au gouvernement et à la nation le calme nécessaire dans ces moments difficiles pour diriger avec sûreté et défendre avec énergie les intérêts et le patrimoine de la race espagnole.

« Après cette délibération, les ministres de la guerre et de la marine ont rendu compte des différentes résolutions prises pour mettre en état de complète organisation les forces de terre et de mer, et le ministre des finances a présenté un décret ouvrant officiellement la souscription pour la défense nationale. »

La note du gouvernement espagnol produisit en Espagne comme à l'étranger une sensation considérable, d'autant plus grande que les nouvelles arrivées presque simultanément d'Amérique étaient plus belliqueuses.

C'est ainsi qu'un ordre du jour présenté à la commission des affaires étrangères du Sénat, au cours de la discussion du message de M. Mac Kinley, s'exprimait ainsi :

« Attendu que le peuple cubain est de droit, et doit être de fait, libre et indépendant; attendu que la guerre que l'Espagne fait à Cuba est si nuisible aux intérêts commerciaux et fonciers des États-Unis, qu'elle est d'une nature si cruelle, si barbare, si inhumaine, qu'elle impose aux États-Unis le devoir d'exiger que l'Espagne retire immédiatement de Cuba et des eaux cubaines ses forces de terre et de mer, ce que, par ces présentes, le gouvernement des États-Unis exige d'elle, — le président doit avoir, par les présentes, l'autorisation, le pouvoir et l'ordre d'employer, si c'est nécessaire, toutes les forces de terre et de mer des États-Unis pour atteindre ce but. »

Un sénateur du Kentucky, M. Lindsay, proposait, de

son côté, un ordre du jour déclarant que les États-Unis doivent conclure un arrangement avec les autorités révolutionnaires de Cuba, reconnues par le chef Gomez; qu'ils doivent agir de concert avec les troupes de Gomez à Cuba; que toutes les propositions des autorités révolutionnaires cubaines peuvent être favorablement accueillies, etc.

Un ordre du jour de M. Wilson, sénateur de Washington, invite M. Mac Kinley à prendre les mesures nécessaires pour faire cesser les hostilités et établir un gouvernement républicain à Cuba, en employant la force armée s'il le faut.

Un autre, enfin, de M. Allen, sénateur du Nebraska, déclare que les Etats-Unis sont en guerre avec l'Espagne, reconnaissent l'indépendance de Cuba et invitent le président à agir.

Le cadre de notre travail ne nous permet pas d'entrer dans les détails, d'ailleurs fort intéressants, du conflit qui surgit un instant entre le Sénat et la Chambre des représentants américains au sujet de Cuba.

On sait que, d'après la Constitution des Etats-Unis, pour qu'une résolution des Chambres devienne impérative pour le président, il faut que le même texte soit voté par le Sénat et par la Chambre des représentants. Après de violents débats, et lorsque le texte eut fait plusieurs fois la navette entre la Chambre basse et la Chambre haute, le Congrès, le 21 avril 1898, votait à 42 voix contre 35 au Sénat et à 310 voix contre 6 à la Chambre des représentants la *résolution conjointe* suivante, qui, de par la Constitution, constituait dès lors un mandat impératif pour le président Mac Kinley :

« Attendu que l'état de choses détestable qui existe depuis plus de trois ans dans l'île de Cuba, si proche de nos côtes, révolte la conscience du peuple des États-Unis et n'est qu'une honte pour la civilisation chrétienne ;

« Attendu que cet état de choses, qui a abouti à la destruction d'un navire de guerre des États-Unis et à la mort de 266 de ses officiers ou de ses marins, alors que ce navire était en visite amicale dans le port de la Havane, ne peut pas être supporté plus longtemps, ainsi que l'a montré le président des États-Unis dans son message du 11 avril 1898, message qui appelle une action du Congrès;

« Il a été décrété :

« 1° Que la population de l'île de Cuba est et doit être de plein droit libre et indépendante ;

« 2° Que c'est le devoir des États-Unis de demander et que le gouvernement des États-Unis demande par la présente résolution que le gouvernement de l'Espagne abandonne immédiatement son autorité et son gouvernement dans l'île de Cuba et retire ses forces de terre et de mer de Cuba et des eaux de Cuba ;

« 3° Que le président des États-Unis reçoive, et il reçoit par cette déclaration, l'ordre et les pouvoirs d'employer toutes les forces de terre et de mer des États-Unis et d'appeler au service des États-Unis la milice des divers États, dans la proportion où il sera nécessaire pour donner plein effet à la présente résolution ;

« 4° Les États-Unis répudient, par la présente, toute intention d'exercer une souveraineté, une juridiction ou un contrôle quelconque sur ladite île, excepté pour en amener la pacification, et affirment la détermination des États-Unis de laisser le gouvernement et le contrôle de l'île à son peuple quand cette pacification sera accomplie. »

La notification à l'Espagne de la résolution du Congrès américain, revêtue de la signature de M. Mac Kinley et de l'ultimatum du gouvernement de Washington, fut télégraphiée au général Woodford à Madrid, le 21 avril. En même temps, suivant les usages diplomatiques, cette notification était communiquée à M. Polo de Barnabé, ministre d'Espagne à Washington. Celui-ci demanda immédiatement ses passeports à M. Sherman, secrétaire d'État, dans les termes suivants :

« La résolution adoptée par le Congrès des États-Unis et approuvée aujourd'hui par le président est de telle nature que la continuation de ma présence à Washington devient impossible, et je suis obligé de vous demander de me délivrer mes passeports.

« La protection des intérêts espagnols restera confiée à l'ambassadeur de France et au ministre d'Autriche, dans cette circonstance bien pénible pour moi. »

Les passeports de M. Polo de Barnabé lui furent remis le jour même, accompagnés d'une lettre de M. Sherman exprimant son plus vif regret que M. Barnabé se crût obligé de partir.

M. Cambon, ambassadeur de France, et M. Hengelmüller von Hengervar, ministre d'Autriche, prirent conjointement sous leur protection les intérêts des sujets espagnols résidant aux États-Unis.

Le lendemain, M. Polo de Barnabé et les secrétaires de la légation avaient quitté Washington.

Par suite de l'heure avancée de la nuit, le général Woodford, ambassadeur des États-Unis à Madrid, n'avait pu remettre le 21 avril au cabinet espagnol l'ultimatum dont le télégraphe lui avait transmis le texte.

Le 22, à la première heure, il se préparait à exécuter l'ordre de son gouvernement, quand, à 7 heures du matin, il reçut du ministre des affaires étrangères d'Espagne, M. Gullon, la note suivante :

« Remplissant un devoir pénible, j'ai l'honneur de communiquer à Votre Excellence que le président de la République ayant sanctionné une résolution des deux Chambres des États-Unis qui, en contestant la légitime souveraineté de l'Espagne et en formulant une menace d'intervention armée immédiate à Cuba, équivaut à une évidente déclaration de guerre, le gouvernement de Sa Majesté a ordonné à son ministre à Washington de se retirer sans perte de temps du territoire Nord américain avec tout le personnel de la légation.

« Les relations diplomatiques qui ont si longtemps existé entre les deux pays sont, par ce fait, interrompues et toute communication officielle cesse entre leurs représentants respectifs. Je m'empresse de le porter à la connaissance de Votre Excellence afin qu'elle adopte de son côté les dispositions qu'elle croira convenables. Je prie en même temps Votre Excellence de bien vouloir accuser réception de la présente note et je profite de cette occasion pour lui réitérer l'assurance de ma considération la plus distinguée. »

Une heure plus tard, le général Woodford en remettant au chargé d'affaires d'Angleterre la légation et la garde des intérêts américains lui exprimait, au nom de son pays et de son gouvernement, sa reconnaissance pour les bons offices de l'Angleterre; puis l'écusson américain enlevé de l'hôtel de la légation et le pavillon amené, M. Woodford et les attachés d'ambassade se rendaient à la gare dans une voiture escortée par la gendarmerie à cheval et prenaient le train pour la France.

La veille, la reine régente avait présidé en personne l'ouverture des Cortès et prononcé un discours généralement applaudi, dans lequel elle exprimait l'espoir que :

« Si l'avenir se présente sous de sombres couleurs, si les difficultés nous entourent, elles ne seront pas au-dessus de nos forces et de l'énergie du pays, qui finira par triompher. Avec une armée de terre et de mer dont les glorieuses traditions rendent encore le courage plus hardi; avec la nation unie en masse devant l'agression étrangère; avec la foi en Dieu qui a toujours guidé nos ancêtres dans les grandes crises de l'histoire, nous traverserons aussi, avec non moins d'honneur qu'autrefois, la crise nouvelle qu'on cherche à soulever contre nous par des provocations sans raison et sans justice. »

La reine régente terminait en demandant au souverain pontife de l'aider maintenant de ses prières.

Comme nous l'avons vu plus haut, le général Woodford n'avait point eu la possibilité de remettre son ultimatum au gouvernement espagnol ; de telle sorte que la rupture définitive sembla, à première vue, être le fait de l'Espagne.

C'est ce que ne manqua point de faire remarquer le président Mac Kinley lorsque le 26 avril il demanda au Congrès de *déclarer formellement que l'état de guerre existe* afin de déterminer exactement la situation au point de vue international :

« Je recommande particulièrement à votre attention, dit-il, la note adressée le 21 avril au ministre des États-Unis à Madrid par le ministre des affaires étrangères espagnol.

« Dans cette note, le ministre espagnol notifie la rupture des relations. On y verra que le gouvernement espagnol ayant connaissance de la résolution conjointe du Congrès des États-Unis et des mesures que le président a l'autorisation et l'ordre de prendre, répond en traitant les demandes raisonnables du gouvernement américain comme des actes hostiles suivis de la rupture complète et immédiate par sa propre action, qui, selon le droit des gens, est toujours accompagnée de l'existence de l'état de guerre entre puissances souveraines.

« L'Espagne ayant ainsi fait connaître son attitude, les demandes des États-Unis étant repoussées avec rupture complète des relations, du fait de l'Espagne, je me suis trouvé forcé de déclarer le blocus de certains ports du littoral septentrional de Cuba, conformément aux pouvoirs que m'ont conférés les résolutions du Congrès. »

Après avoir fait allusion à d'autres mesures, telles que le rappel des volontaires, le président recommande l'adoption de la résolution conjointe déclarant que l'état de guerre existe entre les États-Unis et l'Espagne.

Il demande l'urgence pour que la position internationale des États-Unis, comme puissance belligérante, soit établie, pour que leurs droits et leurs devoirs, dans la direction de la guerre, soient assurés.

Le Sénat et la Chambre des représentants adoptèrent immédiatement la résolution conjointe suivante :

« Il est résolu :

« *Que la guerre soit, comme elle l'est par la présente, déclarée exister et avoir existé à partir du 21 avril inclusivement entre les États-Unis d'Amérique et le royaume d'Espagne.* »

Cette résolution et sa ratification urgente par le président offraient un très vif intérêt, car, dès le 22 avril, plusieurs navires marchands espagnols avaient été saisis par la marine de guerre américaine, et leurs armateurs protestaient par voie diplomatique.

Ces navires, d'après le *New-York Herald*, étaient au nombre de huit : *Buenaventura, Pedro, Matilde, Miguel-Jover, Catalina, Saturnina, Sofia* et *Canelita*, représentant une valeur de plus d'un million et demi de dollars.

Quant à la proclamation du président, relative au blocus de Cuba, elle était formulée de la manière suivante :

« Je déclare et proclame par la présente que les États-Unis ont établi et qu'ils maintiendront le blocus du littoral entre Cardenas, Bahia-Honda et le port de Cienfuegos, sur le littoral méridional de Cuba.

« Ce blocus aura lieu conformément aux lois des États-Unis et au droit des gens applicables dans des circonstances semblables.

« Des forces suffisantes iront stationner pour empêcher l'entrée et la sortie des vaisseaux des ports ci-dessus mentionnés.

« Tout vaisseau neutre s'approchant de ces ports ou tentant de les quitter sans avoir eu connaissance de l'établissement de ce blocus sera dûment avisé par le commandant des forces du blocus, qui enregistrera le fait sur le livre du bord avec la date et le lieu de l'enregistrement de cet avertissement.

« Si les vaisseaux, ainsi prévenus, tentent encore une fois d'entrer dans le port ainsi bloqué, ils seront capturés et expédiés au port le plus voisin et le mieux approprié pour la procédure de prise qui peut être jugée nécessaire contre eux et contre leur cargaison.

« Les vaisseaux neutres, qui se trouvent dans les ports ci-dessus mentionnés au moment de l'établissement du blocus, auront trente jours pour en sortir. »

CÔTE EST DES ÉTATS-UNIS

En conséquence de cette proclamation, le capitaine de vaisseau Sampson, commandant le cuirassé *Iowa*, recevait, avec le brevet de contre-amiral, l'ordre de quitter

Key-West dans le plus bref délai et d'aller établir le blocus effectif des côtes de Cuba.

Douze navires de la marine de guerre américaine croisaient bientôt devant la Havane, mais hors de portée des canons du fort Morro et des batteries de côte.

D'autre part, en vertu d'instructions secrètes expédiées à Hong-Kong, le contre-amiral Dewey, commandant l'escadre américaine du Pacifique, cinglait vers le sud, avec six croiseurs et trois charbonniers.

On apprit bientôt que son objectif était le port de Manille, capitale des Philippines.

Quant à l'escadre volante, sous les ordres du commodore Schley, elle se concentrait à Fort-Monroë et Hampton-Roads.

La base d'opérations américaine, Key-West, le point des États-Unis le plus rapproché de Cuba, devait, jusqu'à nouvel ordre, être protégé par les monitors *Terror*, *Puritan*, la canonnière *Helena*, le croiseur *Marblehead*, l'aviso *Dolphin* et 3 torpilleurs.

Un projet de loi était soumis au Congrès pour la construction de 3 cuirassés, 4 monitors, 12 torpilleurs et 16 contre-torpilleurs.

Le ministre de la marine demandait, de son côté, l'autorisation d'enrôler un nombre illimité de volontaires pour coopérer à la défense des côtes avec les réserves navales.

Enfin, M. Mac Kinley signait le bill prohibant l'exportation du charbon et des armements de toute nature et celui appelant sous les drapeaux, pour une année, 100,000 volontaires.

En Espagne et à Cuba on ne restait point non plus inactif.

Dès la première heure, le maréchal Blanco avait proclamé Cuba en état de siège et annoncé la reprise des hostilités contre les insurgés.

La Gazette de Madrid publiait un décret appelant sous les drapeaux trente mille hommes de la réserve de 1897.

Dans la nuit du 24 avril, le cuirassé *Numancia*, en réparation à Toulon, quittait secrètement ce port et regagnait les eaux espagnoles, bien que les travaux ne fussent pas terminés à bord.

L'escadre des Philippines, composée des vieux navires *Castilla*, *Don-Juan*, *Isla-de-Cuba*, *Isla-de-Luzon*, et *Reina-Christina*, recevait l'ordre de se concentrer à Manille pour y attendre l'attaque de l'amiral Dewey.

Des négociations, qui ne purent d'ailleurs aboutir, s'engageaient télégraphiquement avec la fabrique de torpilles de Fiume pour l'achat de 900 de ces engins prêts à être mis en service.

On armait à la hâte les batteries de la Havane et le fort Morro de vieux canons en cuivre, les canons Krupp n'étant pas encore arrivés.

Enfin, précaution suprême, la reine régente faisait savoir au pape que les hostilités étaient commencées et lui demandait sa bénédiction pour l'armée espagnole.

CHAPITRE VI

UN PEU DE DROIT DES GENS

La convention de Paris et la guerre de course. — Les droits des corsaires. — Les croiseurs auxiliaires. — La contrebande de guerre. — L'avis des jurisconsultes. — Jurisprudence française. — Déclaration de neutralité. — Les intentions de M. Mac Kinley. — La société de secours aux blessés militaires. — Les volontaires aux États-Unis. — Appareillage de l'escadre de Hampton-Road. — Le plan de campagne américain. — Les idées du général Miles. — La question des câbles sous-marins. — Difficultés financières en Espagne. — Une circulaire aux puissances. — Une évolution de la doctrine de Monroë. — Protestation platonique.

Une remarquable particularité de la guerre hispano-américaine est que l'une et l'autre des puissances belligérantes ont refusé d'adhérer à la déclaration du 16 avril 1856 du Congrès de Paris.

La convention de 1856, dont le but était de définir et de mettre en harmonie différents principes de droit international maritime sur l'immunité des navires et des marchandises neutres et la validité des blocus, a admis, comme conséquences découlant obligatoirement des résolutions prises, *la suppression de la guerre de course*, c'est-à-dire de l'armement en guerre de navires appartenant à des particuliers et commandés par des particuliers. Du fait de leur non-adhésion à la convention de Paris, l'Espagne et les États-Unis ont le droit d'armer des corsaires et de pratiquer la guerre de course.

Le but de celle-ci est de nuire au commerce ennemi et d'empêcher les neutres d'exercer le commerce avec les nations en état d'hostilité.

Elle est entourée de certaines garanties; le corsaire doit obtenir de la nation belligérante une lettre patente de course, ou lettre de marque, c'est-à-dire un document émanant du gouvernement et lui donnant commission de guerre ; il faut, pour obtenir cette lettre de marque, que le corsaire soit en règle au point de vue de la nationalité d'après les lois du pays qui la lui concède.

Dans la circonstance, aussi bien en Espagne qu'aux États-Unis, les règlements exigent la nationalité du capitaine et des deux tiers de l'équipage. Le corsaire est, en outre, appelé à fournir une caution pécuniaire, destinée à garantir les indemnités à servir à ceux qui auraient un préjudice à souffrir de sa part.

Enfin, pour opposer une barrière aux abus de la course, aucune prise de propriété privée n'est considérée comme valable et définitive qu'après avoir été déférée à un tribunal compétent et reconnue par lui comme légale.

D'un autre côté, les corsaires jouissent de tous les avantages qu'assure le droit de la guerre, à la condition qu'ils se conforment rigoureusement aux instructions contenues dans la lettre de marque et qu'ils observent scrupuleusement les lois et usages de la guerre.

La guerre de course, ainsi comprise, n'a rien d'anormal ni d'illégitime ; elle découle du principe qui permet à toute nation de faire appel au concours de tous ses sujets pour la défense commune, la défaite de l'ennemi et la terminaison rapide des hostilités.

Les bâtiments corsaires peuvent être comparés aux compagnies franches admises dans les guerres terrestres ; ce sont, en quelque sorte, les francs-tireurs de la mer, sauf, toutefois, que leur qualité de belligérants ne saurait être contestée.

Il ne faudrait pas croire que les actes auxquels se livrent les corsaires, visite et saisie des bâtiments, soient, en eux-mêmes, contraires au traité de Paris ; la convention de 1856 a supprimé les corsaires, mais elle n'a pas supprimé la guerre de course faite par les bâtiments de guerre ; et même les puissances qui ont répudié la guerre de course ont maintenu le droit de prise des navires marchands ennemis, et, en raison des facilités données par les lois militaires, il n'est pas contestable que la guerre de course existe en fait.

Les puissances qui ont adhéré au traité de Paris ont constitué, dans leur marine marchande, une réserve pour leur marine de guerre ; elles ont créé des croiseurs auxiliaires avec leurs paquebots rapides, et ces paquebots peuvent rester sous le commandement de leurs capitaines du temps de paix ; en France, comme les marins sont inscrits maritimes, et, par suite, ont un assujettissement étroit au service militaire, que presque tous les capitaines au long cours sont officiers dans la réserve de l'armée de mer, on ne discerne pas bien où s'arrêteraient les ressources offertes par la flotte de commerce à la flotte de guerre.

La course, en elle-même, qui ne constitue qu'un moyen d'étendre l'action de guerre contre le commerce ennemi, ne peut être un réel sujet d'inquiétude pour les neutres, mais il en est tout différemment des principes appliqués pour la prise des bâtiments de commerce, soit par les corsaires, soit par les croiseurs d'un état belligérant.

Les points réglés par le traité de Paris, en ce qui concerne l'immunité du navire et de la marchandise neutres, sont les suivants :

« Le pavillon neutre couvre la marchandise ennemie, à l'exception de la contrebande de guerre.

« La marchandise neutre, à l'exception de la contrebande de guerre, n'est pas saisissable sous le pavillon ennemi.

« Les blocus, pour être obligatoires, doivent être effectifs, c'est-à-dire maintenus par une force suffisante pour interdire réellement l'accès du littoral de l'ennemi. »

Ces principes, très précis dans leur laconisme, garantissent pleinement aux neutres la liberté de commercer, tant sous leur propre pavillon, lorsqu'ils conduisent des marchandises ennemies, que sous le pavillon du belligérant lorsque celui-ci transporte des marchandises neutres. L'immunité du pavillon et de la marchandise neutres serait une question résolue, si, justement, il ne s'était pas élevé quelque opposition à l'acceptation de ce principe par les États-Unis et l'Espagne. Cette dissidence ne provient pas, toutefois, de la question de l'immunité du pavillon, mais de celle de l'abolition même de la course.

Les États-Unis s'étaient déclarés prêts à adhérer au traité de Paris dans le cas seulement où le Congrès admettrait la suppression complète de la guerre de course, c'est-à-dire que la propriété privée d'un belligérant ne pourrait être capturée par les bâtiments de guerre de l'ennemi, à l'exception de la contrebande de guerre ; qu'il en serait de la propriété individuelle sur mer comme sur terre. C'était l'abolition complète du droit de prise. La correspondance qui s'établit alors entre le gouvernement américain et le ministère des affaires étrangères de France n'amena pas le résultat auquel tendaient les États-Unis.

D'ailleurs ceux-ci invoquèrent, au moment de la guerre de Sécession, leur adhésion platonique à certains principes du traité, pour demander aux puissances de frapper d'illégalité les corsaires armés par les Confédérés du Sud et de priver de l'asile dans les ports neutres l'*Alabama*, le *Sumter* et autres bâtiments privés dont les poursuites inquiétaient les États du Nord. Les puissances ne voulurent pas donner un acquiescement à cette proposition et considérer les corsaires sudistes comme pirates ; elles furent d'avis que c'eût été une rupture de la neutralité proclamée au commencement des hostilités. Malgré le refus opposé par les puissances, il ne résulte pas moins de cet incident diplomatique qu'il y a eu adhésion morale des États-Unis au traité de Paris.

Mais dans ce traité il existe une lacune importante : la détermination des objets constituant la contrebande de guerre.

On comprend en général sous cette dénomination toutes marchandises ou engins susceptibles de servir directement à l'attaque ou à la défense et dont les neutres ne pourraient effectuer le transport à l'un des belligérants sans manquer aux règles de la neutralité; mais s'il y a des objets, comme les armes, les munitions, les navires et machines à vapeur, le transport des troupes, sur lesquels il ne peut y avoir aucun doute, il en est d'autres que l'usage n'a pas fait considérer de plein droit comme contrebande.

La contrebande de guerre est dite absolue dans le premier cas ; pour les autres objets, leur détermination comme contrebande résulte d'une convention entre les belligérants et les neutres ; dans ce dernier cas, la contrebande est dite conventionnelle. Elle peut affecter les objets les plus divers.

On voit quel intérêt s'attache à leur détermination pour le commerce des neutres.

D'après l'avis de M. Ortolan, les règles acceptées généralement en ce qui concerne la contrebande de guerre sont les suivantes :

« Les armes et les engins de guerre, aussi bien que toute espèce de munitions pouvant servir exclusivement à l'usage de ces armes, sont les seuls objets dont le transport au belligérant doive toujours et nécessairement être considéré comme contrebande de guerre.

« Les matières premières ou marchandises propres à des usages pacifiques, mais servant à la confection des armes, engins ou munitions de guerre, ne doivent pas être considérées comme contrebande de guerre; il en est de même des vivres et des objets de première nécessité, sauf lorsque le droit de les prohiber résulte du blocus. »

Il n'est pas sans intérêt, dans la circonstance présente, de rappeler le texte de la déclaration de neutralité de la France durant la lutte engagée aux États-Unis en 1861.

1° Il ne sera permis à aucun navire de guerre ou corsaire de l'un ou l'autre des belligérents d'entrer et de séjourner avec des prises dans nos ports ou rades pendant plus de vingt-quatre heures, hors le cas de relâche forcée ;

2° Aucune vente d'objets provenant des prises ne pourra avoir lieu dans nos dits ports et rades ;

3° Il est interdit à tout Français de prendre commission de l'une des deux parties pour armer des vaisseaux en guerre ou d'accepter des lettres de marque pour faire la course maritime ou de concourir, d'une manière quelconque, à l'équipement ou à l'armement d'un navire de guerre ou corsaire de l'une des deux parties ;

4° Il est également interdit à tout Français résidant en France ou à l'étranger de s'enrôler ou de prendre du service, soit dans l'armée de terre, soit à bord des bâtiments de guerre ou des corsaires de l'un ou l'autre des belligérants ;

Les Français résidant en France ou à l'étranger devront également s'abstenir de tout fait qui, commis en violation des lois de l'Empire ou du droit des gens, pourrait être considéré comme un acte hostile à l'une des deux parties et contraire à la neutralité que nous avons résolu d'observer.

La déclaration rappelait en outre les dispositions légales applicables aux contrevenants et ajoutait que tout Français qui ne se serait pas conformé aux prescriptions qu'elle renferme, ne pourrait prétendre à aucune protection de son gouvernement contre les actes ou mesures, quels qu'ils fussent, que les belligérants pourraient exercer ou décréter.

Dans son numéro du 28 avril 1898, le *Journal officiel* de la République française publiait en tête de sa partie officielle la déclaration de neutralité de la France, reproduisant presque mot à mot les dispositions de la déclaration de 1861.

De son côté, le gouvernement espagnol définissait dans

la *Gazette* l'attitude prise par lui dans la question des corsaires, le droit de visite et la contrebande de guerre.

Il déclarait, en vertu de l'état de guerre existant entre les États-Unis et l'Espagne, abrogés le traité du 27 octobre 1795, le protocole du 12 janvier 1877 et tous les autres arrangements, traités et conventions entre les deux pays.

Un délai de cinq jours était accordé aux bâtiments américains pour sortir librement des ports espagnols.

Le décret déclarait, de plus, que quoique l'Espagne ne fût pas liée par la déclaration du 16 avril 1856 du Congrès de Paris, puisqu'elle avait manifesté expressément sa volonté de ne point y adhérer, le gouvernement, respectueux pour le principe du droit des gens, se proposait d'observer et ordonnait d'observer les règles suivantes du droit maritime :

1° Le pavillon neutre couvre la marchandise, excepté la contrebande de guerre ;

2° La marchandise neutre, sauf la contrebande de guerre, ne peut pas être confisquée sous pavillon ennemi ;

3° Les blocus pour être obligatoires doivent être effectifs, c'est-à-dire maintenus par une force suffisante pour empêcher en réalité l'accès d'un littoral ennemi ;

4° Le gouvernement espagnol, maintenant son droit d'accorder des patentes de course, qu'il s'est réservé expressément dans la note du 16 mars 1857, en répondant à la France quand elle demanda l'adhésion de l'Espagne à la déclaration du Congrès de Paris, organisera pour le moment avec les navires de la marine marchande espagnole un service de croiseurs auxiliaires de la marine de guerre, qui coopéreront avec celle-ci selon les nécessités de la campagne, et seront assujettis au code et à la juridiction de la marine de guerre ;

5° Pour saisir les bâtiments ennemis et confisquer leur marchandise, les croiseurs auxiliaires et les corsaires, dans le cas où ils seraient autorisés, exerceront le droit de visite sur les hautes mers et dans les eaux juridictionnelles ennemies, conformément au droit international et aux instructions qui se publieront à ses fins ;

6° Enumération de ce qui constitue la contrebande de guerre ;

7° Seront considérés et jugés comme pirates, avec toute la rigueur des lois, les capitaines, patrons, et les deux tiers des équipages des bâtiments qui, n'étant pas américains, seraient pris faisant acte de guerre contre l'Espagne, quoique pourvus de patentes délivrées par la république des États-Unis.

De son côté, le président Mac Kinley donnait au représentant de la Grande-Bretagne l'assurance formelle que les États-Unis, sans faire expressément adhésion à la Déclaration de 1856 du Congrès de Paris, entendaient se conformer aux principes du droit des gens moderne, notamment en ce qui concerne les blocus et la course.

Et bien que quelque incertitude planât sur la portée de cette déclaration confidentielle et qu'au Congrès un sénateur eût affirmé qu'aux élus de la nation seuls il appartenait de régler cette question délicate, on n'en était pas moins fondé à admettre que le président Mac Kinley ne s'était pas avancé témérairement dans sa communication à l'ambassadeur britannique.

D'ailleurs, les États-Unis avaient des motifs sérieux de ne pas rompre en visière sur ce point du droit des gens moderne. Avec leur grande marine marchande, en effet, ils auraient eu bien plus de dommages que d'avantages à retirer de l'exercice de la course.

Le décret paru à la *Gazette* de Madrid, la déclaration de M. Mac Kinley rendaient donc désormais inutile l'initiative prise par le gouvernement italien de provoquer un échange de vues entre les puissances dans le but de sauvegarder les droits des neutres.

Signalons, en passant, que tandis que les diplomates s'efforçaient de circonscrire les maux de la guerre, la charité privée ne restait pas inactive ; en France, notamment, la Société de secours aux blessés militaires, fidèle à ses traditions, ouvrait une souscription pour venir en aide aux Croix-Rouges espagnole et américaine. Son conseil central s'inscrivait en tête de la souscription pour un premier versement de 50,000 francs et invitait ses comités à le suivre dans cette voie.

Toutes les sommes recueillies sans affectations spéciales devaient être partagées par parties égales entre les deux nations.

Toutes les sommes recueillies avec affectations spéciales devaient être remises conformément aux indications données.

Les dons destinés aussi bien à l'Amérique qu'à l'Espagne devaient être envoyés aux Croix-Rouges de ces deux pays, soit en argent, soit en matériel, lingerie et médicaments.

Ajoutons que de toutes parts des souscriptions s'ouvraient pour venir en aide aux victimes de la guerre quelle que fût leur nationalité.

Cependant la mobilisation des volontaires se poursuivait dans les États de l'Union; l'état de New-York pour sa part devait fournir douze régiments d'infanterie et deux de cavalerie; celui de Pensylvanie dix régiments d'infanterie et quatre batteries d'artillerie; les autres États lèveraient des effectifs proportionnés à leur population.

Le retrait des troupes américaines des postes de l'ouest et du sud-ouest, dans les régions encore peuplées d'Indiens, commençait à produire chez ces derniers une certaine effervescence. Ils se livraient déjà à leurs danses guerrières et se peignaient en guerre comme s'ils voulaient tenter quelque nouveau mouvement contre les blancs.

Le département de la guerre, préoccupé de cette situation, fit renforcer par des volontaires les quelques réguliers laissés dans les postes destinés à contenir les belliqueux Indiens.

Dans les eaux de Cuba, la flotte américaine du Nord Atlantique, sous les ordres du contre-amiral Sampson, semblait se borner au blocus de la Havane et de San-Juan de Porto-Rico.

Sur des nouvelles reçues d'Europe annonçant le départ de l'escadre espagnole composée du *Pelayo*, de deux croiseurs et de trois torpilleurs, l'escadre volante du commodore Schley quittait son mouillage de Fort-Monroë et marchait à la rencontre de la flotte ennemie. Les forces du commodore Schley comprenaient les cuirassés *Massachusetts* et *Texas*, les croiseurs *Brooklyn*, *Newarck*, *Columbia*, *Minneapolis*, le croiseur avec canon à dynamite *Vesuvius* et le navire à éperon *Katahdin*, soit huit navires de divers modèles, montés par 233 officiers et 2,700 marins.

Dans les conseils du gouvernement de Washington on agite avec impatience la question du débarquement à Cuba. Deux partis divisent à ce sujet les esprits.

Pendant que le général en chef Miles, vieux soldat qui a suivi avec une attention passionnée les grandes guerres de ces derniers trente ans, soutient qu'il faudrait 50,000 hommes au moins pour tenter cette opération, d'autres se font forts de réussir un coup de main avec 16,000 hommes. Ils demandent seulement que la flotte effectue une tentative sur deux points — peut-être Cienfuegos et Sagua-la-Grande — sur la côte nord des provinces de Matanzas ou de Santa-Clara, et sur le littoral sud de Cuba, afin de pouvoir opérer sûrement une jonction avec les insurgés de l'intérieur.

Le président Mac Kinley aura à trancher cette question délicate. Bien d'autres s'offrent à son attention. Une fort délicate et urgente, c'est celle du traitement des câbles sous-marins internationaux par les belligérants.

On prêtait à l'escadre américaine l'intention de couper celui qui relie Cuba à Key-West et qui appartient à des neutres.

Sans parler du danger des représailles légitimes par lesquelles l'Espagne couperait à son tour tous les câbles qui atterrissent sur le sol des États-Unis et des conventions spéciales qui interdisent au gouvernement fédéral cette opération, de graves considérations tirées du droit des gens s'opposent à cette destruction.

Si, en effet, il est interdit, de l'aveu même des belligérants, et nous avons relaté plus haut leur décision, de saisir la marchandise neutre sous pavillon ennemi, comme la marchandise ennemie sous pavillon neutre, à plus forte raison doit-il être illégitime au premier chef de détruire un objet d'utilité générale appartenant à une compagnie ou à un État neutre, placé par définition sous le pavillon de celui-ci et absolument impropre à être classé dans la catégorie de la contrebande de guerre.

En Espagne, le gouvernement de la reine est aux prises avec les difficultés financières. Divers projets sont proposés pour remplir les caisses presque épuisées par les derniers efforts faits pour Cuba.

Partout la souscription nationale ouverte pour subvenir aux frais de la lutte contre les États-Unis a déjà produit des millions. Les optimistes affirment qu'elle dépassera cent millions.

Enfin, avant de commencer les hostilités proprement dites, le gouvernement espagnol envoie à la fin d'avril aux grandes puissances une circulaire dont voici le résumé :

« Le gouvernement espagnol regrette d'avoir été obligé de faire appel à la force pour repousser l'agression scandaleuse des États-Unis et défendre la dignité et l'intégrité historiques de la patrie.

« L'Espagne a pour elle le droit, les procédés corrects et la prudence, tandis que les États-Unis ont de leur côté la déloyauté et une explosion d'ambitions sans frein.

« La conduite du consul général Lee est qualifiée d'exécrable.

« La circulaire dit que les derniers mots de la résolution du Congrès n'ont d'autre but que de tromper les Cubains, car l'île ne sera pacifiée que lorsqu'elle sera mûre pour l'annexion.

« Le peuple espagnol attend l'attaque avec beaucoup de calme, décidé à défendre énergiquement le droit de rester en Amérique, persuadé qu'il aura l'appui des Cubains, qui sont, comme lui, tous Espagnols. »

En France, l'opinion était assez divisée, et il serait assez difficile de préciser à qui reviendrait la supériorité du nombre des partisans de l'Amérique ou de ceux de l'Espagne.

Enregistrons simplement à titre de document, et en conservant la plus stricte neutralité, cette protestation contre la guerre hispano-américaine signée de plusieurs professeurs des facultés de droit de Paris et d'Aix :

« Il est certain, écrivent les protestataires, et nous tenons à le proclamer ici, que les États-Unis n'ont absolument aucune raison de faire la guerre à l'Espagne.

« Un état d'insurrection dure depuis plusieurs années à Cuba sans que la métropole ait pu réussir jusqu'ici à le faire cesser complètement. Certes, les citoyens de l'Union passent pour n'être pas étrangers à la prolongation de cette rébellion. Les États-Unis prétendent maintenant obliger l'Espagne à renoncer à ses droits séculaires de souveraineté sur sa colonie. »

Après avoir longuement réfuté les justifications que les Américains présentent de leur conduite et qui sont « *de misérables prétextes* », les signataires de la protestation ajoutent :

« La vérité est que l'Amérique attaque l'Espagne parce qu'elle se sait plus riche et parce qu'elle se croit plus forte. Elle l'attaque pour s'approprier Cuba. Elle veut conquérir ce qu'elle a demandé vainement et à plusieurs reprises à acheter autrefois. La vérité est que, sans se soucier un instant de ce premier principe de justice qui commande de rendre à chacun le sien, sans penser une minute aux massacres et aux dévastations qui se préparent, les États-Unis commencent une guerre de pure ambition, si même elle n'est pas inspirée par des motifs plus odieux encore, des motifs de basse et sordide cupidité.

« Nous assistons à la dernière évolution de la doctrine de Monroë : elle pouvait être prévue. Jusqu'ici, le gouvernement de l'Union consentait à ne pas s'immiscer dans les rapports de l'Europe avec ses colonies américaines, pourvu qu'on le laissât décider à son aise des intérêts des États américains. Plus confiant en sa force, il devient aussi plus exigeant, et bientôt l'Amérique aux Américains, ou plutôt l'Amérique aux États-Unis du Nord, deviendra une vérité absolue, sans exception.

« Que l'on ne se fasse pas d'illusion, en effet. Aujourd'hui c'est Cuba qu'ils réclament, demain ce sera le reste des Antilles, puis, ce qu'ils ne possèdent pas encore sur le continent. Chaque jour marquera un pas en avant, et il ne manquera pas aux guerres futures de prétextes aussi solides que ceux qui ont donné lieu à la guerre actuelle.

« L'Amérique du Sud aura son tour. Heureuse encore la vieille Europe si elle échappe à leur ambition.

« Nous savons que le bruit des armes empêche la voix plus faible de la raison de se faire entendre. Nous n'en voulons pas moins, si inutile que soit notre protestation, protester hautement contre une guerre entreprise sans motifs, sans prétexte même, contre cette violence pure et simple infligée à un adversaire qui n'a jamais cessé de se tenir dans les limites du juste et de l'honnête, et qui, hier encore, se montrait prêt à entrer dans toute voie amiable de conciliation du différend. »

Les protestataires terminaient en exprimant l'espoir que *l'Europe, plus soucieuse de ses intérêts, mettrait un terme définitif aux scandales de cette espèce.*

Nous ne pouvons nous attarder longuement à discuter le bien fondé de cette protestation qui part, évidemment, d'un bon naturel ; mais dire que même les prétextes ont manqué aux Américains pour entreprendre la guerre, est peut-être excessif. Que l'on se reporte au message du président Mac Kinley.

D'autre part, quelle puissance en Europe se sentirait la conscience assez pure pour reprocher aux États-Unis la préméditation d'une annexion ?

Quel État militaire de l'ancien monde n'a point fait servir son armée ou sa flotte à des extensions territoriales plus ou moins déguisées sous le nom de mission civilisatrice ?

Tous ont à se reprocher la mainmise sur des contrées qui ne leur appartenaient pas, dans l'une quelconque des cinq parties du monde, et il est présumable qu'une observation de la vieille Europe à la jeune Amérique serait accueillie par le conseil assez logique de commencer par prêcher d'exemple.

Et la jeune Amérique n'aurait peut-être pas tout à fait tort !

CHAPITRE VII

LES FORCES EN PRÉSENCE

Puffisme américain. — Un article du *World*. — Les forces latentes. — L'armée fédérale. — Réguliers et miliciens. — La marine des États-Unis. — La flotte espagnole — Les croiseurs auxiliaires. — La répartition des escadres. — Les points vulnérables. — La question du charbon. — Les points de relâche. — Possessions espagnoles du Pacifique. — Les théâtres de guerre. — Offensive ou défensive. — Hésitations funestes.

Dans un accès de lyrisme que des gens plus froids, et surtout plus sensés, pourraient bien qualifier de *puffisme*, un journal de New-York, le *World*, affirmait, au début de la guerre, que les États-Unis « pourront, très prochainement, mettre sur pied un million et demi de soldats splendidement armés ».

La seule concession que la feuille yankee accorde à ceux qui trouvent ses calculs un peu exagérés, c'est que le commandement laissera peut-être à désirer au début de la guerre.

Quelque considérables que l'on suppose les *forces latentes* des États-Unis, — et elles le sont, en effet, la guerre de la Sécession l'a prouvé — elles sont pourtant hors de proportion avec les efforts inouïs que la mobilisation en trente jours d'un million et demi de soldats exigerait d'un pays dont l'organisation militaire ne comporte, en temps normal, pour l'armée régulière, que 25,000 à 30,000 hommes.

Examinons donc sérieusement, et sans parti pris, ce que sont les troupes américaines et quel parti on peut en tirer pour la guerre.

L'armée des États-Unis ne ressemble en rien aux armées européennes ; c'est une sorte de garde nationale, une milice de frontière, sans aucune préparation, au point de vue de ce qu'en Europe nous appelons la mobilisation.

Son effectif est de 12,000 hommes d'infanterie, 6,000 de cavalerie, 4,000 d'artillerie et 8,000 employés dans les services techniques et les corps auxiliaires, soit, au total, 30,000 hommes.

L'infanterie est organisée en bataillons dénommés *régiments* et forts de 8 compagnies chacun. Les unités tactiques supérieures, brigade, division, n'existent pas en temps de paix.

La cavalerie forme 10 régiments, composés chacun de 10 demi-escadrons.

Cinq régiments à 12 batteries constituent l'artillerie de campagne et de forteresse ; le nombre de pièces varie suivant les régiments.

Ce noyau, assez faible, on le voit, constitue le cadre de l'armée de campagne.

Celle-ci, constituée à l'aide de la *milice*, doit être, au moment du besoin, créée de toutes pièces avec des éléments peu ou pas exercés, suivant une pratique essayée pour la première fois lors de la guerre de la Sécession.

Chaque État de l'Union a le droit de convoquer en *milice* tous les hommes valides de sa population. La très grande majorité des miliciens, appelés sous les drapeaux, n'aurait pas la plus légère notion du métier militaire.

En effet, la seule préparation donnée en temps de paix consiste en cours publics annexés à ceux des établissements d'instruction et fréquentés par des miliciens volontaires. D'après les chiffres officiels, le nombre des volontaires, théoriquement instruits, ne dépasse pas 100,000 hommes.

Ceux-ci formeraient le seul noyau pratiquement utilisable pour le renforcement de l'armée de campagne.

L'armée espagnole, au contraire, instruite, organisée à l'européenne, avec des cadres solides, trop de cadres même parfois, comprend, à Cuba, 135,000 hommes aguerris par la répression de l'insurrection ; aux Philippines, une douzaine de mille hommes, et, enfin, en Europe, soit dans la péninsule, soit dans les îles, 340,000 hommes, répartis en huit corps d'armée, avec une artillerie de campagne d'environ mille pièces de canon.

Si, passant aux forces navales, nous examinons les unités de guerre, prêtes à prendre immédiatement la mer, nous trouvons aux États-Unis :

    5 cuirassés,
    2 croiseurs cuirassés,
    5 monitors à deux tourelles,
  13 monitors à une tourelle,
    2 garde-côtes,
    8 croiseurs de 1re classe,
    8 croiseurs de 2e classe,
  10 corvettes à hélice,
    1 croiseur-torpilleur,
    1 aviso,
  15 canonnières protégées,
  10 canonnières à hélice,
    1 bélier-torpilleur,

soit au total, 81 bâtiments d'un déplacement total de 230,000 tonnes, auxquels il faut ajouter 19 torpilleurs.

En Espagne nous avons :

    1 cuirassé,
    2 frégates cuirassées,
    5 croiseurs cuirassés,
    8 croiseurs de 1re classe,
  10 croiseurs de 2e classe,
    6 croiseurs de 3e classe,
  59 canonnières à hélice de diverses classes,
    1 canonnière à roues,
  18 chaloupes-canonnières,
  16 contre-torpilleurs,

soit 126 bâtiments d'un déplacement de 123,000 tonnes.

Comme son adversaire, l'Espagne possède 19 torpilleurs.

Mais il ne faut point perdre de vue que de ces bâtiments portés sur la liste de la flotte de chaque pays, il faut éliminer les navires sans valeur, c'est-à-dire ceux dont l'armement, la vitesse, la protection ne répondent plus aux nécessités de la guerre moderne.

Or, il y a une dizaine d'années, la flotte américaine n'existait pour ainsi dire pas, et beaucoup d'unités portées encore aujourd'hui sur la liste de la flotte datent d'avant cette époque ; on a même conservé en souvenir de la guerre de la Sécession de vieux monitors sans aucune valeur offensive ni même défensive.

De son côté, l'Espagne a, pendant toute la période de ses guerres intérieures, négligé sa flotte, et ses difficultés coloniales seules l'ont, depuis une dizaine d'années, amenée à construire ou à transformer ses navires de guerre.

Aussi, les unités que les belligérants vont pouvoir mettre en ligne se réduisent-elles pour les États-Unis à dix cuirassés, en défalquant le *Maine* source du conflit, vingt-six navires non cuirassés et dix-huit torpilleurs, et pour l'Espagne à six navires cuirassés, vingt-huit bâtiments non cuirassés et quatorze torpilleurs.

Les États-Unis ont donc un avantage de six bâtiments ; de plus, leur flotte de guerre est supérieure comme tonnage, et aussi comme armement.

En effet, les cuirassés d'escadre, *Indiana*, *Iowa*, *Massachusetts*, *Oregon* et *Texas*, qui ont un déplacement total de 48,700 tonnes, portent 50 canons de plus de 20 centimètres, 24 de 10 à 20 centimètres et 120 d'un calibre inférieur à 10 centimètres ; ces cuirassés ont une marche supérieure à 17 nœuds ; il faut y ajouter les trois garde-côtes cuirassés *Katahdin*, *Monterey* et *Puritan* formant ensemble un déplacement de 12,380 tonnes et portant 8 canons de gros calibre, 12 de calibre moyen et 22 de petit calibre ;

leur vitesse moyenne n'est pas aussi considérable que celle des cuirassés, bien que le *Monterey* atteigne 17 nœuds.

Les croiseurs cuirassés *Brooklyn* et *New-York* ont une vitesse supérieure à 21 nœuds. Leur tonnage atteint presque 18,000 tonnes et leur armement consiste en 14 canons de gros calibre, 22 de calibre moyen et 28 de petit calibre. Les croiseurs modernes non cuirassés sont au nombre de 16.

Le *Columbia* et le *Minneapolis* sont qualifiés *destructeurs du commerce*; ils ont un rayon d'action considérable et une vitesse qui atteint et peut dépasser 22 nœuds 1/2;

Les croiseurs *Baltimore, Chicago, Newark, Olympia, Philadelphia* et *San-Franscisco*, sont chacun de plus de 4,000 tonnes et d'une vitesse supérieure à 19 nœuds;

Les croiseurs plus petits, *Atlanta, Boston, Charleston, Cincinnati, Detroit, Marblehead, Montgomery, Raleigh,* ont une vitesse variant entre 15 et 20 nœuds. Ces croiseurs représentent un déplacement de 66,400 tonnes et portent 20 canons de gros calibre, 149 de calibre moyen et 211 de petit calibre.

A ces bâtiments, il convient d'ajouter 9 petites canonnières de 900 à 1700 tonnes de déplacement qui portent 62 canons de calibre moyen et 54 de petit calibre et dont la vitesse est de 14 à 17 nœuds.

La flotte américaine ne compte qu'un croiseur-torpilleur, le *Vesuvius* qui, aux essais, a filé 21 nœuds 6 et qui transformait son artillerie au début de la guerre; elle est également faible en torpilleurs; cependant sur les 18 modernes, 3 filent 30 nœuds, 3 filent 27 nœuds et les autres filent de 20 à 25 nœuds.

C'est dans ses petits bâtiments et principalement dans ses contre-torpilleurs que réside surtout la force de la flotte espagnole.

En effet, le *Pelayo* (9,900 tonneaux, 4 canons de gros calibre, 10 de calibre moyen et 18 de petit calibre) est le seul cuirassé disponible. Encore, comme on l'a vu plus haut, a-t-il dû quitter précipitamment Toulon où l'on le réparait pour se rendre à Carthagène.

Toutefois, la marine espagnole peut mettre en ligne cinq croiseurs cuirassés d'une valeur militaire fort respectable ; ce sont : l'*Almirante Oquendo*, le *Cristobal-Colomb*, l'*Emperador Carlos V*, l'*Infanta-Maria-Teresa* et le *Vizcaya*, qui déplacent ensemble 37,000 tonnes et portent 10 canons de gros calibre, 60 de calibre moyen et 88 de petit calibre. Tous ont une vitesse supérieure à 20 nœuds. Cinq croiseurs, sept canonnières et seize contre-torpilleurs forment la flotte non cuirassée.

Les croiseurs, sauf l'*Alfonso XIII* et le *Lepanto* d'un déplacement de 4,800 tonnes et d'une vitesse de 20 nœuds, sont de faible tonnage et d'une vitesse insuffisante.

Les canonnières déplacent 300 tonnes et marchent à 15 nœuds au plus ;

Croiseurs et canonnières ont un déplacement total de 14,850 tonnes et un armement de 8 canons gros calibre, 24 calibre moyen et 63 petit calibre.

Parmi les contre-torpilleurs se trouvent quelques bâtiments remarquables :

L'*Audaz*, l'*Osado*, la *Proserpina* et le *Pluton* filent 30 nœuds ; le *Furor* et le *Terror* en filent 28 ; les autres varient de 18 nœuds à 22 nœuds 1/2.

Quant aux 14 torpilleurs espagnols, ils sont d'un modèle suranné ; aucun d'eux ne dépasse 20 nœuds.

Telles sont les flottes modernes des deux pays.

Mais l'Espagne pourrait trouver dans ses anciens navires d'utiles auxiliaires, par exemple les cuirassés *Numancia* et *Vittoria*, les croiseurs *Alfonso XII*, *Reina Cristina*, *Reina Mercedes* qui, s'ils n'ont pas de vitesse, ont au moins une forte artillerie.

Rien de semblable aux États-Unis, où les vieux monitors de la Sécession ne représentent plus que des monceaux de bois et de ferraille tout à fait impropres même à la défense des côtes.

Au moment où la crise prenait toute sa gravité, les deux pays firent à l'étranger des achats de navires sur la valeur desquels il n'est pas encore possible de porter un jugement définitif.

Citons, en ce qui concerne les États-Unis, les croiseurs brésiliens *Amazonas* et *Almirante Abreu* de 3,500 tonnes; le yacht *May-Flower* transformé en contre-torpilleur; le croiseur *Topeka* et le torpilleur *Somers*, achetés en Angleterre.

L'*Amazonas* prit dans la flotte américaine le nom de *New-Orleans* et l'*Almirante Abreu* celui d'*Albany*.

Quant à l'Espagne, elle avait engagé avec l'Italie des pourparlers pour l'acquisition du croiseur italien *Garibaldi*, navire du type *Cristobal-Colomb*, acheté au gouvernement l'année précédente. Mais ces pourparlers n'aboutirent pas.

Les États-Unis n'avaient pas attendu la déclaration de guerre pour transformer leurs navires marchands en croiseurs auxiliaires. Depuis plus d'une année déjà l'armement de ces croiseurs avait été constitué dans les ports de l'Atlantique et du Pacifique. Il consistait en canons de 152 millimètres, de 127 millimètres, de 101 millimètres et en mitrailleuses et canons-revolvers.

La flotte auxiliaire de l'Atlantique comprenait notamment le *New-York*, le *Paris*, le *Saint-Louis* et le *Saint-Paul*, filant tous plus de 20 nœuds et d'un déplacement de dix à douze mille tonnes; neuf autres croiseurs de moindre tonnage portaient à treize le nombre des unités auxiliaires de l'Atlantique;

L'escadre du Pacifique comprenait neuf croiseurs, ce qui donne le chiffre global de 22 croiseurs auxiliaires.

Le *Saint-Louis* et le *Saint-Paul* furent dès le début des hostilités affectés à l'escadre volante du commodore Schley.

De son côté, l'Espagne pouvait disposer des bâtiments de vitesse de la Compagnie transatlantique espagnole;

ceux-ci étaient au nombre de trente-six, dont un certain nombre furent armés.

La marine de guerre des États-Unis disposait au moment de la déclaration de guerre de 18 amiraux, 700 officiers supérieurs ou subalternes, 12,000 matelots et 750 mousses. Le personnel subalterne provenait des engagements volontaires contractés pour une période de trois ans. Il n'existe pas aux États-Unis d'institution analogue à notre inscription maritime.

De son côté, la marine espagnole comptait à la même époque 22 officiers généraux, 870 officiers supérieurs et subalternes, 14,000 sous-officiers et matelots, 7,000 soldats d'infanterie de marine et 1500 artilleurs marins.

Le recrutement de ces contingents, sensiblement supérieurs à ceux correspondants de la flotte américaine, a lieu par la voie de l'inscription maritime, qui peut fournir quatre classes de réserve, soit encore 16,000 hommes.

Vers la fin de mars 1898, le *New-York Herald* publia une carte indiquant la position des forces navales des deux pays dans l'Atlantique. Nous en extrayons les renseignements suivants qui donnent une intéressante indication sur le groupement éventuel des escadres ainsi que les projets présumés des deux adversaires.

Au mouillage de Key-West et sur les côtes de la Floride, par conséquent à quelques heures de la côte cubaine, nous constatons la présence des cuirassés *Indiana* et *Iowa*, des croiseurs *Cincinnati*, *Detroit*, *Montgomery*, *Nashville*, des canonnières *Castine*, *Newport*, *Wicksburg* et *Wilmington*, enfin des torpilleurs *Cushing*, *Dupont*, *Ericson*, *Foote* et *Portés*.

A Port-Royal, au sud de Charleston, se trouvent quatre garde-côtes : *Amphitrite*, *Mintonomah*, *Puritan*, *Terror*.

Devant Hampton-Roads (Fort Monroë) croisent le cuirassé *Massachusetts* et les croiseurs *Brooklyn*, *Columbia*, *Minneapolis*.

Plus au nord, à Philadelphie, les monitors *Canonicus*,

Mahopac, *Manhattan*, défendent l'entrée de la baie de Delaware.

A Long-Island, en face de New-York, on a réuni le cuirassé *Texas* et les monitors *Jason* et *Nahant*.

Plus au nord encore, les monitors *Castkill* et *Lehigh* défendent les approches de Boston.

Dans l'océan Pacifique se trouvent le *Monterey*, garde-côtes cuirassé ; le monitor *Monadnock*, et le cuirassé *Oregon* ; ce dernier vient de recevoir l'ordre de rallier Key-West ; mais n'oublions pas qu'il lui faut pour cela doubler le cap Horn, en contournant toute l'Amérique du Sud ; à Honolulu, soit à mi-chemin des États-Unis et des Philippines, le croiseur *Baltimore* et la canonnière *Bennington* attendent des instructions.

En Extrême-Orient, les croiseurs *Olympia* et *Charleston* ont reçu l'ordre de rallier l'Amérique par le canal de Suez ; les forces des mers de Chine comprendront, après leur départ, les croiseurs *Boston*, *Concord*, *Petrel* et *Raleigh*.

Enfin, dans les eaux européennes, nous constatons la présence des croiseurs *San-Francisco*, *New-Orleans*, *Topeka* ; des canonnières *Bancroft* et *Helena*, et du torpilleur *Somers*. Tous ces navires peuvent avoir rallié en quelques jours la mer des Antilles.

Quant à l'Espagne, elle a ses croiseurs cuirassés *Almirante-Oquendo* et *Vizcaya*, et un croiseur protégé, *Alfonso XII*, dans les eaux de la Havane et de Porto-Rico ; les contre-torpilleurs *Ariete*, *Azor*, *Furor*, *Pluton*, *Rayo* et *Terror* sont en route pour les Antilles ; ils seront rejoints à bref délai par les croiseurs cuirassés en armement : *Alfonso XIII*, *Cristobal-Colon*, *Emperador Carlos V*, *Infanta-Maria-Teresa*.

Les deux adversaires, on le voit, concentrent le gros de leurs forces dans la mer des Antilles : les Américains à Key-West et sur la côte est des États-Unis, l'Espagne à Cuba et à Porto-Rico. C'est, en effet, dans l'océan Atlantique que se dénouera probablement la lutte, l'océan

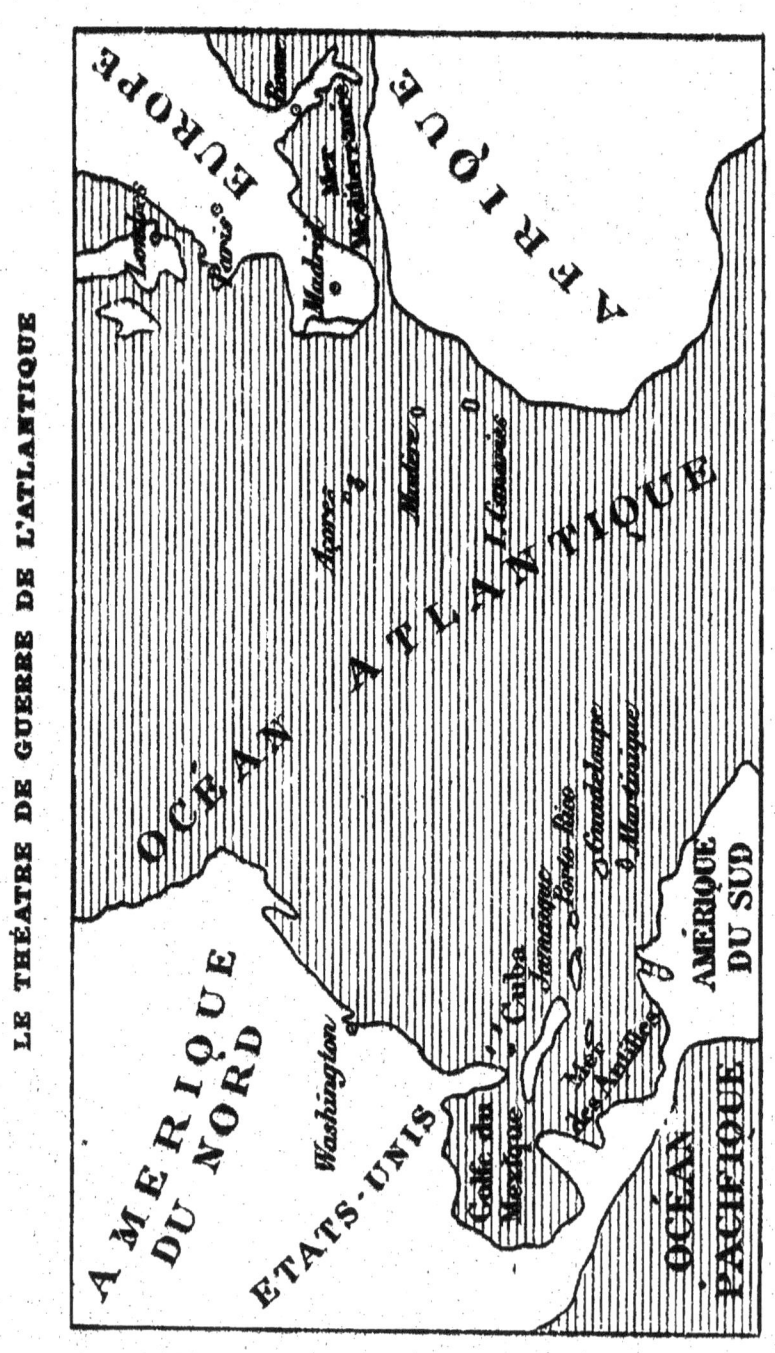

LE THÉÂTRE DE GUERRE DE L'ATLANTIQUE

Pacifique et la mer des Philippines restant un théâtre d'opérations secondaire.

A première vue, l'Espagne semble être dans un état d'infériorité marquée vis-à-vis de son adversaire, qui dispose de toutes les ressources de l'Amérique du Nord comme combustible, vivres et munitions, tandis qu'elle-même est obligée de transporter à grands frais et au milieu de dangers certains les approvisionnements des forces navales qu'elle entretient dans les eaux de Cuba et de Porto-Rico.

Mais il ne faut pas oublier que les points vulnérables des États-Unis sont leurs côtes et leur commerce maritime.

L'océan Atlantique sépare les deux pays, et, pour les navires modernes, dont l'unique moyen de propulsion est la vapeur, la distance à franchir avant d'arriver au but constitue une grosse difficulté. 3,400 milles séparent New-York de Cadix; tout navire américain qui tenterait une action contre le litttoral espagnol devrait donc avoir dans ses soutes des approvisionnements de charbon pour 7,000 milles, puisque les États-Unis ne possèdent aucune île dans l'océan Atlantique.

L'Espagne, au contraire, a des possessions insulaires sur la route d'Amérique; la plus grande distance qu'elle ait à franchir sans se ravitailler est celle qui sépare les Canaries de Porto-Rico, soit 2,800 milles. Si donc elle a pris soin de garnir de charbon ses points de relâche, elle est en meilleure posture que son adversaire pour opérer contre les villes du littoral ou les navires de commerce. Mais il faut aussi constater, d'autre part, que les possessions espagnoles du Pacifique sont pour l'Espagne une cause de faiblesse. Bien qu'elle ait établi aux Philippines une défense appréciable, elle n'est pas en situation de leur envoyer des renforts de la métropole, et les États-Unis pourraient fort bien tenter de ce côté une diversion aux opérations de l'Atlantique.

Comme nous l'avons vu, les ennemis en présence, n'ayant point adhéré à la convention de Paris, peuvent armer des

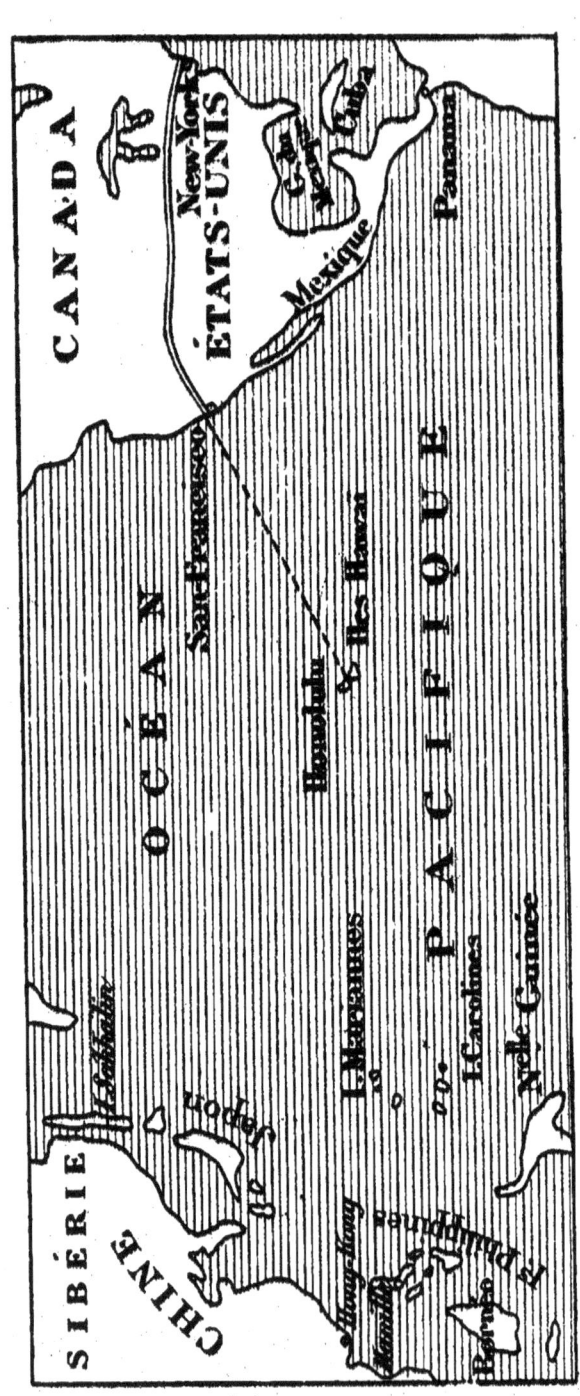

LE THÉATRE DE GUERRE DE L'OCÉAN PACIFIQUE

corsaires et faire la guerre de Corse. Le commerce maritime des États-Unis comptant 4,000 bâtiments jaugeant 2,000,000 de tonnes, et le commerce espagnol n'étant représenté que par 1300 navires avec 500,000 tonnes, on voit que le gros danger de la course menace surtout les Américains; aussi, comprend-on la satisfaction avec laquelle le président Mac Kinley accueillit la déclaration de l'Espagne, annonçant qu'elle se conformerait, pour partie au moins, à la déclaration de 1856.

Le plan des États-Unis semble être de limiter le théâtre de la guerre, de porter avec rapidité des coups aussi décisifs que possible sur Cuba, et de s'efforcer d'opérer une jonction avec les insurgés, qui, malgré les déclarations suspectes de la presse espagnole, ne semblent pas prêts à se joindre à leur ennemi héréditaire pour combattre leurs libérateurs.

Conformément à ce plan, l'escadre du Nord Atlantique a, comme nous l'avons vu, levé l'ancre et s'est dirigée vers Cuba, dont le président Mac Kinley a proclamé le blocus. 100,000 miliciens ont été appelés sous les drapeaux.

80,000 de ces hommes, joints à 25,000 de l'armée permanente, prendront part au opérations à Cuba.

20,000 iront renforcer les garnisons qui veillent sur le littoral et servent les batteries de position semées sur l'immense étendue des côtes américaines.

L'Espagne, de son côté, est obligée, jusqu'à un certain point, de suivre son adversaire sur le terrain de son choix. Elle attendra donc l'attaque à Cuba, à Porto-Rico, aux Philippines. Mais elle pourrait, si elle le voulait, déplacer le centre des perturbations belliqueuses, en élargir l'aire et porter, elle aussi, aux États-Unis quelque coup droit sur un point particulièrement sensible. Malheureusement, elle ne semble pas prendre de décision à ce sujet; elle hésite, tâtonne, fait partir ses escadres, les rappelle et perd un temps précieux. Finalement, les grosses opérations s'engagent, nécessitent le groupement de toutes les unités navales sans que rien ait pu être tenté de préjudiciable aux intérêts américains.

Telle est la situation des deux belligérants au moment où retentit le premier coup de canon.

CHAPITRE VIII

PREMIERS COUPS DE CANON

Premiers coups de canon. — Capture du *Buenaventura*. — Le blocus de Cuba. — La situation aux Philippines. — Le combat du *Cushing* et de la *Ligera*. — Bombardement de Matanzas. — Les enrôlements aux États-Unis. — National Guard et Cowardly Seventh. — Les évolutions de l'amiral Sampson. — L'amiral Montojo à Manille. — L'arrivée des Américains aux Philippines. — Désastre de Cavite. — Les escadres en présence. — Destruction de la flotte espagnole. — Manifestations en Amérique. — Le Dewey day. — Piété du Sénat américain. — En Espagne.

Les hostilités commencèrent le 23 avril 1898 par la capture du navire de commerce espagnol *Buenaventura*, venant du Texas, par la canonnière américaine *Nashville*, qui remorqua le bâtiment saisi jusqu'à Key-West, où l'événement provoqua un vif enthousiasme. C'est au large de ce port, à l'extrémité de la Floride, que la capture eut lieu ; le bâtiment, monté par une vingtaine d'hommes, se rendit, après avoir essuyé quelques coups de canon.

Ajoutons que des réclamations furent immédiatement adressées au gouvernement américain par les armateurs du navire, relativement à la légitimité de la prise, et par l'ambassadeur de France chargé des intérêts espagnols à New-York ; il paraît hors de conteste que le *Buenaventura* ne pouvait avoir encore connaissance de l'état de guerre existant entre les deux pays.

De leur côté, les Espagnols capturaient un quatre-mâts américain, le *Shenandoah*, chargé de blé, à destination de Liverpool.

Un autre fait de guerre suivit bientôt. Ce fut la saisie du câble qui met en communication la Havane avec Key-West.

Le contre-amiral Sampson reçut l'ordre de couper ce câble dans un délai de deux ou trois jours, dès que le gouverneur général aurait informé la métropole de l'établissement du blocus devant Cuba.

Ainsi que nous l'avons dit plus haut, celui-ci était effectif. A la date du 25 avril, 12 navires américains étaient rangés en ligne de bataille, les torpilleurs en avant, en face de la Havane et le fort du Morro, hors de la portée des batteries de terre.

Aucun navire espagnol ne pouvait plus, dès lors, entrer dans le port ou en sortir.

Les instructions remises au contre-amiral Sampson lui prescrivaient, pour l'instant, de couper les communications entre la Havane et l'Espagne, et d'affamer la capitale cubaine, mais interdisaient le bombardement jusqu'à nouvel ordre.

Le navire américain *Mangrove* était envoyé de Key-West sur la côte sud de Cuba, pour draguer le câble reliant directement l'île à l'Espagne et le couper.

Disons de suite que l'interruption absolue des communications de la colonie avec sa métropole était presque impossible, car il aurait fallu, en outre de la suppression des câbles atterrissant aux États-Unis, couper ceux reliant Cuba aux Bermudes, à la Jamaïque et à Pernambuco, reliés à ceux de la Compagnie française et protégés par la garantie du Congrès télégraphique.

Aux Philippines, des ferments de rebellion se manifestaient parmi les indigènes ; néanmoins, le gouverneur général télégraphiait à Madrid que la situation était rassurante et qu'il était prêt à résister à l'attaque de l'escadre américaine. La baie de Manille avait, disait-il, été barrée par des mines sous-marines, depuis l'île du Corregidor jusqu'à la pointe de terre ferme, au sud de cette baie. L'île elle-même était défendue par 2,000 hommes et plusieurs pièces de 6 pouces ; quant au front de terre de la capitale des Philippines, il était protégé de

Marivale à Malate par de nombreuses batteries et redoutes.

Un petit engagement avait eu lieu le 27 avril et un bâtiment américain chargé de charbon avait été capturé dans les eaux des Philippines.

A la nouvelle que la flotte des États-Unis cinglait vers Manille, l'amiral espagnol Montojo allait se placer, avec ses navires, à l'entrée de la baie de Subig, pour y attendre le choc.

Enfin, il se confirmait que le chef rebelle Aguinaldo se trouvait à bord du vaisseau de l'amiral Dewey et que celui-ci avait signifié au chef insurgé que ses bandes auraient l'appui des États-Unis, à condition qu'elles se conformeraient, durant la guerre, aux usages des nations civilisées.

Le premier engagement entre navires de guerre, dans les eaux de Cuba, venait de se produire le 27 avril. Le contre-torpilleur américain *Cushing*, se dirigeant vers Cardenas, à l'extrémité est de la ligne de blocus, sur la côte nord de Cuba, rencontra à Caio-Pedra, près de Matanzas, la canonnière espagnole *Ligera*, et ouvrit le feu contre elle. Onze coups de canon furent échangés et le *Cushing* s'éloigna avec quelques avaries. La *Ligera* n'avait eu que sa cheminée endommagée.

Le 28 avril, l'amiral Sampson, montant le *New-York*, croiseur cuirassé, et accompagné du *Puritan* et du *Cincinnati*, navires protégés, vint s'embosser devant Matanzas.

Cette ville, capitale de la province du même nom, compte 40,000 habitants. Elle se trouve sur la côte nord de Cuba, à 84 kilomètres à l'ouest de la Havane à laquelle elle est reliée par voie ferrée. C'est le second port de commerce de l'île, au centre de la grande exploitation sucrière. Le port spacieux est encombré par la vase et mal protégé au nord-est. Il est défendu par le fort de San-Severino.

Le but de l'amiral américain était de troubler les travaux de fortification entrepris par les Espagnols autour de Matanzas, et au lieu dénommé Puntagorda.

Lorsque le *New-York* parut en vue de la terre, les batteries de Rubalcava et de Maya, qui défendent l'entrée du port, ouvrirent le feu. Le *New-York* riposta à l'aide de ses canons de huit pouces et regagna la haute mer.

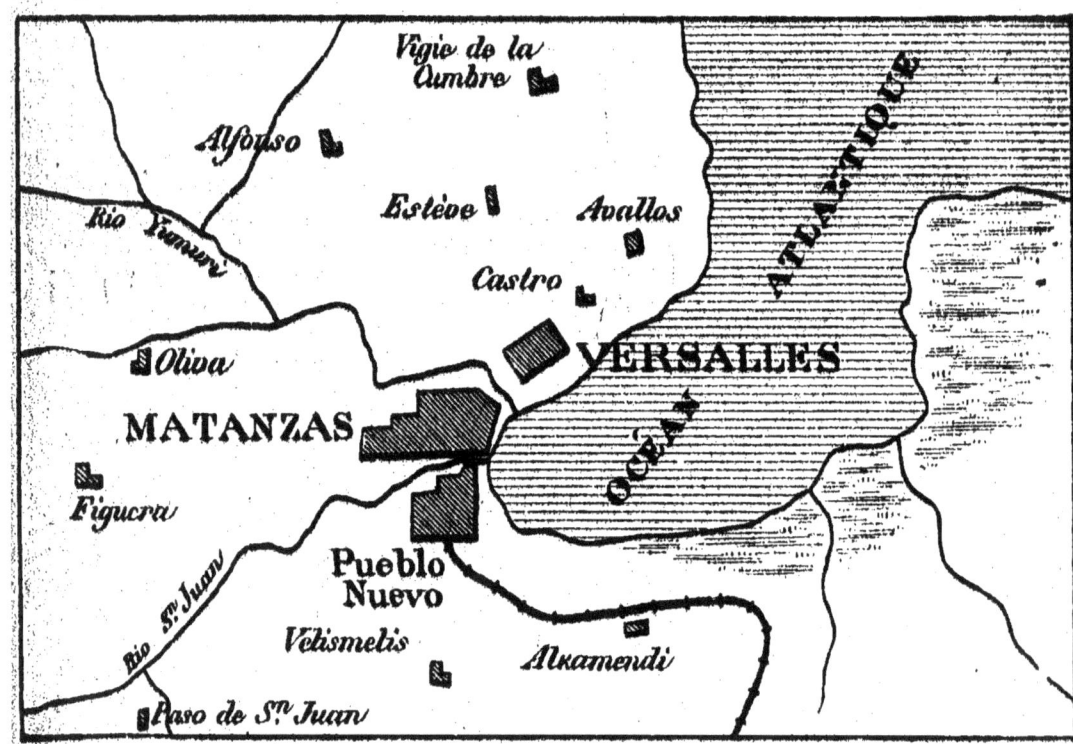

PORT DE MATANZAS

Les trois navires ouvrirent alors le feu à une distance de 7,000 à 8,000 mètres et envoyèrent sur les batteries commencées une centaine d'obus de gros calibre ; ces batteries, complètement désorganisées, suivant la relation américaine, ne subirent, en réalité, que peu de dégâts, ce qui n'est point étonnant, vu la distance à laquelle les navires américains ouvrirent le feu.

L'amiral Sampson se retira bientôt dans la direction de la Havane.

Pendant que les Américains faisaient du côté de la mer cette démonstration platonique, les insurgés de la bande de Betancourt attaquaient les troupes espagnoles du colonel Alfau, mais étaient repoussés avec pertes sérieuses.

Les troupes régulières avaient eu dans cet engagement deux hommes tués et trois blessés, dont un officier.

L'organisation des troupes expéditionnaires aux États-Unis se poursuivait au milieu d'incidents de toute nature.

Le Congrès venait de voter les ressources nécessaires, et avait décidé la construction de quatre monitors et de seize contre-torpilleurs supplémentaires.

Les engagements volontaires, dans tous les états de l'Union, s'élevaient à 700,000 ; nous avons vu déjà la valeur militaire de ces troupes.

La ville de New-York seule en avait fourni cent mille.

Mais, particularité qui nous semblera étrange à nous qui sommes habitués à la stricte discipline européenne, les miliciens se refusaient à partir comme incorporés aux troupes régulières et prétendaient conserver leur organisation distincte.

Le 7ᵉ régiment de volontaires, dits *National Guard* de New-York, composé des fils des plus riches habitants de la Cité, par 1063 voix sur 1067, décida de refuser de participer à la guerre.

Les journaux les dénommèrent immédiatement le *Cowardly Seventh*, ou le 7ᵉ lâches, et des plumes blanches, indice de caponnerie, furent fixées aux murailles du local, où se réunissait d'habitude le *National Guard*.

Le chef de ce singulier régiment, colonel Appleton, chercha en vain à expliquer l'attitude de ses hommes en disant que le 7ᵉ ne voulait pas disparaître comme organisation d'État, mais que 1063 soldats de ce régiment étaient prêts à servir individuellement.

Le colonel du 47ᵉ régiment, en résidence à Brooklyn,

donna sa démission, alléguant que ses affaires nécessitaient sa présence aux États-Unis.

Un régiment, le 22°, dut également être laissé de côté par l'adjudant général Milling, qui dut recourir aux ressources des régiments de volontaires de la classe moyenne, les 8°, 9°, 12°, 13°, 14°, 47°, 69° et 71° régiments de garde nationale volontaire de New-York-ville et de deux escadrons de cavalerie.

Citons, pour mémoire, l'organisation d'une légion italienne de 600 soldats et la mobilisation de l'armée du Salut, l'élément féminin demandant à servir comme cuisinières, servantes, infirmières, etc. Hâtons-nous d'ajouter que le gouvernement de M. Mac Kinley refusa ce dernier concours.

Enfin, une Compagnie d'assurances se fondait pour payer une indemnité aux familles de ceux qui seraient tués.

Mentionnons également une mesure fort sage prise par M. Alger, secrétaire au département de la guerre à Washington, interdisant de fournir des informations à la presse et de discuter les questions militaires avec les reporters.

L'escadre de l'amiral Sampson continuait pendant ce temps ses reconnaissances sur la côte cubaine, envoyant à l'occasion quelques salves sur les buts qui lui semblaient à bonne portée.

C'est ainsi que le 30 avril, trois croiseurs américains tirèrent pendant une heure sur les forts de Cienfuegos, port du rivage sud de Cuba, sans faire d'ailleurs grand dommage.

La veille, le port cubain de Cabanas, à trente-cinq milles à l'ouest de la Havane, avait reçu quelques projectiles du *New-York*. Aux Philippines, l'escadre de l'amiral Montojo, qui, nous l'avons vu plus haut, s'était portée à la baie de Subic pour attendre, disait-on, les vaisseaux du commodore Dewey, était rappelée à Manille et se concentrait dans la baie de Cavite pour coopérer à la défense de la capitale des Philippines.

Le lendemain de son départ, l'escadre américaine occupait la baie de Subic et lançait vers le Sud ses éclaireurs.

Elle était bientôt signalée au large de Bolinao, point d'atterrissement du câble qui relie Luzon à Hong-Kong et à l'Europe. Le contact était pris entre les escadres ennemies ; la première rencontre sérieuse ne pouvait tarder.

Elle eut lieu le 1er mai à la pointe du jour. Voici d'ailleurs le rapport officiel télégraphié le jour même à Madrid par le général Augusti, gouverneur général des Philippines :

« Hier soir, à 11 h. 1/2, des coups de canon des batteries à l'entrée du port annoncèrent l'approche de l'escadre ennemie qui, à la faveur de l'obscurité de la nuit, put forcer la passe. Au lever du jour, l'escadre américaine se déploya en face de Cavite et de l'arsenal, ouvrant un feu très nourri sur notre escadre. Celle-ci soutint brillamment le combat, protégée par les batteries de Cavite et de Manille, et obligea l'ennemi, qui a souffert de grandes avaries, à faire différents changements de manœuvres.

« A 9 heures, l'escadre américaine se retira dans la baie, où elle est mouillée derrière les bâtiments marchands étrangers. Notre escadre, en raison de la supériorité excessive de l'ennemi, a assez souffert. Le feu a pris à bord de la *Reina-Cristina* et un autre bâtiment a sauté. On les considère comme perdus. Nous avons eu des pertes sensibles, parmi lesquelles le commandant Cadarso de la *Reina-Cristina*. L'esprit de la marine, de l'armée et des volontaires est très ferme. »

De son côté, l'amiral Montojo transmettait les renseignements suivants :

« Hier, au milieu de la nuit, l'escadre américaine a réussi à forcer le port. Avant le point du jour s'est présentée devant Cavite une ligne composée de huit navires. A 7 h. 1/2, la proue de la *Reina-Cristina*, vaisseau amiral, a pris feu. Peu de temps après, la poupe était aussi en flammes. Je me transportai avec mon état-major sur l'*Isla-de-Cuba*. A 8 heures, la *Reina-Cristina* et la *Castilla* étaient complètement incendiées.

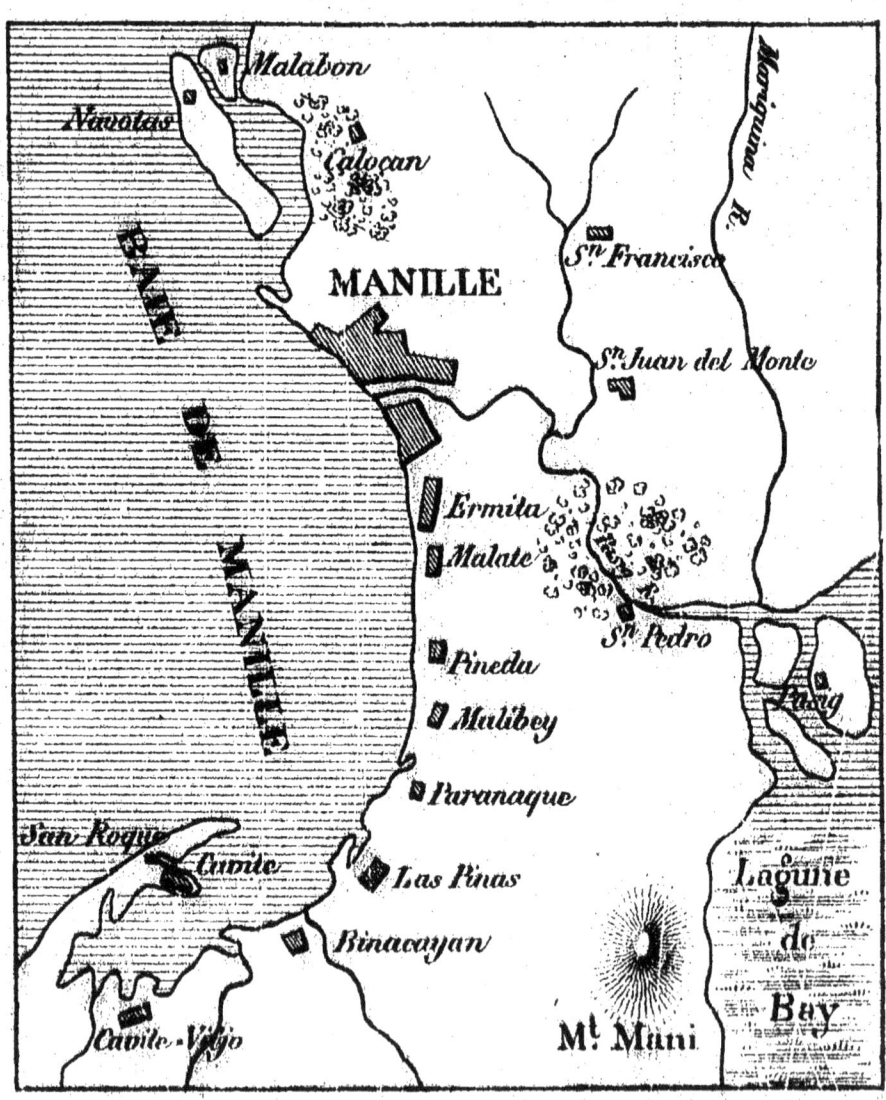

MANILLE ET CAVITE

« Les autres navires, ayant subi des dégâts, se sont

retirés dans la baie de Baccor, et il a fallu en couler quelques-uns pour éviter qu'ils ne tombassent au pouvoir de l'ennemi. Les pertes subies sont nombreuses, entre autres celles du capitaine de vaisseau Cadarso, de l'aumônier et de neuf autres officiers. »

Le rapport de l'amiral, on le voit, était loin d'être aussi optimiste que celui du général Augusti. Il n'y avait pas à se le dissimuler, l'escadre des Philippines avait subi un grave échec, et les pertes attribuées aux navires américains ne suffisaient pas à en atténuer la gravité.

D'ailleurs, les nouvelles les plus désastreuses ne tardèrent pas à affluer à Madrid et dans les diverses capitales européennes.

Voici en réalité ce qui s'était passé :

Lorsque le 1er mai, à 5 heures du matin, la flotte américaine arriva à l'ancrage de Cavite, les forts ouvrirent le feu, ainsi que la flotte espagnole embossée dans la rade.

Les navires du commodore Dewey se rapprochèrent de la terre, et alors commença une terrible canonnade qui dura une demi-heure; puis les Américains suspendirent leur tir et s'éloignèrent de plusieurs milles. Mais ils revinrent bientôt à la charge, et leur grosse artillerie, tirant par salves, réduisit au silence les pièces espagnoles. Bientôt trois navires étaient en feu. Le tir des forts avait cessé.

Le combat avait duré une heure et demie; les Espagnols s'étaient comportés bravement en présence de forces supérieures. Leurs pertes étaient considérables; celles des Américains insignifiantes.

En résumé, la perte de l'escadre des Philippines était complète; l'amiral Montojo dut en faire l'aveu le 2 mai; et la ville de Manille, bloquée du côté de la mer par la flotte des États-Unis, du côté de la terre par les Tagals révoltés, ne devait point tarder à capituler.

Quelles étaient les causes du désastre?

Il y en a deux principales : d'abord la supériorité de la flotte américaine sur la flotte espagnole.

Les navires de l'escadre d'attaque étaient les suivants :

L'*Olympia*, battant pavillon du commodore Dewey, croiseur neuf de 5,870 tonnes, armé de 4 canons de 203^{mm}, accouplés en tourelles; de 10 canons de 127^{mm}, et de 14 de 57^{mm}, toutes ces pièces à tir rapide. La protection à la flottaison était assurée par un cofferdam en cellulose comprimée et par un cuirassement de 100 millimètres aux barbettes des pièces de 203 et de 127^{mm}. L'épaisseur du pont cuirassé variait de 76 à 120 millimètres.

Le *Baltimore* est un peu plus faible comme tonnage (4,563 tonnes) et sa protection est moins forte; il est également pourvu d'un cofferdam rempli de cellulose et l'épaisseur de son pont cuirassé varie de 5 à 10 centimètres. Son artillerie comprend 4 canons de 203^{mm}, 6 de 152^{mm}, 4 de 57^{mm} et 2 de 47^{mm}.

Les croiseurs *Boston* et *Raleigh*, qui ont un déplacement sensiblement égal (3,183 et 3,189 tonnes), diffèrent l'un de l'autre par l'artillerie et par la protection.

Le *Boston*, lancé en 1884, porte 2 canons de 203^{mm}, 6 de 152^{mm}, 2 de 57^{mm}, et 2 de 47^{mm}; son cuirassement au pont est de 38 millimètres; le type qu'il représente n'est pas très apprécié dans la marine américaine.

Le *Raleigh*, qui date de 1892, a un cuirassement de 100 millimètres au pont et de 76 aux tourelles. Son artillerie comprend 1 canon de 152^{mm}, 10 de 127^{mm}, et 8 de 57^{mm}.

La canonnière *Concord* déplace 1700 tonnes; la canonnière *Petrel* en déplace 890 seulement. La première est armée de 6 canons de 152^{mm} et de 6 de 57^{mm}; l'autre n'a que 4 pièces de 152^{mm} et 4 de 57^{mm}. Les deux canonnières ont un pont cuirassé de 90 millimètres d'épaisseur.

La vitesse respective de ces six bâtiments est bien différente. Tandis que l'*Olympia* file jusqu'à 21 nœuds, le *Boston* et les canonnières n'ont jamais pu dépasser 14 nœuds.

L'*Olympia* peut franchir 13,000 milles à 10 nœuds sans se ravitailler; à la même vitesse, le *Raleigh* ne peut en franchir que 2,500.

Remarquons qu'en prévision du manque de combustible le commodore Dewey s'était fait accompagner des navires-charbonniers *Nanshen* et *Zafiro*.

Quelles forces l'amiral Montojo avait-il pu opposer aux puissants navires américains ?

Trois croiseurs, l'*Isla-de-Cuba*, l'*Isla-de-Luzon* et la *Reina-Cristina*; les deux premiers de 1046 tonnes, avec un armement de 4 canons de 120^{mm} et 4 de 57^{mm}, et un pont cuirassé de 62 millimètres; le troisième déplaçant 3,090 tonnes, armé de 6 pièces de 160^{mm}, 2 de 70^{mm}, 7 de 57 et 42^{mm}, mais n'ayant ni cofferdam ni cuirasse.

Tous les autres bâtiments, le *Don-Antonio-de-Ulloa*, le *Don-Juan-d'Austria*, le *Velasco*, le *Castilla*, étaient de modèles surannés, en fer et en bois, non protégés et armés à la hâte de pièces de calibre inférieur.

Quant aux canonnières fort nombreuses aux Philippines, telles le *Mindanao*, le *Quiroz*, le *Villalobos*, l'*Elcano*, le *Général-Lezo* et le *Marques-del-Duero*, elles étaient sans doute suffisantes pour guerroyer contre les Tagals ou contre les pirates chinois et malais, mais absolument hors d'état de se mesurer avec les beaux navires américains.

La deuxième cause de la défaite des Espagnols était la négligence ou l'inexplicable imprévoyance qui avait présidé aux préparatifs de la défense côtière.

Comment expliquer que les batteries bien servies, armées de canons puissants, de l'île du Corregidor, à l'entrée de la baie de Manille, ne soient intervenues que pour annoncer par des salves inutiles le passage de la flotte américaine ?

Par quel oubli véritablement coupable, sans parler des projecteurs électriques absents, les eaux de la vaste baie au fond de laquelle s'étale Manille n'avaient-elles pas été semées de torpilles et de mines sous-marines ?

Certes, il paraît acquis que l'amiral Montojo, son état-major et ses équipages ont fait vaillamment leur devoir, mais le gouverneur de la place, les bureaux de la marine, les états-majors de la défense, n'ont-ils pas à se reprocher des défaillances du temps de paix, causes premières du désastre de Cavite ?

Quoi qu'il en soit, les forces navales de l'Espagne dans l'océan Pacifique étaient détruites, et l'escadre américaine maîtresse de la baie.

Après avoir fait du charbon auprès de ses transports *Nanshen* et *Zafiro*, elle rasa les ouvrages fortifiés de Cavite et vint s'embosser devant Manille même.

Le commodore Dewey fit alors demander au gouverneur de Manille, par l'intermédiaire du consul d'Angleterre, la reddition de la ville, des bureaux du câble, des armes restées à bord de quelques navires échappés au désastre, déclarant qu'en cas de refus, il bombarderait Manille dans les 24 heures.

Le gouverneur espagnol refusa, malgré les efforts du consul anglais pour arriver à une entente honorable pour les autorités espagnoles.

Toutefois, le commodore Dewey ne mit pas ses menaces à exécution. Il détacha vers Bolinao, point d'atterrissement du câble, un navire à marche rapide qui en prit possession ; puis, attendant des instructions, il se contenta d'établir le blocus de la ville.

Il lui eût d'ailleurs été difficile, avec ses deux mille marins, de tenter un débarquement dans la capitale des Philippines qui comptait 25,000 hommes de garnison, répartis dans les forts de San-Antonio, Malexon, Malate, Luneta, Pastel, Miralla et Santa-Lucia-del-Pilar.

Il n'avait point encore combiné son offensive avec les bandes d'Aguinaldo ; il fit ce qui était le plus raisonnable ; il attendit.

La nouvelle de la bataille de Cavite fut accueillie aux États-Unis avec un enthousiasme indescriptible : Des démonstrations populaires comme savent seuls en faire les jingoes américains eurent lieu dans les principales villes de l'Union. La municipalité de New-York ordonna que la journée du 5 mai serait considérée comme jour de fête en l'honneur de la victoire de Manille.

La fête prendrait le nom de « Dewey day », le jour de Dewey, le vainqueur du combat naval de Cavite. Toutes les banques et bourses seraient fermées pour permettre aux employés de prendre leur part des réjouissances populaires.

Le Sénat américain ouvrit sa séance en faisant réciter par le chapelain les actions de grâces suivantes, que nous croyons intéressant de citer intégralement.

« Nous Te rendons grâce du fond du cœur de la bonne nouvelle qui nous arrive d'au delà des mers, nous annonçant la victoire dont Tu couronnes la discipline et la valeur des officiers et des hommes de notre escadre d'Asie. Nous Te bénissons de pouvoir offrir le spectacle magnifique et sans exemple d'une nation faisant la guerre non par esprit de conquête, ni par soif de l'or, ni par ambition, ni pour la satisfaction d'une vengeance, mais enrôlant tout son peuple pour soutenir la cause des pauvres, des nécessités et des opprimés. »

En Espagne, la nouvelle du désastre de Cavite fut accueillie avec stupeur.

Quelques jours auparavant, le télégraphe avait annoncé à la population madrilène que l'escadre espagnole marchait à la rencontre de la flotte américaine pour lui barrer le chemin de Manille ; il n'en avait pas fallu davantage pour enthousiasmer la foule. On ne doutait pas que la bravoure de l'amiral Montojo, dont le nom est si populaire, et celle des marins espagnols compenserait une inégalité de forces dont on ne se rendait pas compte après la pompeuse énumération publiée par le ministère de la marine des navires composant l'escadrille des Philippines.

En apprenant que la flotte d'Asie était complètement

détruite, que le commandant Cadarso et 400 officiers et matelots avaient trouvé la mort dans cette lutte inégale, un voile de deuil se répandit sur la ville. Le premier moment de stupeur pa..é, une vive agitation se manifesta, qui dégénéra bientôt en désordres. Ceux-ci allèrent se perpétuant et croissant de jour en jour, à tel point que le gouvernement dut proclamer l'état de siège. Des soulèvements, facilement réprimés d'ailleurs, se produisirent dans diverses villes de la péninsule, à Valence, à Talavera, à Gijon.

Aux Cortès, des discussions pénibles eurent lieu entre partisans et adversaires du gouvernement de la reine; et il faut bien l'avouer, l'attitude des amis du général Weyler, l'ancien gouverneur de Cuba, laissait facilement deviner que le général n'était point étranger aux embarras du gouvernement.

Son chef, M. Sagasta, s'exprimait à ce sujet en termes assez vifs et regrettait le « spectacle donné aux ennemis du pays, alors que le premier coup de canon aurait dû trouver tous les partis, tous les Espagnols unis pour l'œuvre patriotique commune ».

Il adressait un hommage respectueux aux marins morts et soutenait la nécessité de se montrer plus énergique encore après l'échec subi.

Il terminait en faisant un appel à l'union de tous les partis et en demandant aux Cortès d'adopter tous les crédits destinés à couvrir les dépenses de la guerre.

« Je vous le demande, s'écriait-il, au nom des soldats, au nom de la patrie.. »

De son côté, le ministre de la guerre déclarait — ce qui était peut-être bien hasardé — que jamais l'ennemi ne mettrait le pied dans la place de Manille, dont la garnison était assez forte pour repousser toute agression.

Le ministre de la marine plaidait les circonstances atténuantes pour son administration, arguant de l'impossibilité technique qu'il y avait d'établir certaines défenses sous-marines dans la baie de Manille.

Enfin la reine régente, se renfermant strictement dans son rôle constitutionnel, se contentait de télégraphier au pape que la défaite de Cavité avait été matérielle et non morale, et sollicitait de nouveau sa bénédiction pour les armes espagnoles.

CHAPITRE IX

L'ESCADRE FANTÔME

L'incident du *La Fayette*. — Dans les eaux de la Havane. — Une chasse au steamer. — Navire capturé. — Protestations de M. Cambon. — Le *La Fayette* est relâché. — Tentative sur Cardenas. — Le *Wilmington* et l'*Hudson*. — Bombardement de Cienfuegos. — A l'embouchure de l'Ariman. — Devant Cabanas et Bahia-Honda. — L'escadre fantôme. — L'amiral Cervera. — Dans la mer des Antilles. — Nouvelles contradictoires. — Le *Viscaya* à Fort-de-France. — Incertitudes américaines. — Les dispositions de l'amiral Sampson. — L'escadre espagnole à Santiago de Cuba. — Un télégramme de la reine régente. — Le goulot de la bouteille. — Dans la souricière.

La plus grande partie du mois de mai se passa sans être marquée par des événements importants. Seuls, pendant la première quinzaine de ce mois, l'incident du *La Fayette* et les tentatives des Américains sur Cardenas et sur Cienfuegos méritent une mention quelque peu détaillée.

Le transatlantique français *La Fayette*, commandé par le capitaine Le Chapelain, était parti de Saint-Nazaire le 21 avril, avait touché le 22 à Santander et le 23 à la Corogne.

Il avait reçu l'ordre de se présenter devant la Havane, mais si quelque obstacle s'opposait à son entrée dans le port, de continuer sa route sur Vera-Cruz.

Son chargement était composé de marchandises de toute nature, à l'exclusion de contrebande de guerre.

En quittant la Corogne, il ignorait absolument que l'état de guerre existât entre l'Espagne et les États-Unis.

En arrivant dans les eaux de Cuba, le *La Fayette* fut aperçu par les navires américains qui bloquaient la Havane et fut prévenu par signaux de ne pas essayer d'entrer dans le port, mais de se diriger vers Key-West ou le Mexique.

Le capitaine protesta, déclarant qu'il portait la malle, puis, changeant de route, il sembla se diriger vers la Vera-Cruz; mais, soudain, forçant la vapeur, il mit le cap sur le port de la Havane.

C'est alors que l'*Annapolis* lui envoya le coup de canon de semonce et se mit en chasse derrière lui; bientôt les navires *Wilmington*, *Newport* et *Marrill* se joignirent à l'*Annapolis*. Le *La Fayette* dut stopper; un équipage de prise monta à bord, et, escorté du *Wilmington*, le transatlantique français fut dirigé sur Key-West. Le tribunal des prises fut aussitôt saisi de l'affaire.

Il fut constaté qu'en effet aucune contrebande de guerre ne se trouvait à bord, que le *La Fayette* n'avait pu avoir connaissance de l'ouverture effective des hostilités entre les États-Unis et l'Espagne, et que, conséquemment, ce navire n'était pas de bonne prise.

D'autre part, notre ambassadeur à Washington, M. Cambon, avait prévenu, depuis plusieurs jours, le gouvernement américain de l'arrivée probable, à la Havane, du navire français, et sollicité pour lui l'autorisation de débarquer dans ce port les passagers et la cargaison, sans y prendre, d'ailleurs, aucun chargement.

Des instructions avaient été rédigées en ce sens pour l'amiral Sampson, mais ne lui étaient pas encore parvenues au moment de la capture du *La Fayette*.

Le commodore Watson, commandant la marine à Key-West, reçut, en conséquence, l'ordre de remettre le navire en liberté.

Le 11 mai, la flotte de blocus exécuta deux tentatives de débarquement, l'une à Cardenas, l'autre à Cienfuegos; toutes deux furent repoussées.

Le port de Cardenas, dans la baie du même nom, est situé sur la côte nord de Cuba, à 104 kilomètres à l'est de la Havane, à laquelle il est relié par chemin de fer.

La baie est protégée au nord-ouest par la longue péninsule de Bicacos, et l'entrée au nord-est en est rendue difficile par une chaîne de petites cayes (récifs) qui l'obstruent. La rade intérieure est dangereuse et accessible seulement aux navires de quatre mètres de tirant d'eau au plus.

Quelques batteries en terre avaient été élevées à la hâte pour défendre les approches de la ville. Celle-ci n'est pas fortifiée.

BAIE DE CARDENAS

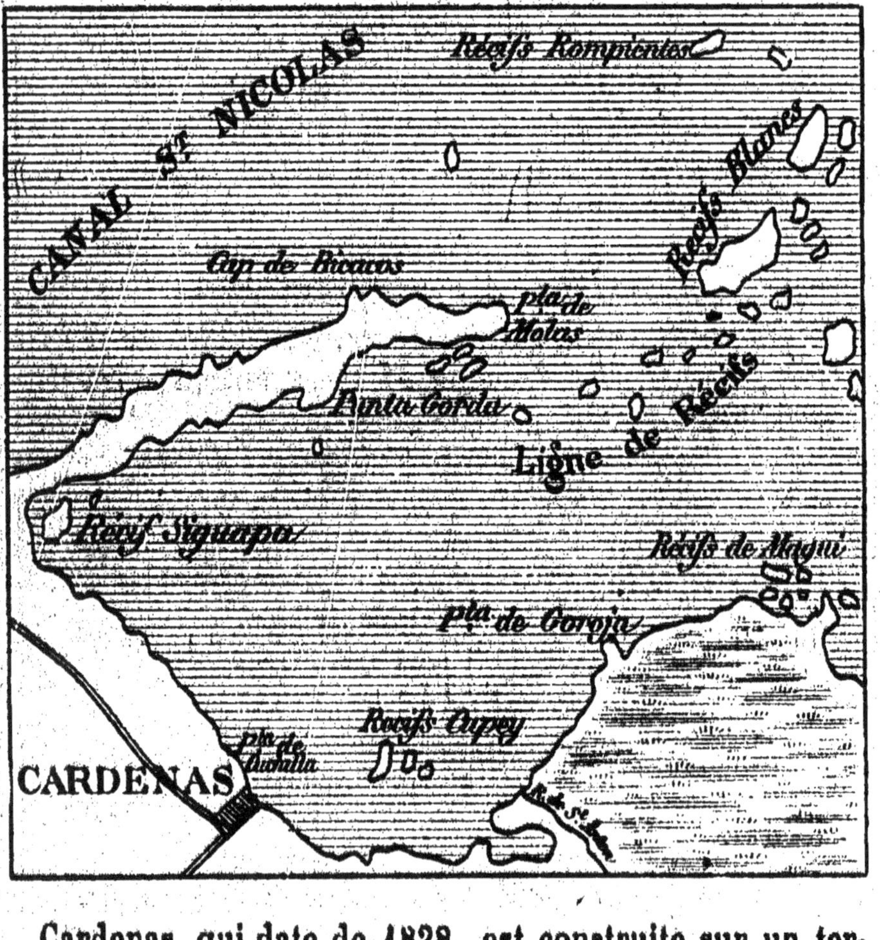

Cardenas, qui date de 1828, est construite sur un terrain marécageux. Elle compte 15,000 habitants et fait un grand commerce de sucre. Il y existe un dépôt de charbon.

Le 11 mai au matin, le croiseur américain *Winslow*, les canonnières *Wilmington* et *Hudson* et trois bâtiments de faible tonnage parurent devant Cardenas.

Une petite embarcation se détacha de l'escadre avec des troupes d'infanterie de marine. Celles-ci débarquèrent près du phare dont elles s'emparèrent, ainsi que du sémaphore, faisant prisonnier le personnel qui le desservait.

Les navires se déployèrent ensuite face à la ville et commencèrent une canonnade bien nourrie.

Le *Wilmington* et l'*Hudson* ouvrirent le feu, tirant sur les bâtiments espagnols qui se trouvaient dans le port. Quelques minutes plus tard, le *Winslow* vint prendre part à l'action.

Les pièces espagnoles ripostèrent énergiquement, et une grêle de projectiles s'abattit sur les navires américains. Bientôt, un obus, traversant la coque du *Winslow*, vint éclater dans la machinerie, détériorant les chaudières. Le navire était désormais désemparé.

L'*Hudson* se porta à son secours, et, malgré un feu terrible, lui lança des amarres et le remorqua hors de la portée des batteries ennemies.

Ce navire avait également beaucoup souffert ; les installations du pont étaient rasées, les cheminées démolies. Il continua sa route sur Key-West, transportant en Floride les blessés qui étaient nombreux.

Du côté espagnol, les marins des croiseurs auxiliaires *Ligera* et *Antonio-Lopez*, qui défendaient la baie de Cardenas, avaient vaillamment fait leur devoir. Leurs pertes, toutefois, n'étaient pas considérables.

C'est grâce à leur énergie que la ville dut de ne pas tomber au pouvoir des Américains, car elle n'avait pour se défendre que 300 volontaires assez mal organisés.

Le même jour, et presque à la même heure, les troupes espagnoles de Cienfuegos repoussaient également une tentative de débarquement faite par les Américains.

Cienfuegos est située au fond de la baie de Jagua, qui

s'ouvre vers le milieu de la côte sud de Cuba, à 220 kilomètres est-sud-est de la Havane.

La baie, une des plus belles de Cuba, est sûre et spacieuse, et présente une superficie de 65 kilomètres carrés ; les grands navires y trouvent un fond suffisant, mais son entrée étroite et tortueuse est défendue par un fort.

BAIE DE CIENFUEGOS

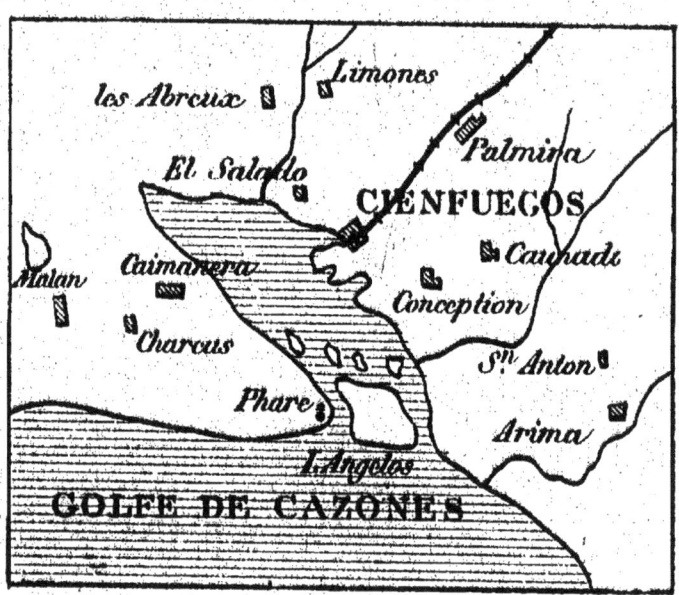

Cette ville, fondée au commencement du siècle par le Français de Clouet et une colonie de Pyrénéens et de réfugiés de Saint-Domingue, s'est beaucoup développée, grâce à un commerce considérable, et compte, avec sa banlieue, plus de 65,000 habitants.

Il y existe un dépôt de charbon et une station du câble de Cuba à la Jamaïque.

Les communications par voie ferrée sont établies avec la Havane, Cardenas, Matanzas, etc.

Dans la matinée du 11 mai, quatre navires, détachés de la flotte de blocus, commençaient à bombarder Cienfuegos, tandis que plusieurs bateaux à vapeur remorquaient huit grandes embarcations, chargées d'armes et de munitions, destinées aux insurgés cubains, et s'approchaient de la côte, cherchant à les débarquer.

Plusieurs bataillons d'infanterie régulière espagnole et de volontaires, déployés sur le rivage, exécutèrent des feux de salve sur les embarcations, qui durent se retirer rapidement.

En même temps, la batterie du phare de Cienfuegos et l'artillerie de la côte entrèrent en action. Plusieurs de leurs projectiles vinrent tomber en plein milieu des embarcations. Celles-ci s'éloignèrent et se portèrent à l'embouchure de l'Arimao pour y tenter le débarquement. Mais des troupes, envoyées de Caunado et la Conception, déjouèrent leurs projets, et, par un feu nourri, les forcèrent à se retirer.

Au cours de cette tentative infructueuse sur Cienfuegos, 800 coups de canon avaient été tirés, sans compter le feu des mitrailleuses; les Espagnols n'avaient perdu qu'une vingtaine d'hommes. Les pertes des Américains paraissent avoir été beaucoup plus considérables.

D'autres essais de débarquement furent tentés les jours suivants sur les différents points de la côte cubaine; tels celui de Bahia-Honda, port de la province de Pinar del Rio, à l'ouest de la Havane; celui de Jicotea, bombardé par trois navires; celui de Cabanas où le *Gussie*, accompagné de deux canonnières, parvint à jeter à terre quelques troupes; celles-ci durent d'ailleurs se rembarquer rapidement devant la contenance énergique des Espagnols.

Ces divers débarquements étaient combinés avec des concentrations de forces insurgées qui furent battues en plusieurs rencontres, notamment à San-Miguel, à quelques kilomètres de Cardenas.

L'insuccès de ces diverses tentatives, l'approche présumée de l'escadre de l'amiral Cervera, et surtout les difficultés sans cesse renaissantes de l'organisation du corps expéditionnaire américain, destiné à opérer contre Cuba et Porto-Rico, eurent pour effet de beaucoup retarder le départ des troupes américaines concentrées à Tampa sous le commandement suprême du général Miles.

S'il est une force navale qui ait à juste titre mérité le nom d'escadre fantôme, c'est à coup sûr celle de l'amiral Cervera, commandant des navires espagnols destinés à opérer dans les eaux des Antilles.

Si nous remontons de quelques semaines en arrière, nous voyons que le 29 avril, à une heure de l'après-midi, l'escadre de l'amiral Cervera appareillait du cap Saint-Vincent (pointe méridionale du Portugal) et se dirigeait vers le Sud.

A la nouvelle de son départ, le gouvernement des États-Unis faisait éteindre les fanaux de Sandy-Hook, à l'entrée du port de New-York, et déplacer les bateaux-phares jalonnant le chenal.

Des ordres confidentiels étaient en même temps adressés à l'escadre volante du commodore Schley, à Hampton-Roads. D'après les bruits en cours, cette escadre devait rallier les meilleurs marcheurs de l'escadre Sampson devant Cuba et se porter ensuite à toute vitesse à la rencontre de l'escadre Cervera pour la détruire avant son arrivée aux Antilles. L'amiral Sampson ne laisserait devant la Havane que les forces strictement nécessaires pour maintenir le blocus.

Cette hypothèse se confirmait par les dépêches expédiées de Key-West, annonçant que les principaux navires de l'escadre étaient arrivés successivement dans ce port pour s'y recompléter en charbon et en approvisionnements de toute nature.

C'est ainsi que le *New-York*, l'*Iowa*, l'*Indiana* et le *Puritan* avaient successivement mouillé à Key-West et étaient repartis immédiatement pour Cuba.

Il semblait d'ailleurs, au gouvernement de M. Mac Kinley, d'autant plus important de se hâter, que le 5 mai un décret de la reine régente d'Espagne avait confié le commandement d'une nouvelle escadre dite escadre de réserve au contre-amiral don Emanuel de la Camara y Havermoore, et que jour et nuit on travaillait à Cadix pour que cette escadre pût prendre rapidement la mer.

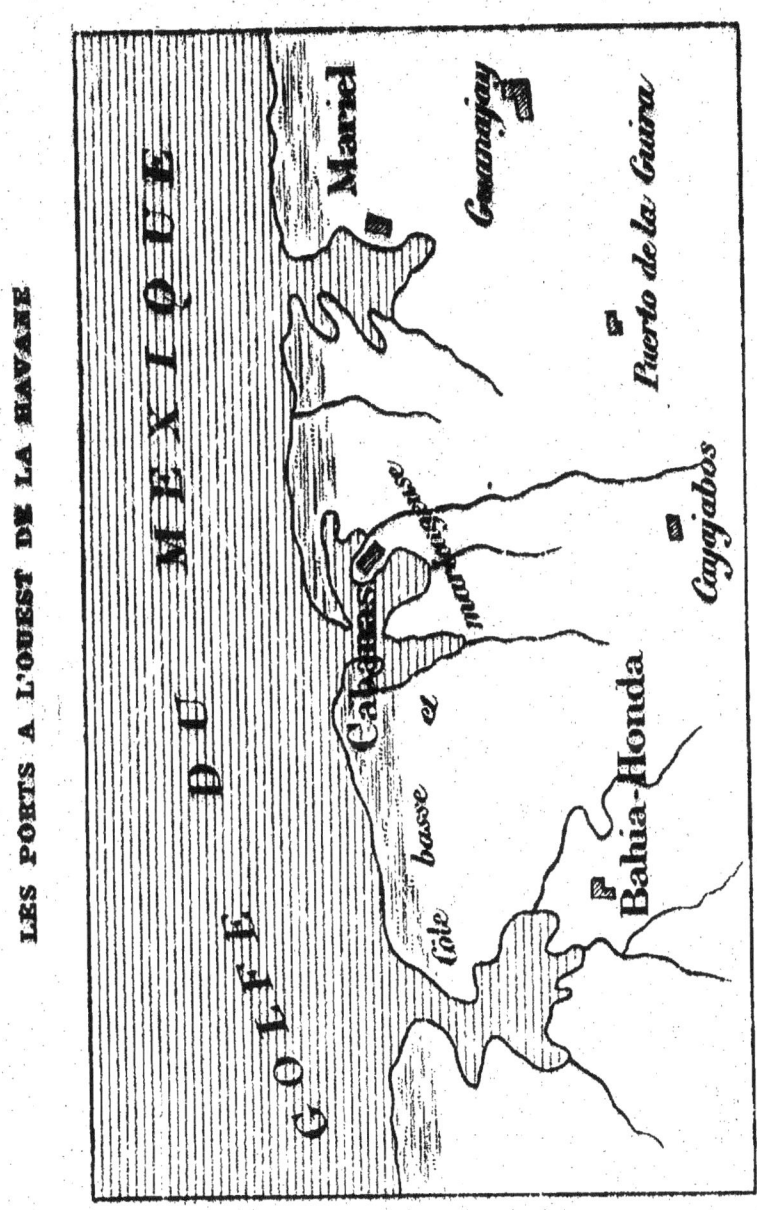

LES PORTS A L'OUEST DE LA HAVANE

Les télégrammes contradictoires abondaient d'ailleurs. C'est ainsi que d'après des informations arrivées de Lisbonne, l'escadre de l'amiral Cervera n'avait point quitté les îles du Cap-Vert, mais au contraire remonterait vers l'Europe pour opérer sa jonction avec l'escadre Camara et repartir ensuite, en masse, vers les côtes américaines.

Une autre information, de source américaine celle-là, annonçait que la flotte du Cap-Vert (escadre Cervera) était aux Canaries où elle attendait l'arrivée de l'escadre Camara.

Quoi qu'il en soit, l'amiral Sampson avait donné mission à deux croiseurs auxiliaires, le *Harward* et le *Yale* (anciens steamers *New-York* et *Paris*) de naviguer vers l'est jusqu'à la rencontre de la flotte espagnole et, dès qu'ils l'auraient découverte, de gagner à toute vapeur la station télégraphique la plus rapprochée pour se mettre en communication avec Washington.

Les mouvements de l'amiral devaient se subordonner aux informations de ses éclaireurs ; aussitôt la flotte espagnole signalée il rallierait l'escadre du commodore Schley et barrerait la route à la flotte espagnole, avant qu'elle pût se réapprovisionner en charbon dans un port de Cuba ou de Porto-Rico.

Le 8 mai, un télégramme de Charleston (Caroline du Sud) annonçait que la flotte espagnole avait été rencontrée par un aviso dans les eaux américaines. Les milices couraient aux armes.

Il est vrai que le même jour une dépêche de Washington affirmait que la même flotte était en vue de Saint-Thomas ou de la Martinique, et, comme au même moment l'amiral Sampson avec douze navires se trouvait dans les environs de Porto-Rico, on ne doutait pas qu'un engagement dût se produire à très bref délai.

Le même jour, 8 mai, l'amiral Camara prenait à Cadix le commandement de l'escadre de réserve, prête à appareiller pour une destination tenue absolument secrète.

Le 9 mai, le *Standard* annonçait que l'amiral Sampson croisait sur les côtes d'Haïti.

Les bruits les plus divers étaient mis en circulation sur la présence, dans ces parages, de la flotte espagnole.

Divers navires neutres affirmaient l'avoir rencontrée au large de Porto-Rico.

D'autres déclaraient avoir entendu une violente canonnade, indice d'une rencontre entre les deux adversaires.

Enfin, on annonçait comme certain qu'aussitôt après la défaite des Espagnols sur mer, M. Mac Kinley prescrirait au corps expéditionnaire de 50,000 hommes concentré à Tampa et Chickmanga de prendre l'offensive à Cuba. Soixante transports avaient déjà été frétés dans ce but et le gouvernement était en pourparlers pour en affréter encore 250.

Le 11 mai, un bruit étrange se répandait à Madrid et provoquait les commentaires les plus variés. On affirmait que l'escadre de l'amiral Cervera, bien loin de se trouver dans les eaux des Antilles comme on le pensait, voguait bien tranquillement vers Cadix. L'attaché naval américain à Londres, le lieutenant de vaisseau Cowelt, aurait même, affirmait-on, télégraphié à son gouvernement que quatre croiseurs et trois torpilleurs de la flotte du Cap-Vert auraient mouillé, de nuit, dans le grand port militaire espagnol.

Est-il besoin d'observer que ce bruit était absolument dépourvu de vraisemblance.

Au moment où il intriguait les marins des deux mondes, l'amiral Cervera, pour son malheur, se préparait à entrer triomphalement dans la souricière de Santiago de Cuba.

Il n'en est pas moins vrai que les diplomates escomptaient ce bruit comme une réalité et en tiraient cette déduction que l'Espagne, convaincue de l'impossibilité de défendre Cuba et Porto-Rico contre les navires américains, concentrait ses forces et prenait sur les côtes ibériques une attitude purement défensive.

Cependant, les croiseurs américains *Columbia* et *San-Francisco* continuaient leur recherche de la flotte espagnole que l'on signalait avec persistance au large de l'île du Sable, près d'Antigoa (Antilles anglaises).

Ne passons pas non plus sous silence cette opinion qu'une partie de l'escadre du Cap-Vert aurait pris le chemin des Philippines.

Celle-là, du moins, ne tenait pas debout; il eût fallu, pour qu'on pût la discuter sérieusement, que des navires espagnols eussent passé dans la Méditerranée se rendant à Suez; et aucun navire n'avait été signalé franchissant le détroit de Gibraltar.

Le 13 mai, la nouvelle du retour en Europe de l'escadre Cervera était, elle aussi, démentie. Bien au contraire, le journal *Heraldo* affirmait tenir de source certaine que la flotte du Cap-Vert avait fait relâche à Fort-de-France (Martinique) le 12 mai et qu'elle ne séjournerait dans ce port que le temps nécessaire pour effectuer certaines réparations urgentes au navire *Viscaya*, qui avait éprouvé des avaries en cours de route.

Cette fois l'information était en partie vraie; l'escadre fantôme était retrouvée.

Le département de la marine américain faisait connaître, le 14 mai, que l'escadre espagnole était signalée à l'ouest de la Martinique. Il prescrivait au commodore Schley, commandant l'escadre volante de Hampton-Roads, de cingler vers les Antilles. Celle-ci appareillait le jour même.

Mais l'incertitude sur les projets de l'amiral Cervera ne laissait pas que d'embarrasser beaucoup les Américains sur la destination définitive à donner à cette escadre, car les deux tronçons en lesquels était, à ce moment, divisée l'escadre Sampson, l'un à Cuba, l'autre à Porto-Rico, pouvaient, l'un et l'autre, avoir besoin du concours de l'escadre volante.

Pourtant, il semble que dans les conseils de l'amirauté, on ait, à ce moment, jugé que les onze navires de l'amiral Sampson suffisaient à battre la flotte de l'amiral Cervera; on télégraphia en conséquence à l'amiral Sampson de quitter Porto-Rico et de se lancer à la recherche de l'amiral espagnol pour le couper des ports de ravitaillement des Antilles.

Le 15 mai, on retombe dans l'incertitude, relativement à la situation de l'escadre Cervera.

Depuis qu'elle a été signalée dans les eaux de la Martinique, il n'est pas de points de la mer des Antilles où des gens dignes de foi n'aient aperçu, le même jour et à la même heure, ses croiseurs.

D'une part, une dépêche signale trois navires de guerre espagnols au large du Brésil, guettant, pour les intercepter au passage, les navires américains *Oregon*, *Marietta* et *Nictheroy*, qui viennent de quitter Bahia. D'autre part, on dit que deux torpilleurs espagnols attendent, dans le canal de la Martinique, le croiseur auxiliaire *Harward* (ancien transatlantique *New-York*), qui se trouve à Fort-de-France pour réparer des avaries. Dans ce même port, et pour le même motif, se trouve le contre-torpilleur espagnol *Terror*.

Voilà donc déjà six bâtiments sur sept, composant l'escadre du Cap-Vert, qui seraient disséminés un peu partout, alors que, d'autre part, le gouvernement américain aurait reçu avis que cette flotte serait dans les parages de Curaçao, la petite Antille hollandaise, à une centaine de milles au large des côtes du Venezuela, se dirigeant, à toute vapeur, vers les côtes sud de Cuba.

Elle aurait donc fait à ce moment, si cette dernière version est la vraie, 650 milles sur les 1400 qui séparent la Martinique de la Havane, et se trouverait à peu près à moitié route de ce port. Si, depuis qu'elle a été signalée, elle a conservé sa vitesse de 20 nœuds à l'heure, elle doit être dans les eaux de Cuba, et alors la question se   de savoir si l'amiral Sampson ou le commodo.   i-veront à temps pour renforcer la flottille qui b.   ue la côte cubaine et l'empêcher d'être écrasée.

Aux États-Unis on est sans nouvelles de l'amiral Sampson depuis qu'il a quitté Porto-Rico, laissant un seul navire en vue de ce port. On ne sait s'il s'est dirigé vers la Martinique ou s'il remonte vers la Havane, dont 800 milles marins le séparent.

Quant au commodore Schley, il croise dans les environs de Charleston, attendant des ordres. Son escadre comprend le croiseur *Brooklyn*, les cuirassés *Massachusetts* et *Texas* et le yacht protégé *Scorpion*.

Il ne recevra sa destination définitive que lorsqu'on saura au juste la direction qu'a prise l'escadre Cervera. En attendant, les éclaireurs américains surveillent, à cet effet, les trois passages de la Mona, entre Saint-Domingue et Porto-Rico ; du Yucatan, entre Cuba et la terre ferme, et de Windward, entre Saint-Domingue et Cuba.

Le 16 mai, on retrouve des traces certaines de l'escadre fantôme. Le *Vizcaya* et le *Maria-Teresa* sont allés faire du charbon et des vivres à Curaçao ; le reste de l'escadre stoppait à l'entrée du port. L'amirauté américaine en conclut que la destination immédiate de cette flotte est le golfe du Venezuela, où du charbon a été apporté d'Angleterre avant la proclamation de la neutralité, et que cette escadre cherche à entrer dans un port cubain pour y attendre l'arrivée de l'escadre de réserve de l'amiral Camara.

Dans cette conjecture, l'amiral Sampson reçoit l'ordre de se rapprocher des côtes de Cuba, sans toutefois trop s'éloigner de Porto-Rico ; le commodore Schley quitte les eaux de Charleston et cingle vers la Havane pour y devancer, au besoin, l'amiral Cervera.

Le département de la marine à Washington était absolument dérouté par les mouvements mystérieux de l'escadre du Cap-Vert, sur lesquels le secret, jusqu'ici, avait été si bien gardé.

Les dernières nouvelles vraisemblables arrivées en Amérique permettaient de croire à une tentative énergique faite par les Espagnols, pour entrer soit à la Havane, soit à Cienfuegos, soit à Santiago de Cuba.

Dans cette hypothèse, l'amiral Sampson devait gagner le large de Cienfuegos pour surveiller la côte sud de l'île ; le commodore Schley rallierait, au contraire, les eaux de Key-West pour surveiller la Havane et le canal de Yucatan. Il pourrait du même point se porter, en cas de danger, vers les côtes de la Floride, pour faire sa jonction avec une autre escadre volante que l'on organisait à Princeton, sous le commandement du commodore Howell.

Mais observons de suite que ces nouvelles dispositions laissaient libre la route de Santiago de Cuba, le principal dépôt de charbon dans les Antilles.

Parmi les nombreuses fausses nouvelles mises en circulation à cette époque (18 mai), signalons seulement celle-ci, qui produisit une panique énorme en Amérique : c'est qu'une nouvelle escadre espagnole, tombée on ne sait d'où, avait paru dans la mer des Antilles. Cette nouvelle fut d'ailleurs rapidement démentie.

Le plan de l'amiral Cervera paraissait être d'éviter, pour le moment, une rencontre, et de harceler et d'inquiéter ses adversaires, d'entraver leur commerce, en ayant soin, toujours, de les empêcher de garder le contact avec lui par leurs éclaireurs.

Jusqu'ici, nous l'avons vu, il avait parfaitement atteint son but.

Et même, en ce moment où les limites du futur champ de bataille se rétrécissent de plus en plus, on ne sait pas exactement, dans le camp opposé, quelle direction a pris l'escadre du Cap-Vert.

Depuis qu'à Curaçao elle a embarqué 700 tonnes de charbon et remis ses machines en état, l'escadre fantôme a disparu.

Les Américains ont remarqué que, contre l'ordinaire, le phare du Morro, contre la Havane, est allumé chaque nuit. L'amiral Cervera voudrait-il forcer le blocus ? D'autre part, des torpilleurs espagnols sont de nouveau signalés à Porto-Rico.

Enfin, le 19 mai, toutes les légendes, tous les racontars relatifs aux forces de l'amiral Cervera, tombent comme par enchantement.

Une dépêche officielle annonce que l'escadre du Cap-Vert est entrée dans le port de Santiago de Cuba, sur la côte sud, à l'extrémité de la grande Antille.

En arrivant à Santiago, l'escadre Cervera aperçut deux navires américains qui, en présence de leur infériorité évidente, se retirèrent à toute vapeur. C'étaient deux croiseurs détachés de l'escadre Sampson qui avaient reçu l'ordre de couper le câble de la Jamaïque et de sommer de se rendre les forts de Santiago. L'une et l'autre de leurs entreprises avaient d'ailleurs échoué, et, après avoir envoyé une centaine d'obus dans le terre-plein des forts, ils regagnèrent l'escadre, ayant subi quelques avaries. Leur attaque sur le front de mer avait été combinée avec une attaque du côté de la terre, exécutée par une bande d'insurgés commandés par Calixto Garcia. Celui-ci était également obligé de se retirer.

Le port de Santiago, le troisième de l'île de Cuba, est la capitale de la province orientale de l'île, celle où l'insurrection a le plus de force. Il est situé sur la côte sud, à 225 lieues de la Havane, au fond d'une rade longue de 9 kilomètres, d'une largeur variable, bien abritée, et dont le chenal étroit et sinueux est d'un accès très difficile pour les navires de gros tonnage.

Ce chenal, à l'endroit le plus étroit, n'a que 160 mètres. L'entrée en est défendue par le château du Morro et plusieurs forts avancés.

La ville, une des plus anciennes de l'île, a une population de 70,000 habitants ; elle est bâtie en amphithéâtre à l'extrémité nord-est de la baie, qui peut offrir un abri à toute la flotte espagnole.

Comme nous l'avons vu, Santiago possède un dépôt de charbon considérable. Il y existe également une station du câble français et du câble anglais, que les Américains ont vainement tenté de couper pour intercepter les dernières communications de Cuba avec l'Espagne.

L'annonce de l'arrivée de l'escadre du Cap-Vert à Santiago de Cuba fut accueillie à Madrid avec une vive satisfaction. D'après un télégramme de l'amiral Cervera, les navires étaient en parfait état; les équipages très alertes. La population avait fait aux marins un accueil enthousiaste. Le gouvernement de la reine régente envoya un télégramme de félicitations à l'amiral.

L'impression première, en Amérique, ne fut pas favorable. On était loin de supposer que l'amiral Cervera et son escadre, après avoir franchi le *goulot*, se laisserait enfermer au fond de la *bouteille;* on croyait, ce qui était logique, qu'après s'être ravitaillé il se hâterait de sortir de cette souricière et recommencerait dans l'immensité de la mer sa course échevelée. Déjà même des télégrammes de Madrid annonçaient que l'amiral avait déjà quitté Santiago, et aux États-Unis on en voulait un peu à l'amiral Sampson d'avoir laissé échapper sa proie.

Il n'en était rien; l'amiral Cervera allait s'immobiliser dans la rade et laisser aux navires américains le temps de venir boucher le goulot de la bouteille.

L'escadre fantôme était désormais bel et bien prisonnière.

CHAPITRE X

LES AMÉRICAINS A MANILLE

A Porto-Rico. — En vue de San-Juan. — Quelques heures de bombardement. — Le blocus de Manille. — La canonnière *Callao*. — Les Tagals. — Ajournement des Cortès. — Un nouveau cabinet. — L'escadre Camara. — Dans la mer des Antilles. — Mort du chef insurgé Emilio Collazo. — Guantanamo et Caimanera. — L'escadre Cervera bloquée. — Des plans fantaisistes. — Les anathèmes de l'archevêque de Manille. — Le corps expéditionnaire des Philippines. — Dewey contre Augusti. — La tête d'Aguinaldo mise à prix. — Combats de Bancoor et de Cavite. — Une dépêche alarmante. — Prise de Bancoor et d'Imus. — A l'arsenal de Cadix. — Le gouverneur des îles Visayas. — A Mindanao. — L'attaque de Manille. — Sur le fleuve Zapote. — Proclamation d'Aguinaldo. — Attaque de Malate. — Le général Jaudenez.

Pour la clarté de notre récit, nous avons dû nous écarter un instant de l'ordre chronologique des faits que présente cette campagne si décousue; il nous a fallu nous lancer avec l'amiral Sampson à la recherche de l'escadre fantôme, et lorsque, par le plus grand des hasards, un fil conducteur, fort ténu d'ailleurs, nous permettait de retrouver les navires de l'amiral Cervera, nous ne pouvions plus lâcher l'extrémité de ce fil sous peine de nous égarer dans les méandres des îlots de la mer des Antilles. Mais à présent que l'escadre du Cap-Vert est bien en sûreté au fond de cette gigantesque bouteille que forme la baie de Santiago de Cuba, et qu'avec les cuirassés américains, qui déjà surveillent l'extrémité du goulot, nous sommes à peu près certains de retrouver notre escadre, nous pouvons sans inconvénient reprendre l'ordre chronologique au moment où, le 11 mai, les navires américains ont échoué dans leur tentative sur Cardenas et sur Cienfuegos.

Le lendemain de ces deux échecs, c'est-à-dire le 12 mai,

le gros de l'escadre Sampson, neuf navires, arriva en vue de San-Juan, capitale de l'île de Porto-Rico, et, au lever du soleil, ouvrait le feu sur les forts qui défendent la ville. Le cuirassé *Iowa* tira le premier, puis l'*Indiana* et successivement les autres navires de l'escadre. Après quelques heures de bombardement, les navires américains se retirèrent.

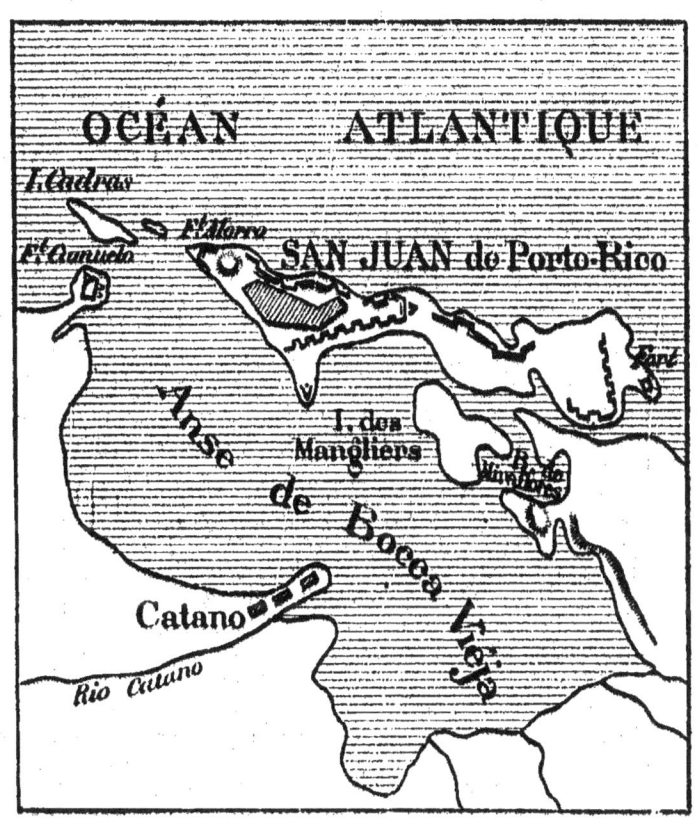

SAN-JUAN DE PORTO-RICO

Comme des versions très contradictoires ont été publiées sur l'attaque de San-Juan, et que l'on a prétendu même que la ville, saccagée et à moitié détruite, avait capitulé, nous donnons ici la dépêche officielle de l'amiral Sampson, qui remet les choses au point et n'est pas en contradiction avec la relation espagnole :

« Une partie de l'escadre sous mes ordres est arrivée ce

matin, au point du jour, à San-Juan. Aucun navire armé n'a été aperçu dans le port. Dès que le jour a été suffisant, j'ai commencé l'attaque par le bombardement des batteries défendant la ville. Le bombardement a duré environ trois heures. Les batteries ont souffert beaucoup de notre feu, ainsi qu'une partie de la ville les avoisinant. Les batteries ont répondu à notre feu, mais sans effet notable. Un homme a été tué à bord du *New-York* et sept ont été légèrement blessés dans l'ensemble de l'escadre. Nos vaisseaux n'ont pas souffert. »

Les Espagnols, il est vrai, prétendent que le feu des Américains ne causa que de légers dégâts dans une caserne; c'est peu vraisemblable si l'on tient compte de la précision et de la puissance du tir moderne.

Mais, quoi qu'il en soit, il est certain que la flotte américaine se retira et que pas un soldat ne fut mis à terre, ce qui exclut toute idée de capitulation de la ville.

Aux Philippines l'amiral Dewey avait réussi à rétablir la communication télégraphique interrompue, nous l'avons vu, avant la bataille de Cavite.

Les dépêches que câblait à son gouvernement le commandant des forces américaines dans le Pacifique établissaient que le blocus de Manille était étroitement gardé.

Les Espagnols, comptant sur l'intervention de l'Europe, refusaient absolument de rendre la ville. Ils prétendaient ne rien avoir à craindre de la famine et avoir, en des magasins à l'épreuve des projectiles, suffisamment de vivres pour entretenir pendant plusieurs mois 25,000 réguliers et 10,000 volontaires.

Quant à l'intérieur de l'île, il était en proie à l'anarchie la plus complète; l'autorité espagnole n'était plus reconnue et les chefs indigènes hors d'état d'imposer une discipline quelconque aux Tagals révoltés.

Mais, ajoutait l'amiral, je sais au contraire, de source certaine, que les provisions sont rares, et je m'attends à prendre Manille d'un moment à l'autre. J'ai pris le 12 mai la canonnière espagnole *Callao* qui venait des Carolines et essayait de forcer le blocus.

Les insurgés m'ont fait demander l'autorisation d'attaquer Manille. J'ai réservé ma décision, car je ne sais s'il faut compter sur leur parole de ne se livrer à aucun excès sur les Européens. D'ailleurs, ils sont mal armés, la plupart n'ayant qu'un coutelas ou *machete*. Aucune tentative n'a encore été faite contre la ville et 5,000 soldats réguliers gardent la route entre Cavite et Manille.

En réponse à ces nouvelles, le gouvernement américain faisait connaître à l'amiral Dewey qu'un corps expéditionnaire destiné aux Philippines se formait à San-Francisco sous les ordres du général Otis, et que des renforts seraient incessamment envoyés à l'escadre du Pacifique. On estimait dans les conseils du gouvernement qu'il faudrait un corps de 30,000 hommes pour réduire les Philippines.

Pendant que l'Espagne se trouvait aux prises avec les plus grandes difficultés extérieures, une crise intérieure venait encore compliquer la situation. Le 17 mai, M. Sagasta ajournait les Cortès jusqu'au moment où la reine régente aurait désigné les membres du nouveau ministère.

La crise ministérielle ne fut pas de longue durée ; le 18 mai le cabinet était reconstitué sous la présidence même de M. Sagasta. Le général Correa prenait le portefeuille de la guerre ; M. Aunou, le portefeuille de la marine et M. Romero Giron, le ministère des colonies.

Le jour même, l'amiral Camara, commandant l'escadre de réserve, recevait des instructions pour le choix des navires destinés à escorter les transports de renforts aux Philippines.

Il se confirmait donc que, pour l'instant du moins, l'amiral Cervera resterait aux Antilles, livré à ses seules forces, et que l'effort du moment se porterait vers les colonies asiatiques.

De mauvaises nouvelles arrivaient en effet des mers de Chine.

On annonçait que l'aviso américain *Mac-Culloch* avait quitté Hong-Kong, se rendant à Manille.

Il avait à bord M. Wildman, l'ancien consul américain aux Philippines, le chef des insurgés Aguinaldo, le colonel Pilar, son secrétaire Leyba, et quinze autres chefs rebelles dont plusieurs formaient le ministère révolutionnaire.

Aguinaldo débarquerait à Cavite où il prendrait le commandement de 4,000 rebelles pour tenter une attaque contre Manille.

Il aurait pris l'engagement de mener la guerre avec humanité, et complètement d'accord avec les Américains. Il croyait tenir assez bien en main les rebelles pour les empêcher de se livrer à des massacres.

Les Américains auraient trouvé l'arsenal de Cavite absolument dégarni. Le colonel d'artillerie espagnol qui le commandait se serait, disait-on, suicidé. Enfin l'amiral Dewey comptait recevoir dans les premiers jours de juin les renforts nécessaires pour s'emparer de la ville de Manille.

En quittant San-Juan de Porto-Rico et tout en cherchant l'escadre Cervera, l'amiral Sampson continuait ses reconnaissances sur la côte de Cuba, cherchant évidemment quelque point mal gardé et plus favorable que ceux reconnus jusqu'ici, à une descente en force. Des navires légers parurent ainsi devant Port-Cabairien, sur la côte septentrionale de la province de Santa-Clara et à l'entrée de la baie de San-Juan-de-los-Remedios.

Mais les Espagnols veillaient, et quatre de leurs canonnières, le *Cortez*, le *Canto*, l'*Intrépida* et le *Valiente*, sortirent à toute vitesse de la baie et allèrent canonner les navires américains, qui se retirèrent.

Les bandes d'insurgés de la province de Pinar-del-Rio avaient profité de l'émoi causé par l'approche des navires américains et s'étaient dirigées vers la Havane. Mais le colonel Rodriguez, commandant les troupes régulières de Pinar-del-Rio, avait marché contre eux et leur avait infligé une défaite cruelle. 200 d'entre eux avec leur chef

Emilio Collazo étaient restés sur le champ de bataille de Guines.

Nous avons relaté plus haut l'entrée de l'amiral Cervera à Santiago de Cuba et nous avons dit que deux navires de l'amiral Sampson avaient battu en retraite devant les forces imposantes de l'escadre espagnole. Mais en se retirant, ils poussèrent une reconnaissance jusqu'à la baie de Guantanamo, à 17 lieues à l'est de Santiago.

Ils y furent aussi mal reçus que sur les autres points du littoral où ils avaient précédemment essayé de débarquer.

La rade de Guantanamo est un abri excellent s'enfonçant jusqu'à 18 kilomètres dans les terres et formant en réalité deux ports : celui de Caimanera, petit village situé au nord de l'entrée, et celui de Guantanamo, ville de 17,000 habitants, dont une nombreuse colonie française, située au fond de la baie et reliée à Caimanera par un chemin de fer. L'accès de cette rade est rendu difficile par les sables qui en encombrent les abords.

Les deux navires, reçus à coup de canon, reprirent leur route et revinrent croiser devant la baie de Santiago, guettant la sortie de l'escadre Cervera.

Dans la nuit du 19 mai, trois navires américains s'embossèrent à l'entrée de la rade de Nuevitas, qu'ils bombardèrent.

La baie de Nuevitas sert de port à Puerto-Principe, ville de 60,000 habitants, sur la côte nord de l'île, capitale de la province de ce nom. On croit que c'est dans cette baie que Christophe Colomb atterrit pour la première fois dans le Nouveau Monde.

C'est un vaste havre qui n'a pas moins de 148 kilomètres carrés de superficie et qui est parfaitement abrité par les promontoires de la grande terre et le cayo Sabinal. Il est parsemé de récifs.

A Nuevitas, les Espagnols ont un dépôt de charbon et le phare de la rade est protégé par une batterie.

En quittant cette baie, les Américains remontèrent au

nord-ouest et vinrent attaquer le port de Sagua-la-Grande, sur la côte nord de la province de Santa-Clara. Ce port est bien abrité et enfoncé de 15 kilomètres dans les terres.

PORT DE GUANTANAMO

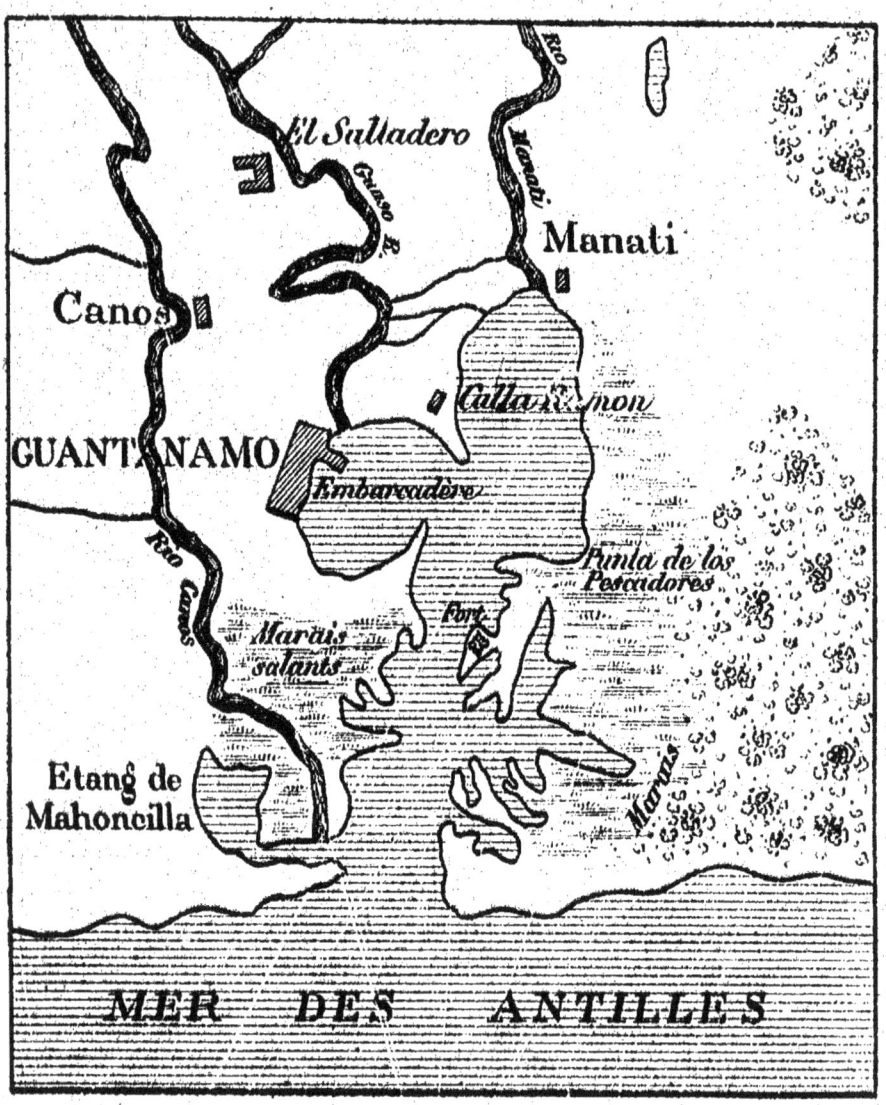

Deux canonnières tentèrent d'en forcer l'entrée, mais le feu des troupes massées sur la rive, derrière un pli de terrain, les contraignit à battre en retraite.

De leur côté, le même jour, 500 insurgés armés de

fusils à tir rapide attaquaient, mais sans succès, la ville de Palma-Soriano, à faible distance de Santiago de Cuba.

Les reconnaissances faites autour de l'île étaient ainsi terminées. En plus des renseignements qu'avaient pu recueillir les Américains, il y avait un résultat matériel acquis dont la valeur était considérable :

Le 18 mai, les croiseurs *Saint-Louis* et *Wompatuck* avaient, sous le feu de l'ennemi et au prix d'avaries légères, coupé les câbles télégraphiques à Guantanamo et à Santiago de Cuba.

Cependant la situation de l'escadre Cervera, dans ce dernier port, commençait à étonner et même à inquiéter un peu l'opinion.

On savait que les escadres réunies de l'amiral Sampson et du commodore Schley, après s'être ravitaillées à Key-West, avaient mis le cap sur Santiago. Les journaux américains déclaraient que si l'amiral Cervera était surpris dans la baie de Santiago, très médiocrement fortifiée, c'en serait fait de son escadre, prise comme dans une souricière. Le chenal, nous l'avons vu, est si étroit que les navires n'en pourraient sortir qu'en colonne, un par un, et seraient détruits successivement par la flotte ennemie embossée à l'entrée.

Mais les feuilles espagnoles répondaient que, depuis plusieurs jours, le prudent amiral avait quitté la baie et croisait dans la mer des Antilles, attendant un moment favorable pour tomber à l'improviste sur les navires de l'amiral Sampson.

Malheureusement, d'après une dépêche officielle de Washington, un éclaireur américain avait constaté la présence, au fond de la baie, des navires espagnols le lundi 23 mai ; et, depuis ce jour, jusqu'au jeudi 26, date d'arrivée de toute la flotte américaine, l'entrée du goulot avait été étroitement surveillée ; aucun navire n'était sorti de Santiago. En fait, l'amiral Cervera était donc bloqué. Mais, affirmaient les optimistes, la situation de l'escadre n'avait rien de défavorable ; elle pourrait, sous la protection des batteries de terre, sortir quand et comme elle le voudrait du goulet.

Il était à supposer que si l'amiral était resté à Santiago, c'est qu'il avait quelques avaries à réparer. Il y a, en effet, dans ce port, un bassin de carénage où il pouvait remettre ses navires en état, en attendant l'occasion propice de sortir, grâce à sa vitesse, ou grâce à l'appui de la flotte Camara, qui viendrait le dégager, prenant ainsi l'escadre américaine entre deux feux.

Les deux plans semblèrent aux esprits pondérés aussi chanceux l'un que l'autre, et bien des gens ne se firent plus guère illusion sur le sort de la malheureuse escadre du Cap-Vert.

Comme nous l'avons dit, le chenal qui donne accès au port est long, sinueux et très étroit.

Santiago est tout au fond du havre, au pied de la sierra de Cobre. Pour rendre encore plus difficile toute tentative des Américains pour forcer cette passe dangereuse, l'amiral Cervera y avait fait couler un vieux croiseur, la *Reina-Mercedes*.

En outre, à l'est de l'entrée, se trouve le fort du Morro, appuyé en arrière, au nord d'une petite anse, par le fort de la Estrella. A l'ouest de l'entrée s'étend la ligne de batteries de la Socava. Vers le milieu du chenal et à un endroit où celui-ci a moins d'une encablure de largeur, est placé sur un récif le fort Smith, seconde ligne de défense avec le fort Estrella de la rade intérieure. Ces défenses étaient, semble-t-il, en bon état.

L'amiral Sampson semblait devoir, en conséquence, éprouver une certaine résistance dans son attaque. Aussi, tout fut-il préparé en vue d'une grande bataille. Des ordres furent expédiés à Key-West, prescrivant l'organisation de vastes ambulances ; tout le personnel médical fut mis sur pied et un matériel d'hôpital considérable dirigé sur la Floride.

Le synode des Églises presbytériennes lui-même s'en mêla en adressant au président Mac Kinley une résolution l'invitant à intervenir pour que la grande bataille n'eût pas lieu un dimanche. Il nous a été impossible de vérifier si le président des États-Unis avait transmis à l'amiral Sampson le vœu du synode presbytérien.

Cependant les opérations aux Antilles ne faisaient pas perdre de vue aux Américains l'expédition projetée contre les Philippines.

D'ailleurs, le langage agressif tenu par un des plus hauts personnages de la colonie aurait suffi pour ranimer leur zèle. Voici, en effet, comment, s'adressant à ses ouailles, s'exprimait l'archevêque de Manille :

« Des hérétiques essayent de détruire la vraie religion. S'ils triomphent, nos églises seront converties en chapelles protestantes, l'eucharistie et l'image de Marie, la très sainte, disparaîtront.

« Vos fils tomberont entre les mains d'hommes de mœurs étranges, pleins de vices et d'erreurs, et l'on fera disparaître de ces îles l'unique religion qui est l'espérance définitive des hommes ; Dieu conservera ceux qui luttent pour nous la conserver en leur assurant la vie éternelle. »

Sans répondre à cet anathème, l'amiral Dewey continuait à bloquer Manille.

D'autre part, aux États-Unis, l'embarquement des renforts destinés aux Philippines avait commencé, le 24 mai, à bord de l'*Austria* et du *City-of-Sydney*. On comptait que l'expédition franchirait en vingt-cinq jours la distance qui sépare San-Francisco de Manille, en s'arrêtant à Hawaï pour faire du charbon. Mais une nouvelle difficulté semblait surgir. On disait que les insurgés avaient offert leur concours au général Augusti pour combattre les Américains. Mais cette information, qui fut démentie d'ailleurs, n'était point faite pour arrêter les Américains ; ils se contentèrent d'augmenter un peu les prévisions d'effectif du corps expéditionnaire.

Le premier échelon de ce corps s'embarqua à San-Francisco le 24 mai, à bord de trois transports, spécialement affrétés par le gouvernement. Il comprenait 2,500 hommes de troupes, des approvisionnements pour un an et une grande quantité de munitions, destinées à l'amiral Dewey.

Un second échelon devait suivre dans les premiers jours du mois de juin.

Quinze transports et six navires charbonniers devaient être nolisés à cet effet.

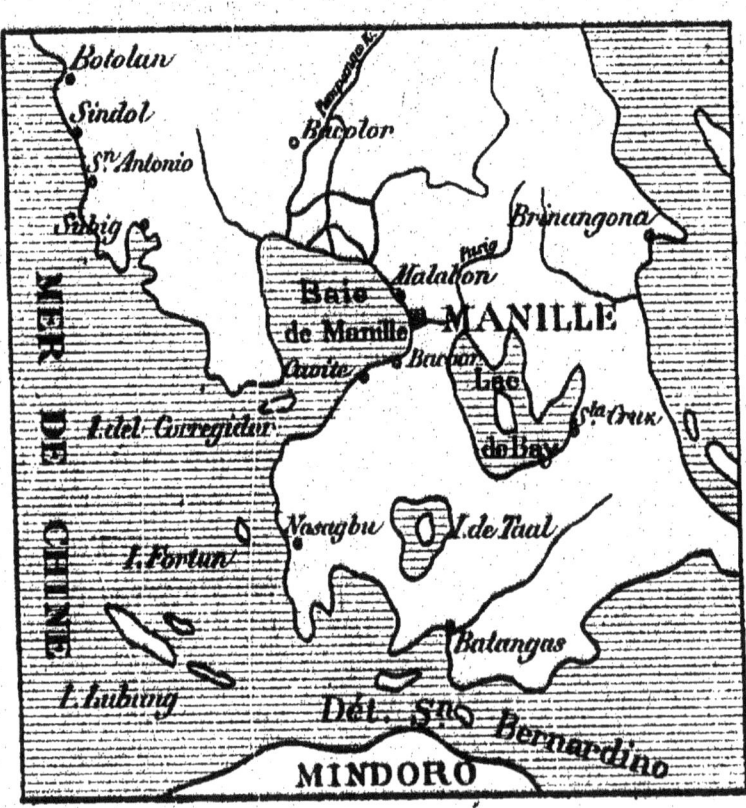

LUZON (Partie Sud)

Les derniers renseignements, arrivés de Manille par la voie de Hong-Kong, faisaient connaître que le 16 mai la garnison espagnole de l'île du Corregidor avait dû l'évacuer faute de munitions.

Aguinaldo avait été bien accueilli par l'amiral Dewey, et s'occupait activement d'organiser ses bandes. Quelques-uns des chefs, se considérant liés par le pacte de Bactabano, hésitaient encore à se déclarer contre les Espagnols ; mais il y avait lieu de croire que l'arrivée des renforts américains mettrait un terme à leurs hésitations.

Les troupes du général Augusti travaillaient activement aux fortifications de Manille. Mais les canons disponibles étaient de modèle ancien, et les munitions assez rares.

On signalait parmi les troupes de l'amiral Dewey de nombreux cas de dysenterie et de variole. Le commandant Kridley, du croiseur *Olympia*, était mort.

Le bruit courait, sans être toutefois confirmé, que le gouverneur des Philippines aurait mis à prix la tête d'Aguinaldo pour 25,000 dollars.

En Espagne, malgré la belle assurance du gouvernement et les renseignements optimistes qu'il communiquait sur la situation à Manille, des craintes vagues se manifestaient dans le public. Presque tous les journaux étaient d'accord pour réclamer l'envoi de troupes de renfort au général Augusti. Quelques-uns critiquaient l'inaction de l'escadre de réserve, qui, le 6 juin, n'avait encore quitté Cadix que pour quelques vagues manœuvres et quelques tirs à la mer.

Des informations, de source américaine il est vrai, faisaient savoir que de graves événements venaient de se produire aux Philippines.

Les insurgés auraient été vainqueurs dans plusieurs combats : à Bancoor, à Las Pinas et au Vieux-Cavite. Ils se seraient emparés d'Imus, occuperaient plusieurs provinces de Luzon et auraient massacré des Européens et des prêtres.

Les bruits mis en circulation par les Espagnols mentionnaient, au contraire, que les défenseurs de Manille étaient pleins d'ardeur et convaincus qu'ils remporteraient sur terre l'avantage qu'ils ne pouvaient disputer sur mer aux Américains. Bien loin d'avoir remporté des succès, les rebelles auraient été battus en plusieurs rencontres ; la discorde régnerait dans leurs bandes ; l'amiral Dewey lui-même serait obligé de prendre des précautions contre ses alliés et leur aurait interdit de franchir le fleuve Malate à 7 milles au sud de Manille, sinon les navires américains feraient feu sur eux. Bref, tout allait pour le mieux dans la plus belle des colonies.

Il fallut, hélas ! bientôt en rabattre.

Le 9 juin, le gouvernement espagnol lui-même était contraint de publier la dépêche suivante, envoyée par le général Augusti, gouverneur général des Philippines :

« La situation est très grave. Aguinaldo a réussi à soulever le pays à jour fixe. Les voies télégraphiques et ferrées ayant été coupées, je me trouve sans communication avec toutes les provinces. Celle de Cavite s'est soulevée en masse. Les villes et les villages sont bombardés et attaqués par des bandes armées. Une colonne défend la ligne du Zapote pour empêcher l'entrée de l'ennemi dans la province de Manille ; mais les insurgés venant aussi par Bulacan, Laguna et Morong, la capitale sera investie et attaquée par terre et par mer. Je m'efforce de relever l'esprit de la population et j'épuiserai tous les moyens de résistance. Le moral est bon chez les troupes, mais je me défie des indigènes et des volontaires, en raison des nombreuses désertions qui se sont produites dans des combats récents.

« Bacoor et Imus sont au pouvoir de l'ennemi.

« L'insurrection est puissante, et, si je ne puis compter sur l'appui du pays, les forces dont je dispose ne suffiront pas à faire face à deux ennemis. »

Cette dépêche, communiquée aux Chambres par le gouvernement, produisit une pénible sensation. Les impressions pessimistes dominèrent dès lors dans les cercles politiques et militaires, en raison des déductions tirées de l'envoi de nouvelles aussi graves, et de leur publication par le gouvernement.

Celui-ci était universellement pris à partie. On lui reprochait son imprévoyance et ses hésitations, qui auraient, disait-on, aggravé la situation des Philippines. D'abord, aucune mesure de précaution n'avait été prise lorsque les Américains révélaient leurs desseins, dès avant la guerre, par leurs préparatifs à Hong-Kong; puis, depuis le désastre de Cavite, il n'avait été rien fait pour secourir cet archipel, où l'on devait envoyer immédiatement l'amiral Cervera ou l'amiral Camara avec des renforts; car il était notoire que la pacification n'était pas assez stable, ni les forces de terre suffisantes pour empêcher les indigènes de se mettre du côté des anciens chefs rebelles, secondés par les Américains.

De fait, la situation des Espagnols dans l'archipel était extrêmement grave. Toute la colonie était en pleine insurrection, sauf le groupe des Visayas. Le désastre de Cavite, en atteignant le prestige de l'Espagne, et la présence des Américains avaient provoqué une nouvelle insurrection des rebelles à demi pacifiés.

Le gouverneur général, sous la protection des troupes fidèles, s'était retranché dans le Vieux-Manille, mal défendu par une antique enceinte à la Vauban et situé sur la rive droite du Pasig, le Nouveau-Manille ou ville commerciale s'étendant sur la rive gauche.

La position du général Augusti, cerné par les rebelles accourus en masse à l'appel d'Aguinaldo, que l'on croyait à tort discrédité à leurs yeux, sembla, à ce moment, si précaire à Madrid, que le bruit courut dans la capitale espagnole que la garnison préférerait se rendre prisonnière de guerre aux Américains plutôt que de s'exposer à être massacrée par les hordes demi-sauvages des insurgés, malgré la proclamation humanitaire d'Aguinaldo.

Celui-ci venait d'adresser au comité insurrectionnel, siégeant à Singapour, la dépêche suivante :

« Nous occupons toute la province de Cavite et plusieurs villes de la province de Batanga.

« Nous avons pris 10 canons et 600 fusils. Nous avons fait prisonniers 1200 Espagnols d'Espagne et 800 Espagnols natifs des Philippines. Nous en avons tué 300. Nous assiégeons l'église de Cavite-Viejo où se trouvent 300 Espagnols qui vont être obligés de se rendre. »

A la réception de ces graves nouvelles, un conseil extraordinaire des ministres se réunit au Palais : le ministre de la guerre chercha à atténuer un peu les impressions causées par les dernières dépêches, en affirmant que la situation du général Augusti n'était pas aussi désespérée qu'on le croyait.

M. Sagasta déclara que Manille avait assez de vivres et de moyens d'existence pour attendre l'arrivée des renforts.

A l'issue du conseil, le ministre de la marine, M. Aunou, partit pour Cadix, point de concentration, comme on sait, de l'escadre de réserve.

Celle-ci comprenait définitivement quinze navires, parmi lesquels les cuirassés *Alfonso XIII*, *Carlos-Quinto*, *Pelayo*, *Vitoria*, trois contre-torpilleurs, les croiseurs *Patria* et *Rapido*, récemment achetés à l'Allemagne, et des transatlantiques transformés en croiseurs auxiliaires.

L'*Alfonso XIII* est un croiseur blindé de 5,000 tonnes, 20 nœuds, 420 hommes, 24 canons, 5 tubes lance-torpilles.

Le *Carlos-Quinto* est un cuirassé à barbettes de 9,000 tonnes, 20 nœuds, 600 hommes, 26 canons et 6 tubes lance-torpilles.

Le *Pelayo* est le plus puissant cuirassé de combat espagnol. Il déplace 9,900 tonnes, et est muni d'une cuirasse de 11 à 17 pouces d'épaisseur. Son armement consiste en 2 canons de 12 pouces 1/2 tirant en barbette, 2 de 11 pouces en barbette, un de 6 pouces, deux en chasse, 12 de 4 pouces 7 sur le pont, 6 de 3 pouces 5, de 2 pouces 7 et de 6 livres ; 12 canons-revolvers et 7 tubes lance-torpilles. Son équipage est de 584 hommes. Il n'a qu'une vitesse de 12 nœuds.

Le *Vitoria* est un cuirassé de 7,000 tonnes, avec 561 hommes et 24 canons.

Bien que la destination de l'escadre de réserve eût été tenue absolument secrète et que son chef, l'amiral Camara, ne dût ouvrir qu'à une certaine distance en mer les ordres cachetés que lui avait apportés le ministre de la marine, il y avait lieu de croire que cette force très respectable allait porter secours au général Augusti à Manille.

Quoi qu'il en soit, le 17 juin à midi, le ministre de la marine envoyait au président du conseil le télégramme suivant :

« L'escadre de réserve et les troupes expéditionnaires embarquées sur elle, en sortant des eaux d'Espagne, saluent le Gouvernement et la Patrie et affirment leur dessein et leur désir de combattre pour elle. »

Le départ des navires avait été précédé d'une cérémonie patriotique au cours de laquelle un drapeau brodé par les dames de Cadix, et béni par l'archevêque de cette ville, avait été remis au commandant du *Carlos-Quinto*. M. Aunou avait prononcé un discours, et le télégramme ci-joint avait été envoyé à la reine régente :

« L'escadre et les troupes expéditionnaires envoient à Votre Majesté leur plus ardent et enthousiaste salut, dans lequel elles résument leur résolution de combattre à outrance pour l'honneur de la nation. »

Quelques heures plus tard, l'escadre Camara disparaissait dans la brume du soir, en route pour sa destination mystérieuse, et le ministre de la marine débarquait à Carthagène et rentrait à Madrid juste à temps pour prendre connaissance des dernières nouvelles arrivées des Philippines.

Le général Rios, commandant des îles Visayas, câblait en effet la dépêche suivante :

« Quoique j'aie envoyé sept petits vapeurs à Luzon, je reste sans nouvelles de Manille, car les forces ennemies ont coupé les communications télégraphiques dans le sud de Luzon. D'après les nouvelles apportées le 1er juin par une canonnière anglaise, la situation à Manille était sans changement.

« A Capiz et dans les villages avoisinants la situation est normale.

« Les Maures de Mindanao ont attaqué la ligne militaire de Tukuran—Dineo—Marahuit. Repoussés sur deux points, ils ont laissé sur le terrain 36 morts. Nous avons eu 7 morts et 18 blessés.

« Dans la nuit du 5 au 6, un croiseur américain ayant ses feux éteints, est entré dans le port, l'a reconnu et est reparti dans la direction du sud. Depuis nous n'avons plus de nouvelles de l'escadre ennemie.

« Je prends des mesures pour assurer l'existence des troupes et des habitants avec les ressources du pays.

« J'ignore si le capitaine général communique avec la péninsule. Je puis assurer que l'esprit des troupes, dans le territoire placé sous mes ordres, est excellent. »

Mais si la situation était satisfaisante aux Visayas, elle semblait singulièrement compromise dans le reste de l'archipel.

Le bruit courait que l'attaque de Manille par Aguinaldo avait commencé. Les insurgés avançaient vers la ville commerciale située sur la rive gauche du Pasig.

L'amiral Dewey, avec son escadre, demeurait simple spectateur de la lutte et n'interviendrait que si les insurgés commettaient des massacres.

Ceux-ci niaient d'ailleurs tuer les femmes et les enfants, mais informaient le général Augusti qu'il ne lui serait fait aucun quartier si la mise à prix de la tête d'Aguinaldo n'était pas retirée.

Une dépêche de Manille, expédiée par le général Augusti, disait d'autre part :

« La situation est toujours très grave à Manille ; l'ennemi entoure la capitale. J'ai dû faire replier mes forces pour les concentrer en dedans de la ligne du blockhaus, renforcée à intervalles par des tranchées où nos troupes peuvent se battre.

« Les communications sont toujours interceptées.

« J'attends le général Monet avec des renforts, mais je n'en ai aucune nouvelle. La population blanche des faubourgs, craignant d'être massacrée par les rebelles et préférant courir les risques du bombardement, se replie dans l'enceinte fortifiée, apportant un dernier renfort à la défense.

« On ignore quand le bombardement commencera. »

Une autre dépêche expédiée de Manille le 8 juin, *via* Hong-Kong, annonçait que les rebelles sous les ordres d'Aguinaldo avaient franchi, le 5, le fleuve Zapote, et avec des forces supérieures s'étaient emparés de Las Pinas et de Paranaque après une défense héroïque des détachements espagnols.

Ceux-ci décimés avaient dû battre en retraite.

Les vivres et les munitions commençaient à se faire rares à Manille.

Cependant les Espagnols, comptant sur les secours de la métropole, conservaient le meilleur esprit, et continuaient à se battre vaillamment.

Les églises et les couvents, convertis en hôpitaux, étaient remplis de blessés et placés sous la protection de la Croix-Rouge.

Enfin, la capitulation de Manille serait retardée jusqu'à l'arrivée de troupes américaines en force suffisante pour imposer aux Tagals révoltés le respect des vaincus et l'observation des règles élémentaires du droit des gens.

Le 18 juin, le ministre de la guerre espagnol recevait une nouvelle dépêche du gouverneur général Augusti confirmant son télégramme du 8 juin que nous avons mentionné plus haut et ajoutant :

« Les troupes se battent sur la ligne de blockhaus qui arrête l'élan de l'ennemi.

« Les forces ennemies sont augmentées par les désertions des troupes indigènes qui diminuent nos éléments de résistance et pourraient m'obliger à me réfugier dans la cité murée.

« Les communications avec la province sont toujours interrompues.

« J'ignore si les détachements pourront résister, en raison du manque de ressources.

« J'espère recevoir des secours de la péninsule avant que les éléments de défense soient épuisés. »

Le même jour, l'escadre de réserve de l'amiral Camara était signalée à Gibraltar se dirigeant vers l'est.

On en concluait que le gouvernement allait enfin porter du secours à sa colonie asiatique. Ces forces arriveraient-elles à temps ? On en pouvait douter ; car, en plus des éléments contre lesquels avait eu jusqu'ici à lutter le général Augusti, allaient s'ajouter les renforts américains expédiés de San-Francisco à la fin du mois de mai.

Ceux-ci arrivaient en effet dans les eaux de Manille, d'où l'amiral Dewey, commandant le blocus, télégraphiait le 12 juin :

« Les insurgés continuent les hostilités ; ils ont virtuellement investi Manille et ont fait aux Espagnols 2,500 prisonniers qu'ils traitent de la façon la plus humaine. Ils n'ont pas l'intention de s'emparer immédiatement de la ville.

« Douze navires marchands ayant des réfugiés à bord sont ancrés dans la baie avec ma permission, sous la protection des vaisseaux de guerre neutres. La santé de l'escadre est excellente.

« Le commandant en chef de l'escadre allemande est arrivé aujourd'hui.

« Il y a dans le port un vaisseau de guerre japonais, un français, deux anglais, trois allemands, et l'on attend un quatrième navire de guerre allemand. »

D'après d'autres sources, il se confirmait que dans une réunion des chefs insurgés du Vieux-Cavite, Aguinaldo aurait proclamé l'indépendance des Philippines et proposé l'établissement d'une république sous la protection de l'Angleterre et des États-Unis.

On annonçait également, mais sous réserves, que les garnisons espagnoles de Santa-Cruz, Lagunaz et Pampanga auraient capitulé.

Des colonnes d'insurgés du Nord et du Midi opéraient leur jonction près de la ville de Pasig.

Les rebelles avaient pris de haute lutte les passages du Zapote, étaient descendus de Las Lagunas et, étant tombés dans le flanc des Espagnols, leur auraient enlevé plusieurs canons.

Les troupes régulières, manquant de munitions, auraient dû battre en retraite, poursuivies par les rebelles, qui se seraient emparés des positions de Las Pinas, Parangue, Tungalo, Malibaz et Pineda, situées sur la côte.

Sept mille Espagnols seraient rentrés à Manille, suivis par les insurgés, qui auraient immédiatement attaqué Malate, faubourg sud de la capitale, à un mille et demi du centre, et non loin des poudrières et du bureau du télégraphe.

Quelques troupes espagnoles restaient encore à la gare de Caloogan ; le village lui-même était aux mains des insurgés.

Le 18 juin, l'entrée en Méditerranée de l'amiral Camara et de ses navires était confirmée. Mais on commençait à craindre que l'escadre de réserve arrivât trop tard à Manille. On annonçait déjà que le général Augusti, capitaine général des Philippines, avait résigné ses pouvoirs entre les mains du général Jaudenez, gouverneur de Manille, qui aurait le triste honneur de signer la capitulation de la place, sans que cet acte entrainât la même importance aux yeux des indigènes et des étrangers qu'une capitulation signée par le gouverneur général de tous les archipels espagnols.

Quittons maintenant les mers de Chine et revenons aux Antilles au moment où des indices sérieux permettent aux escadres Sampson et Schley d'espérer prendre à Santiago de Cuba la flotte du Cap-Vert, commandée, on le sait, par l'amiral Cervera.

CHAPITRE XI

SAMPSON CONTRE CERVERA

A Santiago de Cuba. — Où se trouve la flotte espagnole? — Hésitations des Américains. — Recherches infructueuses. — Une conférence à Washington. — La sérénité de M. Sagasta. — L'escadre Cervera est retrouvée. — Le corps expéditionnaire Shafter. — Premier bombardement des ouvrages de Santiago. — Enthousiasme espagnol. — Le navire *Merrimac*. — Hobson et ses braves compagnons. — Deux versions contradictoires. — Deuxième bombardement. — Débarquement du colonel Huntington. — Les forces espagnoles autour de Santiago. — Plaintes de l'amiral Sampson. — Départ du corps expéditionnaire. — Troisième bombardement de Santiago.

S'il est un reproche que l'on puisse adresser à l'amiral Cervera, ce n'est point, à coup sûr, de n'avoir pas su dépister son adversaire et l'induire en erreur.

Dans la première partie de la campagne des Antilles, comprise entre la déclaration de guerre et l'arrivée des navires espagnols à Santiago de Cuba, nous avons vu avec quel talent le commandant de l'escadre du Cap-Vert avait dissimulé aux Américains sa course vagabonde à travers l'Atlantique ; et, malgré le désastre qui atteignit, en fin de compte, le malheureux amiral espagnol, on ne peut méconnaître l'habileté dont il fit preuve au cours des manœuvres et évolutions qu'il fit exécuter à ses navires pour passer invisible à travers les mailles du réseau d'exploration, tendu par les nombreux vaisseaux américains sur toute la surface de la mer des Caraïbes.

La seconde partie de la campagne, dans cette partie du monde, va de l'arrivée des vaisseaux espagnols à Santiago de Cuba à la destruction de la flotte.

Elle présente avec la période précédente une certaine analogie, en ce sens que, malgré leur affirmation primitive de la présence de l'escadre Cervera au fond de la bouteille, suivant leur pittoresque expression, les Américains restèrent de longues semaines dans le doute, et leurs télégrammes, que nous résumons, montrent bien que leur conviction, à ce sujet, était loin d'être absolue.

C'est ainsi que le 27 mai le journal américain *Daily Mail* affirmait que l'escadre espagnole était partie, depuis plusieurs jours, de Santiago, où elle n'aurait fait que débarquer des munitions et des approvisionnements pour le maréchal Blanco.

Le *New-York Herald* recevait de son correspondant de Costa-Rica (Amérique centrale) un cablogramme déclarant que sept navires de guerre espagnols étaient passés la veille à dix milles au large de Port-Limon. Enfin, une intéressante information du *Daily Telegraph* avisait, à la même date, ses lecteurs que, malgré les plus actives recherches, les Américains avaient perdu la piste de l'amiral Cervera.

Le 19 mai, dit ce journal, on reçut à Key-West la nouvelle que l'escadre espagnole était à Santiago. Le commodore Schley prit aussitôt la mer avec l'escadre volante, et le correspondant du *Daily Telegraph* fut autorisé à suivre l'escadre à bord du navire anglais *Premier*. On arriva devant Cienfuegos, où le commodore soupçonnait que la flotte espagnole pouvait se trouver. On apercevait, en effet, les sommets des mâts de trois ou quatre grands navires au-dessus du promontoire qui masque la baie. Mais des insurgés cubains vinrent bientôt à bord d'une chaloupe prévenir le commodore que les vaisseaux espagnols n'étaient pas dans la rade; l'escadre, en conséquence, leva l'ancre et piqua sur Santiago.

Elle y arriva bientôt, et détacha, à la découverte, la canonnière *Hawk*, qui revint, au bout de quelques heures, annoncer que l'escadre espagnole avait quitté Santiago

D'autre part, les sémaphores de la côte atlantique ne

cessaient de signaler des croiseurs espagnols. Le *Wilmington*, lui-même, que montaient pourtant des officiers de marine expérimentés, déclarait avoir rencontré trois navires de guerre ennemis à dix milles de Tampa.

C'était le jeu de l'escadre fantôme qui se renouvelait.

Cette incertitude ne laissait pas que de produire un certain énervement, aussi bien dans les milieux gouvernementaux et militaires que dans le peuple américain.

Aussi, pour éclaircir le mystère, fut-il très sérieusement question d'envoyer aux navires devant Santiago les ballons de l'aéronaute français Mallet, récemment arrivé en Amérique. Les aérostats seraient fixés par des câbles au pont d'un navire et l'on vérifierait, enfin, si, décidément, l'amiral Cervera se cachait dans la baie, ou si, comme on penchait à le croire, il avait pu gagner la haute mer avant l'arrivée de l'escadre Schley.

Il avait été question également de débarquer un détachement qui aurait pour mission de gagner la crête des hauteurs commandant la baie ; mais on dut y renoncer. Des forces espagnoles sérieuses garnissaient, en effet, la côte, et c'est aussi, sans doute, ce qui empêchait les insurgés de Calixto Garcia de communiquer avec l'escadre de blocus.

Celle-ci comprenait, à ce moment, douze navires, sous les ordres du commodore Schley. Le commandant en chef, amiral Sampson, avec la majeure partie de la flotte de l'Atlantique, croisait entre Key-West et la Havane.

Cependant, le gouvernement de M. Mac Kinley inclinait à croire que l'amiral Cervera n'avait point quitté Santiago, et, dans cette hypothèse, une importante conférence avait lieu pour discuter la tactique à adopter. M. Mac Kinley lui-même la présidait, ayant à ses côtés M. Long, le secrétaire de la marine ; M. Alger, le secrétaire de la guerre ; le généralissime de l'armée, M. Miles, et les membres du comité de stratégie navale.

Deux projets principaux étaient discutés dans cette conférence : le premier consistait à échouer des navires hors de service dans le goulot, de manière à bloquer matériellement l'amiral Cervera; l'autre était de débarquer à quelque distance de Santiago des troupes avec de l'artillerie qui irait se mettre en batterie sur les hauteurs commandant la baie et, par son feu, obligerait les navires espagnols à sortir de leur abri. Les flottes combinées Sampson et Schley les happeraient au passage.

Pour l'exécution de ce second plan, on aurait recours à la coopération des troupes de Calixto Garcia, qui avait établi son quartier général à 16 lieues de Santiago et disposait d'une dizaine de mille hommes.

A Madrid, M. Sagasta affirmait avec sérénité qu'une bataille navale dans les eaux de Cuba était improbable. La flotte Cervera, ajoutait-il, restera à Santiago de Cuba tant que cela lui sera nécessaire pour faire du charbon et remettre ses navires en état, conformément à un plan bien défini et approuvé par les autorités maritimes.

Et le président du conseil se déclarait convaincu que les Américains n'oseraient pas attaquer Santiago, où ils se trouveraient en présence d'une flotte et de fortifications bien différentes de celles qu'ils avaient en face d'eux à Manille. « Si les Américains attendent le résultat d'un combat naval pour envahir Cuba, avait dit en terminant M. Sagasta, il leur faudra une dose de patience considérable. »

Tel n'était pas cependant l'avis de M. Mac Kinley, qui pressait l'organisation en Floride du corps de débarquement et n'attendait que l'occasion favorable pour donner au général Miles l'ordre de départ.

Le 30 mai, enfin, le département de la marine à Washington fut avisé officiellement par le commodore Schley de la présence de l'escadre Cervera dans la baie de Santiago.

Plusieurs versions circulèrent à ce sujet. L'une disait

que le commodore avait tendu un piège à son adversaire en feignant de lever le blocus dans la nuit du 29. L'amiral espagnol était tombé dans le panneau. A peine les navires américains avaient-ils disparu dans la direction de Cienfuegos que deux croiseurs et deux torpilleurs espagnols avaient franchi le goulet; mais l'escadre américaine, apparaissant subitement, les avait fait rentrer brusquement dans la baie.

On racontait aussi que le capitaine Sigsbee, l'ancien commandant du *Maine*, monté sur le croiseur auxiliaire *Saint-Paul*, avait pu s'approcher suffisamment de la côte pour constater la présence des navires espagnols.

Enfin, suivant quelques-uns, les insurgés de Garcia auraient apporté la nouvelle au commodore Schley, l'avisant en même temps qu'ils étaient prêts à coopérer à l'attaque de Santiago.

Quelle que fût la manière dont les Américains avaient appris la nouvelle, elle était à présent certaine. L'escadre du Cap-Vert était là; il ne fallait point la laisser échapper.

En même temps que le commodore Schley recevait des instructions dans ce sens, l'ordre d'embarquer une partie du corps expéditionnaire de Floride était adressé au général Miles, commandant en chef, et au général Shafter, commandant l'avant-garde. Celle-ci était forte d'environ 4,000 hommes. C'étaient les premières troupes qui allaient débarquer à Cuba; car les 480 hommes du chef Lacret, qui avaient quitté Tampa la semaine précédente pour débarquer à Batabano, dans la baie de Broa, constituaient la légion cubaine et ne faisaient point partie de l'armée régulière.

Le petit corps expéditionnaire du général Shafter se composait de régiments de l'armée permanente et de régiments de volontaires pris parmi les plus exercés.

On pensait que la destination de cette première expédition serait Santiago de Cuba. Mais on n'était pas encore fixé, les ordres définitifs ne devant être décachetés qu'en pleine mer.

C'était l'escadre de l'amiral Sampson qui devait escorter les troupes et protéger leur débarquement.

SANTIAGO DE CUBA

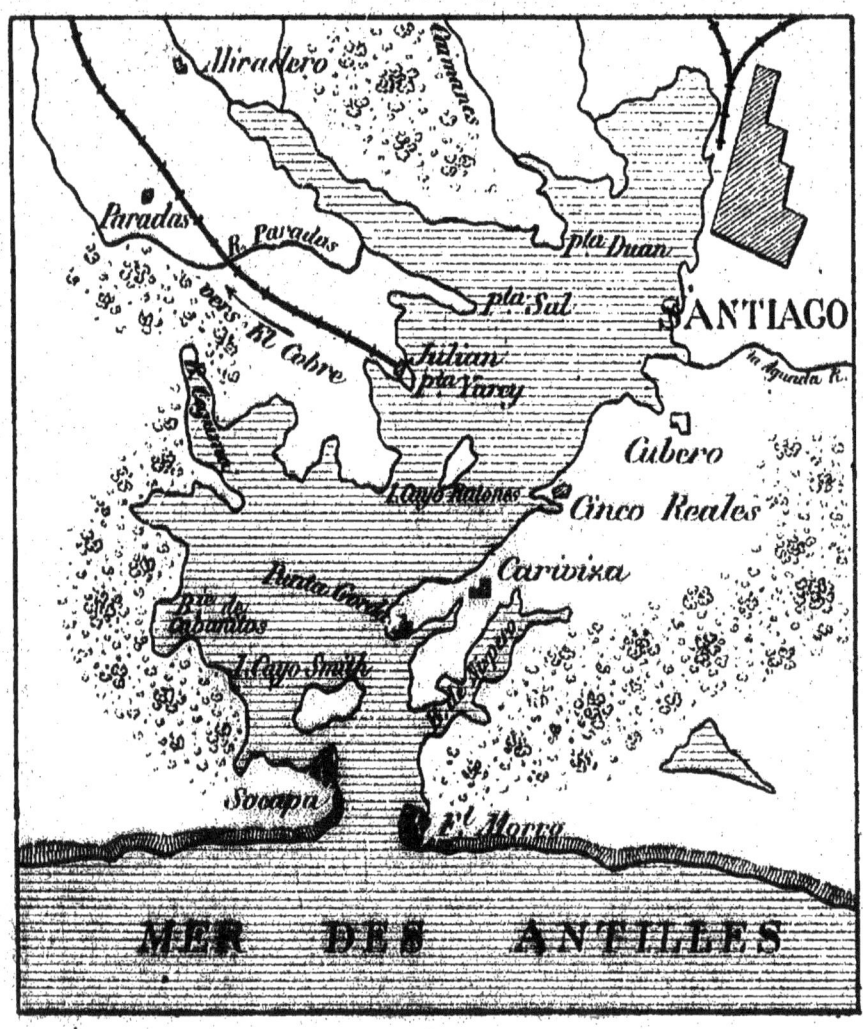

Un autre détachement devait, affirmait-on, partir incessamment, avec pour objectif Porto-Rico. On semblait avoir mis de côté toute considération relative à la question de saison et de climat; on estimait que dans les camps de la Floride les hommes avaient été préparés à affronter les conditions climatériques de Cuba où, disait-on, la mauvaise hygiène des centres populeux est seule dangereuse. Quant aux pluies, on ne s'en préoccupait pas; non plus que de la fièvre jaune. Celle-ci, cependant, avait fait son apparition dans les troupes espagnoles.

Le 31 mai, le commodore Schley, désireux de reconnaître l'emplacement des batteries qui défendaient l'entrée de la baie de Santiago, vint s'embosser à bonne portée de la côte et ouvrit le feu à deux heures de l'après-midi. Les bâtiments qui prirent part au combat étaient au nombre de sept, parmi lesquels le *Brooklyn*, le *Marblehead*, le *Massachusetts* et l'*Iowa*.

Le commodore avait arboré son pavillon sur le *Massachusetts*.

Ces navires concentrèrent leur tir sur le fort du Morro et les batteries dont les parapets se profilaient sur le ciel, en arrière des collines qui bordent la baie.

Des navires de faible tirant d'eau s'approchèrent du rivage et cherchèrent à désorganiser la batterie de mortiers établie au pied du fort de Morro.

Bientôt le croiseur *Harward* rallia l'escadre du commodore; mais s'étant aventuré trop près de la côte, ce navire fut atteint par un obus qui lui causa de très sérieuses avaries.

D'après le rapport du commodore, le fort du Morro et les batteries de la côte furent bouleversés par les projectiles de gros calibre tirés de la flotte. Les navires américains reçurent quelques obus du cuirassé espagnol *Cristobal-Colomb* qui, sous les ordres directs de l'amiral Cervera, s'était avancé jusqu'à l'entrée de la baie et croisait ses feux avec ceux du Morro.

Le commodore ne fit d'ailleurs aucune tentative pour forcer le passage. A quatre heures, il cessait son feu et reprenait son mouillage de blocus hors de portée des projectiles ennemis.

Les Espagnols transformèrent en victoire cette reconnaissance qui fit en réalité plus de bruit que de mal. L'amiral Manterola, commandant la marine à la Havane, télégraphia à Madrid : « L'escadre américaine, commandée par le commodore Schley et composée de grands cuirassés et de croiseurs, a attaqué les fortifications de l'entrée de la baie de Santiago. Notre croiseur cuirassé *Cristobal-Colomb*, sur lequel l'amiral Cervera a arboré son pavillon, fermant l'entrée du port et appuyé par le feu des forts, a repoussé l'attaque en causant des avaries à l'ennemi. »

Une dépêche, chatouillant plus agréablement encore l'amour-propre national, parvint le lendemain en Espagne. Elle s'exprimait ainsi :

« La flotte américaine, composée du *Iowa*, du *Massachusetts*, du *Brooklyn*, du *Texas*, du *New-Orleans?* du *Marblehead*, du *Minneapolis* et de six petits navires, a pris position le 31 mai, à l'ouest de l'ouverture du goulet de Santiago.

« Les cinq premiers vaisseaux ont ouvert le feu. Le croiseur espagnol *Cristobal-Colomb* s'était embossé à Punta-Agorda et était visible de la pleine mer. Le croiseur et les batteries de Punta-Agorda, du fort Morro et de la Socapa, ripostèrent au feu de la flotte américaine qui lança 70 projectiles sans causer le moindre dommage.

« Le bombardement dura quatre-vingt-dix minutes.

« La flotte américaine se retira avec un vapeur transatlantique avarié. Deux obus ont fait explosion sur l'arrière du *Iowa*. Le feu aurait éclaté à bord d'un autre vaisseau de guerre.

« Plusieurs projectiles sont tombés dans le port près des vaisseaux de guerre espagnols.

« Un grand enthousiasme règne à Santiago. »

L'enthousiasme régna également à Madrid et dans toute l'Espagne, où l'on s'imagina volontiers qu'un seul cuirassé espagnol, le *Cristobal-Colomb*, avait mis en déroute toute l'escadre américaine.

On était loin de compte, comme nous le verrons bientôt.

Néanmoins, le sénat espagnol chargea le ministre des colonies de transmettre ses félicitations à l'amiral Cervera.

Un événement plus important vint quelques jours après détourner l'attention.

Le 4 juin, la nouvelle arriva en Europe que le navire *Merrimac* de l'escadre américaine avait été coulé au milieu de la baie de Santiago.

Il a été dit et écrit tant de choses sur cet incident de guerre qu'il est difficile de juger d'ores et déjà dans quel camp se trouve le moins d'exagération ; aussi, croyons-nous intéressant de donner impartialement la version espagnole aussi bien que la version américaine.

Voici d'abord le rapport officiel espagnol :

« Le 3 juin, à trois heures et demie du matin, un grand cuirassé ennemi et un croiseur auxiliaire tentèrent de forcer le port de Santiago. Mais ils furent surpris par les éclaireurs qui gardent l'entrée du port.

« L'artillerie du fort Morro et le croiseur espagnol *Reina-Mercedès*, une batterie de ce dernier croiseur placée au fort Socapa, des contre-torpilleurs et la station de torpilles ouvrirent alors le feu contre l'ennemi.

« Le croiseur américain *Merrimac* fut coulé par nos navires et par nos torpilles, et le grand cuirassé américain fut repoussé.

« L'entrée du canal reste libre.

« Les prisonniers américains ont été embarqués à bord du *Reina-Mercedès* ; ce sont : un lieutenant de vaisseau et sept marins du croiseur américain coulé.

« On ignore le sort du reste de l'équipage.

« Nous n'avons eu ni pertes ni avaries. »

Cette dépêche ajoute que vingt navires étaient en face de Santiago. En effet, l'amiral Sampson avec son escadre venait de faire sa jonction avec celle du commodore Schley.

La relation officielle américaine était toute autre ; qu'on en juge !

Voici ce que télégraphiait l'amiral Sampson :

« J'ai réussi le 3 juin à couler le *Merrimac* dans le chenal de Santiago. L'opération a été effectuée avec une grande bravoure par sept marins commandés par l'ingénieur-constructeur de la marine Hobson.

« L'amiral Cervera, rendant hommage à la bravoure des marins, a envoyé un parlementaire pour me dire que tous étaient prisonniers de guerre et que deux étaient légèrement blessés.

« Je demande la permission d'échanger si possible ces prisonniers contre les prisonniers de l'*Adela* (petit navire capturé précédemment).

« Il y a dans le port de Santiago six vaisseaux incapables d'échapper à la capture et à la destruction. »

Le *Merrimac* était un vieux bâtiment hors de service que l'on avait chargé de ferraille ; il ne fut nullement torpillé, mais coulé par les marins qui le montaient.

Ceux-ci, leur œuvre accomplie, se jetèrent dans une barque et, ne pouvant songer à s'échapper, se livrèrent aux Espagnols.

Néanmoins, il fallait dramatiser l'événement, et surtout le présenter comme un gros succès au peuple espagnol ; voici de quelle manière on apprit en Espagne la destruction du *Merrimac* :

« L'escadre yankee, composée de vingt navires sous le commandement du commodore Schley, s'est décidée à forcer l'entrée du canal conduisant à la baie de Santiago.

« L'amiral Cervera, prévoyant l'attaque, avait placé près du goulet les destroyers *Furor* et *Pluton*. Quelques chaloupes armées de canons exerçaient une active surveillance.

« Le transatlantique américain *Merrimac*, suivi d'un cuirassé, essaya de pénétrer dans le canal, mais les deux destroyers espagnols s'approchèrent du navire et lui tirèrent deux torpilles. Le navire a coulé immédiatement.

L'amiral Cervera, qui dirigeait lui-même les opérations, ordonna aussitôt de mettre les chaloupes à la mer. Lui-même monta dans une chaloupe et sauva sept personnes. On croit que le reste de l'équipage a péri.

« Les prisonniers ont été l'objet des plus grands égards. Ils sont gardés à bord du croiseur *Reina-Mercedès*.

« Le cuirassé qui suivait le *Merrimac* essaya de continuer sa route, mais une canonnade des navires et des forts espagnols l'obligea à battre en retraite. On assure qu'il a reçu de graves avaries. »

Au reçu de cette dépêche, la reine régente ordonna d'envoyer un télégramme de félicitations aux défenseurs de Santiago.

Il est vrai que de son côté, et avec plus de raison peut-être, le département d'État à Washington et le président Mac Kinley adressaient leurs éloges aux marins de l'amiral Cervera. Le président recommandait tout particulièrement au Congrès le lieutenant Hobson qui avait dirigé la destruction du *Merrimac;* Hobson était promu capitaine, et des promotions, des médailles et des dons en argent étaient la récompense de son vaillant équipage. Celui-ci se composait, affirmait-on, de deux Américains, deux Irlandais, un Allemand et un Français du nom de Georges Charette.

L'épave du *Merrimac* gênait, il est vrai, la circulation ; mais d'après l'amiral Sampson lui-même, elle ne l'interceptait pas complètement.

Il eût fallu pour cela couler un autre navire dans la passe, mais alors les Américains eux-mêmes se seraient interdit la possibilité de pénétrer dans le chenal, opération qu'ils avaient bien l'intention de tenter.

Le 6 juin, le bombardement de Santiago recommença. Il faisait un brouillard intense et une forte pluie tombait. Dix navires américains s'approchèrent de la côte et ouvrirent le feu.

A ce moment, on aperçut le vaisseau espagnol *Reina-*

Mercedès qui, profitant de la fumée, cherchait à faire sauter l'épave du *Merrimac*.

L'*Oregon* dirigea aussitôt son feu sur le navire espagnol, qui, ayant subi de fortes avaries et perdu plusieurs hommes, dut abandonner son entreprise.

Le *Brooklyn* et le *Texas* réduisirent bientôt au silence les batteries des forts. Le feu se déclara dans le fort de l'Estrella, qui cessa de tirer.

Le *New-York* et le *New-Orleans* avaient pris pour objectif le fort Castro, qui fut bouleversé de fond en comble.

A 11 heures, le feu cessa de part et d'autre. L'escadre américaine avait tiré 1500 projectiles, qui, de l'aveu même des Espagnols, firent au Morro et dans les batteries annexes des ravages considérables et tuèrent ou blessèrent un grand nombre de soldats et plusieurs officiers.

Le 7 juin, les Américains dirigèrent une attaque contre la baie de Guantanamo et le petit port de Caimanera, qui avaient déjà fait l'objet d'une tentative quelques semaines auparavant. Deux navires de guerre, le *Marblehead* et l'*Oregon*, bombardèrent les ouvrages qui défendent la baie et la ville de Caimanera et coupèrent le câble reliant Cuba à Haïti, qui atterrit non loin de Guantanamo. Une canonnière espagnole, qui croisait dans la rade extérieure, fut obligée de se réfugier dans le port intérieur, et le *Marblehead* reçut l'ordre de bloquer l'entrée, de la surveiller étroitement, tandis que le *Panther* et le *Josemite* s'approchaient de la terre pour y débarquer un détachement de fusiliers-marins.

Celui-ci, fort d'une soixantaine d'hommes, sous les ordres du capitaine Gordfell, sauta à terre et gagna du terrain en avant, protégé par les feux de l'escadre, qui tenait à distance un régiment espagnol et le forçait bientôt à battre en retraite.

Bientôt le *Dolphin* et le *Vixen* rallièrent l'escadre, amenant, eux aussi, des troupes et du matériel.

Des canots à vapeur furent mis à l'eau pour remorquer à terre les baleinières chargées de marins.

Ceux-ci, sous le commandement du colonel Huntington, gagnèrent lestement les hauteurs voisines, où, après avoir choisi l'emplacement du camp, ils hissèrent le drapeau américain en poussant des hourrahs; puis ils commencèrent à se retrancher sans s'inquiéter de quelques milliers de soldats espagnols embusqués à deux kilomètres de là, mais tenus en respect par la puissante artillerie de l'*Oregon* et du *Marblehead*. Ce n'était, d'ailleurs, que grâce à elle que les 800 fusiliers-marins du colonel Huntington pouvaient espérer se maintenir à terre. Le général espagnol Pareja disposait en effet d'une brigade d'infanterie d'au moins 4,000 hommes et avait son quartier général à Santa-Catalina, à quelques lieues à peine de Guantanamo.

D'autre part, le général Pando, commandant supérieur à Santiago, avait sous ses ordres 9,000 réguliers et 11,500 volontaires, et si l'on observe qu'entre Santiago et Caimanera il n'y a guère plus de 60 à 70 kilomètres, on estimera qu'il devait tarder au détachement d'extrême avant-garde de voir arriver bientôt le gros du corps de débarquement.

L'amiral Sampson insistait vivement pour que l'on entreprît enfin des opérations décisives contre Santiago. Dans une lettre adressée à M. Mac Kinley, il protestait contre toutes les lenteurs apportées à la mise en route de l'armée de terre. Il se plaignait aussi d'avoir été obligé de bombarder San-Juan de Porto-Rico; cette affaire avait coûté inutilement plus d'un million en projectiles et en charbon.

Le bombardement de Santiago, disait-il, avait été également prématuré; les Espagnols avaient eu le temps de rétablir leurs batteries et d'y monter les gros canons de l'escadre de l'amiral Cervera.

Enfin, l'amiral américain déclarait que si le corps de débarquement ne se mettait pas immédiatement en route, il se verrait obligé de donner aux insurgés des pièces de petit calibre et de tenter avec son infanterie de marine, insuffisante, un coup de main contre Santiago.

Il n'eut pas besoin de recourir à cette extrémité. Un télégramme du département de la guerre de Washington lui annonçait, en effet, que le général Shafter, à la tête de son corps expéditionnaire, fort de 773 officiers et 14,564 hommes, venait de quitter Key-West. La petite armée était embarquée sur trente-deux transports, escortés par seize navires de guerre.

Sauf deux régiments de volontaires du Massachusetts, et des *roughs-riders* ou chevau-légers de M. Roosevelt, le corps expéditionnaire ne comprenait que des régiments réguliers.

On estimait que le corps du général Shafter pourrait effectuer son débarquement vers le milieu du mois de juin.

La situation de l'avant-garde du colonel Huntington était d'ailleurs assez critique. Le petit détachement était l'objet d'incessantes attaques de la part des Espagnols et aurait été anéanti sans la protection des canons des navires américains. L'amiral Sampson avait dû débarquer de nouvelles troupes pour renforcer et relever certaines fractions épuisées par des escarmouches, qui ne leur laissaient pas un instant de repos, ni jour ni nuit. Il avait mis également à terre quelques pièces légères, que l'on avait couvertes par des épaulements en terre.

Du côté des Espagnols, le général Pando se multipliait, parcourant sans relâche la côte cubaine pour y organiser la résistance.

D'après des renseignements fournis par les chefs insurgés Garcia et Sanguily, les forces espagnoles de Santiago avaient été réparties de la manière suivante :

10,000 hommes, commandés par le général Linarés, défendaient la ville ;

8,000, sous les ordres du général Luque, étaient échelonnés de Guantanamo à Santiago, avec de l'artillerie légère et des pièces de montagne. Ce détachement, dont le quartier général était à Miguel, avait pour mission de donner la main aux troupes du général Linarés pour empêcher l'offensive des Américains à Caimanera ou pour repousser un débarquement éventuel à Baiquiri ou à **Aguadores**;

Enfin, le général Pando, avec la réserve générale, avait pris position entre Cobre et Canta, au nord-ouest de Santiago, le long de la voie ferrée qui dessert les mines de cuivre.

Du côté des insurgés, Calixto Garcia avait quitté son quartier général de Bayamo, et, après s'être abondamment pourvu d'armes, de munitions et d'approvisionnements aux navires qui avaient amené de Floride l'expédition Lacret, il se rapprochait de Santiago.

Quant à l'escadre Sampson, elle avait complété ses soutes sans quitter le blocus, grâce à onze navires marchands expédiés de Tampa et de Key-West. En attendant l'arrivée du général Shafter et de ses troupes, les navires de l'amiral ne restaient pas inactifs.

C'est ainsi que le 14 juin trois d'entre eux avaient canonné des batteries en construction devant Santiago. Le fort du Morro et celui de Socapa avaient riposté, mais sans atteindre les navires.

Le lendemain, les navires américains *Texas*, *Marblehead* et *Swanhee* détruisent les ouvrages de Caimanera, que les Espagnols avaient cherché à reconstruire. Le bombardement durait une heure et demie. Enfin, le 16 juin, le bombardement de Santiago reprenait pour la troisième fois.

Le feu était dirigé principalement contre les batteries qui défendent l'entrée du port. Des ordres avaient été donnés afin qu'on évitât d'atteindre le fort Morro, où l'on savait enfermés le lieutenant Hobson et l'équipage du *Merrimac*.

Les Espagnols ripostèrent tout d'abord vigoureusement,

mais leur feu diminua graduellement d'intensité jusqu'au moment où leurs canons furent réduits au silence.

Les batteries ouest avaient été détruites en moins d'un quart d'heure ; mais les batteries situées à l'est du Morro, qui offraient un but moins visible, opposèrent une plus longue résistance.

Cinq mille obus avaient été lancés par la flotte américaine, qui était déployée en croissant, à trois mille mètres du rivage, les gros navires au centre, le *New-York* à l'aile droite, le *Massachusetts* à l'aile gauche.

Chaque navire était séparé de son voisin par un intervalle de 600 mètres.

D'après les rapports américains, la canonnière à dynamite *Vesuvius* avait fait merveille.

Trois obus, chargés chacun de 250 livres de coton-poudre, auraient produit dans la baie et sur l'île Cayo-Smith des dégâts considérables.

Un magasin à poudre, canonné par le *Texas*, faisait explosion.

Enfin, à six heures trente du matin, l'ordre était donné de cesser le feu. Il avait duré six heures. Aucun navire américain n'aurait été atteint par les projectiles du rivage.

Les rapports espagnols, au contraire, affirmaient que l'escadre ennemie avait subi de grosses avaries, et que l'amiral Sampson avait obtenu, par ce bombardement, un résultat quasi négatif.

Néanmoins, les dépêches officielles trahissaient une certaine inquiétude. On avait acquis la certitude qu'un puissant corps expéditionnaire était en route et ne tarderait pas à débarquer, en un point encore tenu secret, sur la côte méridionale de Cuba.

CHAPITRE XII

OPÉRATIONS CONTRE SANTIAGO

Le corps expéditionnaire à Santiago. — Un conseil de guerre. — Les points de débarquement. — A terre. — Le « Yankee dodle ». — Le rapport du général Linarès. — Le chef insurgé Jesus Rabi. — L'organisation du camp. — Dispositif de l'escadre espagnole. — Composition des troupes d'investissement. — Les roughs-riders. — L'avant-garde du général Lawton. — L'engagement de Jaragua. — L'escadre Camara à Suez. — Pas de charbon. — Le passage du Rio-Guama. — Les généraux Pando et Pareja. — L'escadre du commodore Howell. — Proclamation du président Mac Kinley. — L'extension du blocus de Cuba. — La revue de Jaragua. — Les conduites d'eau de Santiago. — Le commandement des lignes d'investissement. — Les débuts de la bataille. — La prise d'El Caney. — Contre le Morro. — Les pertes. — Blessure du général Linarès. — Le général Toral. — Un cadeau de fête. — Destruction de l'escadre espagnole.

Le 20 juin 1898, le corps expéditionnaire du général Shafter arriva dans les eaux de Santiago de Cuba. La flottille mouilla à quinze milles au large, sous la protection de l'escadre de l'amiral Sampson, en attendant que toutes les dispositions fussent arrêtées, en vue d'un débarquement.

Un conseil de guerre, auquel assistèrent les officiers généraux de terre et de mer de l'armée américaine, ainsi que Calixto Garcia, chef des bandes insurgées devant Santiago, fut immédiatement réuni sur le vaisseau-amiral. Il y fut arrêté que le débarquement s'opérerait dans deux ou trois jours, sur un des points de Guantanamo, d'Asserraderos ou de Baiquiri, choisi d'après le résultat des reconnaissances envoyées vers ces points.

Celles-ci rentrèrent dans la matinée du 21, et le point de Baiquiri fut définitivement arrêté.

Baiquiri est un petit port de la côte sud de Cuba, situé

à 17 milles à l'est de Santiago. Il existe en ce point un quai de débarquement en fer, établi par les compagnies, en majeure partie américaines, qui exploitent les minerais de fer de cette région.

L'opération commença le 22 juin, à neuf heures du matin.

Au signal, parti du vaisseau-amiral, la flotte américaine commença à canonner les collines qui entourent le village de Jaragua, à une distance de six milles. En même temps, des vapeurs, remorquant une multitude de bateaux vides, commençaient à circuler parmi les transports, embarquant peu à peu les troupes.

A neuf heures quarante-cinq, des éclaireurs cubains apparurent à l'ouest de Baiquiri, et aussitôt le *New-Orleans*, le *Machias*, le *Detroit*, le *Suwanee* et le *Wasp* ouvrirent le feu sur le pays s'étendant au-dessus de la côte où le débarquement allait s'effectuer.

Pendant le premier quart d'heure, quarante-cinq obus de gros calibre, et de nombreuses salves de canons à tir rapide, furent envoyés dans la brousse, sans que les Espagnols répondissent par un seul coup de canon.

A neuf heures cinquante, les premiers bateaux, emportant des détachements des 1er, 8e, 12e et 25e régiments d'infanterie, se dirigeaient vers la côte.

A dix heures dix, une immense acclamation parvenait de terre aux navires et se propageait de bâtiment en bâtiment, annonçant à toute l'escadre que l'armée américaine avait commencé à atterrir sur le sol cubain. C'est un détachement du 8e d'infanterie qui avait le premier abordé dans l'île.

L'opération s'effectua sans incidents et sans perte d'hommes.

Dès que les premières troupes eurent débarqué, elles se couvrirent par des avant-postes, et établirent leur camp sans être inquiétées.

Un détachement de cavalerie cubaine, qui s'était tenu

à couvert depuis le début de l'opération, surgit alors et vint fraterniser avec les soldats américains. On informa les habitants que le moment du danger était passé ; peu à peu, des femmes et des enfants de couleur, se sachant désormais à l'abri, furent aperçus çà et là.

Un nouveau détachement fut débarqué à dix heures trente. A midi, il y avait trois mille hommes à terre. Chaque fois qu'une fraction de troupe débarquait, la musique jouait le « Yankee dodle ».

A la fin de la journée, une grande partie du corps du général Shafter campait devant Baiquiri ; et le débarquement des grosses pièces avait commencé.

Voici comment le général Linarés, commandant la place de Santiago, rendait compte, au gouvernement espagnol, de l'opération exécutée par les Américains :

« L'attaque générale, par l'escadre américaine, a duré de huit heures du matin à trois heures de l'après-midi ; elle a été rude et s'est prolongée jusqu'à la nuit tombante, dans la baie de Siboney et à Baiquiri. Elle a été repoussée sur toute la ligne, excepté à l'extrême gauche de Baiquiri, qui dut céder au mouvement tournant et enveloppant exécuté sur terre par les forces américaines débarquées à neuf kilomètres à l'est de Baiquiri, au delà de nos lignes.

« Nos forces se replièrent en bon ordre sur les montagnes. Tous les édifices de Siboney et de Baiquiri ont été détruits par les obus ennemis. On manque de détails, parce que les lignes téléphoniques sont interrompues. »

Plus laconique et plus pessimiste était le télégramme expédié par l'amiral Cervera ; le voici : « L'ennemi a débarqué à la Punta-Berraco ; comme la question doit être résolue à terre, je vais débarquer les équipages de l'escadre. La situation est très critique. »

En réalité, l'opération de débarquement paraît s'être exécutée sans résistance sérieuse des Espagnols.

L'amiral Sampson écrivait, en effet, au gouvernement

de Washington, le 23 juin : « Le débarquement de l'armée se poursuit favorablement, avec une résistance très faible, pour ne pas dire nulle. Le *New-Orleans*, le *Detroit*, le *Castine*, le *Wasp*, le *Suwanee*, ont criblé de projectiles les alentours du point de débarquement.

« Nous avons fait une démonstration à Cabanas, pour attirer l'attention de l'ennemi. Le *Texas* a échangé une canonnade avec une batterie de l'ouest, et a eu un homme tué. Dix mines sous-marines ont été enlevées dans le chenal de Guantanamo. »

En résumé, il résultait de ces dépêches, et de divers renseignements parvenus en Europe à la même époque, que l'armée du général Schafter avait réussi le débarquement, non pas en forçant les lignes espagnoles qui s'étendent de chaque côté de la place de Santiago, mais en tournant l'extrémité de leur flanc gauche, à l'est.

C'est ce qui explique que les Américains n'aient rencontré, pour ainsi dire, aucune résistance.

Les Espagnols, dans l'impossibilité de garnir toute une étendue de côtes aussi longue, ont dû concentrer leurs forces dans une certaine limite, à l'est et à l'ouest de Santiago, tout le littoral de chaque côté étant menacé par des bombardements simultanés de toute l'escadre américaine : à Cabanas, à l'ouest, où le chef insurgé Jesus Rabi opérait en même temps une attaque par terre, puis à l'est, à Aguadores, à Julici et à Jaragua.

L'escadre de l'amiral Sampson s'étendait sur une ligne de 32 kilomètres, pour opérer ces diversions destinées à tromper les Espagnols.

L'amiral en personne dirigeait les opérations à Baiquiri, tandis que le commodore Schley gardait l'entrée du goulet de Santiago, au cas d'une tentative de sortie de l'amiral Cervera.

Quatre navires de l'escadre Sampson avaient, d'autre part, été détachés pour surveiller la côte méridionale de

Cuba, entre le cap Cruz et l'île des Pins, afin de capturer les navires qui tenteraient de forcer le blocus.

Dans le camp américain, on s'organisait en vue de la marche prochaine sur Santiago.

D'après les renseignements fournis par les insurgés à l'état-major américain, cette ville était fortement défendue du côté de la terre.

Dans la baie, l'amiral Cervera avait disposé son escadre en cercle, autour de la petite île et du fort, à mi-chemin de l'entrée du goulet et de la ville.

Les canons de bâbord du *Colon* et ceux de tribord du *Viscaya* commandaient le goulet.

Les navires étaient en bon état, mais les torpilleurs se trouvaient momentanément hors d'usage.

L'escadre avait été approvisionnée de charbon pour quinze jours.

A Porto-Rico, un croiseur américain s'était présenté devant le port, le croiseur espagnol *Isabella*, une canonnière et le contre-torpilleur *Terror*, s'étaient portés à sa rencontre, l'avaient canonné et forcé à gagner le large, puis étaient rentrés au mouillage de San-Juan.

Avant d'entamer le récit des opérations contre Santiago, jetons un coup d'œil sur la composition du corps expéditionnaire du général Shafter. La voici, d'après le *New-York Herald*, à la date du 25 juin :

A l'état-major général : le général Shafter, commandant en chef ; le major général Wheeler (député de l'Alabama, ancien général de cavalerie confédérée), commandant la cavalerie ; les brigadiers généraux Kent, Hawkins Sumner, Bates, Young, Chaffee et Lawton, ce dernier commandant l'avant-garde ; le major général Breckinridge (inspecteur de l'armée régulière), remplissant les fonctions d'officier inspecteur ; enfin, le brigadier général Ludlow (de l'armée régulière), commandant le génie.

L'armée comprend 773 officiers et 14,564 hommes, en presque totalité réguliers.

L'infanterie se compose de 17 régiments de réguliers et d'un régiment de volontaires; au total, 564 officiers et 10,709 hommes.

La cavalerie compte 2 escadrons de réguliers non montés et 2 escadrons du 1er régiment de volontaires des États-Unis, également à pied, soit 159 officiers et 2,875 hommes, parmi lesquels les *roughs-riders*, commandés par le colonel Wood et le lieutenant-colonel Roosevelt, et qui ont dû se résigner à abandonner leurs montures à cause de la difficulté d'embarquer des chevaux à bord des transports.

Ils ont été transformés en artilleurs.

Il n'y a comme cavalerie montée qu'un seul escadron, comprenant 9 officiers et 280 hommes.

L'artillerie se compose de quatre batteries légères et de deux batteries de siège, avec 18 officiers et 455 hommes.

Le génie comprend deux compagnies, avec 9 officiers et 200 hommes.

Enfin, un détachement de télégraphistes est composé de 2 officiers et 45 hommes.

En outre, 4,000 insurgés de l'armée de Calixto Garcia ont été embarqués sur les transports, à Asserraderos, pour être transportés à Altarés, près Baiquiri, où, avec les 1200 hommes du chef Castillo, ils vont coopérer, avec les Américains, dans la marche sur Santiago.

Le général Shafter a reçu l'ordre de renvoyer ses transports à Tampa, où se concentrent les renforts destinés à son armée et à l'expédition prochaine de Porto-Rico.

Lorsque les Espagnols eurent constaté l'impossibilité de s'opposer au débarquement des Américains, ils se replièrent sur Santiago, où, appuyés par les canons de l'amiral Cervera, et hors de la portée de ceux de l'amiral Sampson, ils espéraient tenir tête à l'ennemi.

Leur aile gauche battit en retraite, en livrant une série de petits combats isolés, cherchant à retarder l'avant-garde ennemie, que commandait le général Lawton.

Celle-ci arriva bientôt à Jaragua, à 10 kilomètres de Santiago, et hissa le pavillon américain.

Le vendredi 24 juin, les roughs-riders et les pelotons à pied de la cavalerie américaine, soit un millier d'hommes, attaquèrent un détachement de 2,000 Espagnols, déployé dans la brousse, à 5 milles de Santiago. Ceux-ci durent battre en retraite, jusque sous les canons de la ville.

Les Américains avaient perdu, dans cet engagement, 13 morts et 50 blessés, dont 6 officiers.

Sur mer, les cuirassés *Texas*, *Massachusetts* et *Oregon* continuaient à bombarder les batteries de la côte.

Le *Marblehead* balayait le rivage, aux environs de la baie de Guantanamo.

Les navires légers surveillaient les mouvements des troupes espagnoles, sur la côte, à une distance de dix milles, à l'est et à l'ouest de Santiago.

Mais, malgré la facilité avec laquelle s'étaient effectués le débarquement et la première marche en avant des Américains, on s'attendait, à Washington, à une résistance opiniâtre de la part des défenseurs de Santiago. On savait que le général Linarés disposait d'environ 40,000 soldats, tandis que les forces du général Shafter, jointes aux bandes insurgées, ne représentaient pas un effectif supérieur à 20,000 hommes.

On se préoccupait donc beaucoup, dans les sphères gouvernementales américaines, de renforcer au plus tôt les troupes du général Shafter.

Une autre question se présentait, au même moment, à l'étude du président Mac Kinley et de ses conseillers.

La fameuse escadre de réserve de l'amiral Camara, celle qui, pendant si longtemps, avait dérouté les prévisions les plus perspicaces, venait d'être signalée au canal de Suez, en route, par conséquent, pour l'Asie et les Philippines. Elle se composait du cuirassé *Pelayo*, 9,900 tonnes, 14 nœuds, 23 canons, 12 canons-revolvers, battant pavillon de l'amiral ; du croiseur cuirassé *Emperador Carlos V*,

9,090 tonnes, 10 nœuds, 28 canons; des croiseurs armés (ex-transatlantiques) *Patriota*, *Buenos-Aires*, 5,200 tonnes, 13 nœuds; *Isla-de-Panay*, 3,636 tonnes, 13 nœuds; *Rapido* et *Colon;* des contre-torpilleurs *Audaz*, *Proserpina* et *Osado*, chacun de 400 tonnes, 30 nœuds, 6 canons, 2 lance-torpilles; du transport *Covadonga* et du charbonnier *San-Francisco*.

Ces douze bâtiments comptaient 2,437 hommes d'équipage et 2,147 hommes de troupe.

Mais, comme à son arrivée en Égypte, cette escadre avait besoin de 10,000 tonnes de charbon, et que le gouvernement égyptien ne pouvait autoriser le passage du canal, dans le cas où elle réclamerait une quantité de combustible supérieure à celle qui lui serait nécessaire pour regagner le plus prochain port espagnol, soit, en l'espèce, Barcelone, on pouvait se demander, avec raison, si l'amiral Camara ne serait pas obligé de rebrousser chemin, pour toucher aux Baléares, et cingler ensuite vers la mer des Antilles.

Dans ce cas, elle serait rejointe, dans les eaux espagnoles, par quatre navires qui n'avaient pu appareiller en même temps qu'elle.

Les bien informés d'Amérique affirmaient que M. Mac Kinley était décidé à envoyer une flotte sur les côtes d'Espagne, afin de terminer plus rapidement les hostilités; on ajournerait, s'il était nécessaire, les hostilités contre Porto-Rico.

Et l'on croyait, de l'autre côté de l'Atlantique, n'avoir pas à se préoccuper de la dernière flotte que l'Espagne feignait de vouloir armer, celle-ci composée des vieux cuirassés *Victoria* et *Numancia*, des croiseurs *Lepanto*, *Princesse-des-Asturies*, *Cardinal-Cisneros*, *Cataluna*, *Alfonso XIII*, du monitor *Puycerda*, du croiseur auxiliaire *Meteoro*, du contre-torpilleur *Destructor*, des torpilleurs *Barcelo* et *Relamosa*, et des transatlantiques armés en guerre *Léon XIII* et *Monserrat*.

En effet, quelques-uns de ces bâtiments étaient loin d'être prêts. La *Princesse-des-Asturies* demandait encore deux mois, le *Cardinal-Cisneros* un mois, le *Lepanto* quinze jours, pour pouvoir entrer en ligne.

Et pouvait-on compter que cette force navale serait encore prête à temps opportun, pour prendre part aux opérations décisives ? Tout faisait présager le contraire. En attendant, l'escadre Camara était immobilisée à Port-Saïd, par l'impossibilité de se procurer du charbon.

A la requête du consul américain, le gouvernement égyptien avait même prescrit aux autorités du canal de Suez d'empêcher l'embarquement des chauffeurs embauchés à Port-Saïd par l'amiral Camara. Celui-ci avait été prévenu, par les ministres du khédive, que l'embarquement des chauffeurs serait une infraction à la loi de neutralité.

A Cuba, les Américains avaient dessiné leur mouvement vers Santiago : sous la protection de l'avant-garde, plusieurs batteries de campagne et des canons à tir rapide avaient pris position derrière des épaulements construits à 1800 mètres des lignes espagnoles et à 8 kilomètres de Santiago.

Dans l'intérieur, les insurgés des provinces orientales redoublaient d'activité. Elles voyaient leurs mouvements régulièrement facilités par les transports que les Américains avaient mis à leur disposition.

Le général Young, à la tête de l'avant-garde, avait dépassé Sevilla, et campait sur les bords du Rio-Guama, à trois heures à peine de Santiago. Le gros de l'armée bivouaquait à Siboney, et le quartier général du général Shafter avait quitté Baiquiri, pour s'installer à Jaragua.

Le 25 juin, deux compagnies américaines avaient occupé les positions couvrant le passage du Rio-Guama, et trois régiments, commandés par le général Lawton, s'étaient installés à Sabanillo. 800 insurgés, de la bande Gonzalez, s'étaient joints à la division américaine, qui avait mis en batterie des pièces de campagne et des mitrailleuses Gattling, au sommet d'une colline dominant le bassin de Santiago.

Bien que les lignes américaines fussent à bonne portée de canon des lignes espagnoles, pas un coup de canon n'avait encore été tiré le 26 juin. Les officiers américains comprenaient la difficulté de s'emparer, par un coup de main, d'une ville aussi bien fortifiée que Santiago, et avaient résolu d'attendre, pour l'attaque, l'arrivée des grosses pièces de siège.

D'autre part, l'état-major américain avait été avisé que 15,000 espagnols défendaient les lignes, à deux kilomè- de Santiago ; que le général Aldave, avec 4,000 hommes, venait de rentrer dans la place, enfin que le général Pando avait quitté Manzanillo, avec plusieurs milliers de soldats d'élite, pour faire sa jonction avec les troupes du général Linarés, commandant de Santiago.

Et de plus, le général Pareja qui, lors du débarquement, se trouvait dans le district de Guantanamo, revenait à marche forcée sur la capitale, et pouvait tomber inopinément sur le flanc ou les derrières du corps américain.

Celui-ci, bien que renforcé par les bandes de Garcia, de Castillo, de Cerebro et de Gonzalez, ne pouvait, sans témérité, prononcer son offensive avant d'avoir reçu les renforts que l'on concentrait à Tampa.

Quelques mouvements se produisaient, au même moment (28 juin), dans l'armée navale américaine. Le commodore Howell, qui protégeait, avec son escadre, les côtes de l'Atlantique nord, se rendait devant la Havane, pour remplacer l'escadre de blocus de l'amiral Watson.

Celle-ci, composée du *Newark*, vaisseau-amiral, des cuirassés *Iowa* et *Oregon*, des croiseurs *Yankee*, *Dixie* et *Yosemite*, et des transports charbonniers *Scindia*, *Afaranda* et *Alexandra*, prenait le nom d'escadre orientale, et avait pour mission de menacer les côtes d'Espagne, pour forcer l'amiral Camara à rebrousser chemin ; car on savait fort bien à Washington que l'amiral Barrosa, commandant l'escadre espagnole en armement, ne pourrait prendre la mer avant au moins un mois.

Pour le moment, l'amiral Sampson et le commodore Schley étaient maintenus au blocus de Santiago, et le commodore Remey au commandement de la base navale de Key-West.

D'autre part, le président Mac Kinley avait lancé une proclamation étendant le blocus de Cuba à la côte méridionale de l'île, depuis le cap Francés jusqu'au cap Cruz, ainsi qu'à San-Juan de Porto-Rico, afin d'empêcher le ravitaillement des deux îles.

Les derniers jours de juin furent employés, par les Américains, à préparer l'attaque régulière de Santiago, que l'on avait reconnu ne pouvoir enlever par un coup de main.

La marche en avant fut, en conséquence, suspendue.

Le général Shafter passa, à Jaragua, la revue des 21,000 Américains et Cubains placés sous ses ordres, et fit commencer, en ce point, un vaste camp retranché, dans lequel se concentrèrent les hôpitaux de campagne et tous les services de l'arrière.

Cependant, les troupes légères, formant l'avant-garde, ne restaient pas inactives. Le 27 juin, elles avaient installé une forte grand'garde, sur la route de Sabanilla à Santiago, à moins de trois milles de cette dernière ville.

Les éclaireurs cubains avaient même poussé un mille plus loin, et s'étaient emparé des conduites d'eau approvisionnant la ville.

Le général Wheeler avait aussitôt envoyé un détachement du génie qui avait coupé les conduites sur une longueur de plusieurs centaines de mètres, et les avait dérivées vers le camp américain.

Santiago se trouvait désormais réduite en partie à l'eau des citernes, et cette eau, d'après les insurgés cubains, était de fort mauvaise qualité.

Mais il faut observer que la petite rivière Yarayo descendant des hauteurs du nord de la ville et plusieurs sources sorties des collines d'El Cobre permettaient encore à la garnison et à la population civile de s'alimenter d'eau potable.

Sur la ligne d'investissement, les généraux américains s'étaient réparti le commandement de la manière suivante : Au centre, sur le Rio-Guama, le général Chaffee ; à l'aile gauche, le général Wheeler avec la cavalerie montée et démontée ; à l'aile droite, le général Lawton avec l'artillerie. Le génie, sous les ordres du général Ludlow, était occupé à consolider les routes, transformées en fondrières, pour permettre le passage de la grosse artillerie et des fourgons de vivres nécessaires pour la marche en avant qui semblait imminente.

Le quartier général du commandant en chef était à Siboney.

Des patrouilles américaines parcouraient tout le pays en avant des lignes sans rencontrer de troupes espagnoles. Celles-ci semblaient s'être terrées derrière leurs retranchements et leurs palissades. Leur présence n'était signalée que par la construction de tranchées et d'épaulements à Aguadores, la Vigia et Santa-Ursula et la destruction du chemin de fer de Santiago à Aguadores.

C'est le 1er juillet que commencèrent les préliminaires de l'attaque contre Santiago. Dans la matinée de ce jour, le général Shafter envoyait en effet à M. Alger, secrétaire de la guerre à Washington, le télégramme suivant :

« L'action est engagée, mais le feu est peu nourri et intermittent. Il a été commencé sur la droite, près d'El Caney, par la division du général Lawton, qui va s'avancer vers la partie nord-est de Santiago. »

Voici, d'après des documents officiels, comment s'engagea la bataille :

Elle débuta par une lutte d'artillerie. A sept heures du matin, la batterie Capron ouvrit le feu. A sept heures un quart, la batterie Grims commença à son tour à tirer. Les Américains se servaient de poudre ordinaire, de sorte que la fumée permit aux Espagnols de régler leur tir. Leurs batteries étaient servies par des canonniers de l'escadre Cervera.

Les Espagnols se servaient de poudre sans fumée, ce qui rendait le réglage du tir assez difficile pour les Américains. Néanmoins, le feu de ceux-ci était extrêmement nourri.

Lorsqu'il jugea la préparation de l'artillerie suffisante, le général Shafter donna le signal de l'attaque. Elle eut lieu sur trois points différents. Les généraux Lawton et Wheeler marchèrent sur El Caney, le général Kent prit pour objectif Aguadores ; Garcia et ses Cubains tournèrent El Caney par le sud-est. Les Espagnols défendaient leurs positions avec acharnement ; mais les forces américaines et cubaines conquérant le terrain pied à pied, réussirent bientôt à s'emparer des ouvrages évacués et à rejeter leurs adversaires dans les faubourgs de Santiago.

Pendant la première partie de la journée, une lutte acharnée se déroula autour d'Aguadores, où le général Linarés commandait en personne. Les Espagnols répondaient par un feu furieux aux Américains ; la flotte américaine lançait une pluie de projectiles sur les lignes espagnoles.

L'amiral Sampson envoya le *Massachusetts*, le *New-York*, le *Glocester* et le *Suwanee* attaquer les batteries récemment élevées à l'est et au sud du Morro. Celles-ci furent rapidement ruinées. Les projectiles à la dynamite du *Vesuvius* avaient produit des effets foudroyants.

A la fin de la journée, les Espagnols avaient reculé sur toute la ligne d'investissement. Ils avaient évacué le plateau de Sevilla et la position d'El Caney.

Le général Shafter fit aussitôt mettre son artillerie en batterie sur les positions conquises, afin de combattre dès le lendemain la deuxième ligne de défense des Espagnols.

La division Lawton et une partie des insurgés cubains prolongèrent la ligne d'investissement depuis El Caney jusqu'à Caimanés.

2,000 hommes des bandes de Calixto Garcia furent embarqués pour Asserraderos à l'ouest de Santiago, afin d'opérer contre les renforts espagnols qui accouraient de Manzanillo ou pour couper la retraite à la garnison de Santiago au cas où le général Linarés tenterait une sortie dans cette direction pour faire sa jonction avec la colonne de secours que l'on croyait s'avancer vers Santiago.

Les pertes des Américains, accusées par une première dépêche du général Shafter, qui parlait de 400 hommes hors de combat, étaient bien au-dessous de la réalité, comme le montre un second télégramme du général en chef, ainsi conçu :

« Je crains bien de ne pas avoir donné un chiffre suffisamment élevé comme étant celui des pertes américaines. Il faudrait envoyer ici un vaste vaisseau-hôpital parfaitement équipé. Le chirurgien militaire en chef dit qu'il a du travail pour quarante médecins de plus. Le vaisseau-hôpital devrait amener une chaloupe et des embarcations pour transporter les blessés. »

Le texte officiel communiqué par le gouvernement de Washington ne donne pas le chiffre définitif des pertes avouées par le général Shafter, mais les correspondances expédiées de Cuba firent connaître que plus de mille hommes étaient restés sur le champ de bataille.

Une cinquantaine de médecins reçurent immédiatement l'ordre de partir pour le théâtre de la guerre et le général Shafter fut autorisé à requérir tous les transports nécessaires pour le service des hôpitaux.

Les pertes considérables des Américains furent attribuées à l'erreur commise dans le déploiement des troupes. En effet, pendant toute la durée du combat d'artillerie, des compagnies d'infanterie restèrent massées en arrière des batteries, exposées au feu terrible des pièces de l'escadre espagnole.

Le maréchal Blanco, de son côté, avait envoyé au gouvernement espagnol la dépêche suivante :

« Aujourd'hui, 1ᵉʳ juillet, à midi, l'ennemi a vigoureusement attaqué Santiago de Cuba. Il est parvenu à prendre les positions avancées de Lomas et de San-Juan, après trois heures d'une résistance tenace de notre part ; nous avons pu sauver notre artillerie, quoique plus de la moitié de nos forces ait été mise hors de combat. Le général Linarés, grièvement blessé au bras gauche, a dû laisser le commandement au général Toral.

« L'ennemi, en nombre considérable, a attaqué ce matin le bourg d'El Caney ; il a été repoussé par le général Vara-Rey. Le combat a recommencé dans la soirée, et s'est terminé dans le bourg d'El Caney après une résistance énergique de notre part ; nos pertes ont été sensibles. Je n'ai pas de nouvelles des colonnes Escario et Pareja, avec lesquelles il ne m'a pas été possible de communiquer, malgré tous les efforts que j'ai faits pour y arriver. »

La journée du 2 juillet fut presque entièrement consacrée au repos dans les deux camps.

Seuls quelques travaux de fortification jugés indispensables furent exécutés par les soldats du génie américain.

Sur mer les navires de l'amiral Sampson canonnaient à intervalles réguliers les ruines du fort Morro et des batteries de l'entrée du goulet, pour empêcher les Espagnols d'y réinstaller des pièces de canon.

Le 3 juillet, le général Shafter expédiait à Washington le télégramme suivant :

« Santiago est entièrement investi au nord et à l'est, mais le cordon d'investissement est très faible. J'ai reconnu, en m'approchant, que les défenses sont si fortes qu'il me sera impossible d'enlever la ville d'assaut avec les forces dont je dispose actuellement.

« Nos pertes, jusqu'à présent, s'élèvent à un millier d'hommes ; mais la liste n'en est pas encore dressée. Il y a peu de malades, mais les troupes sont fatiguées par la chaleur intense, les efforts faits pendant la bataille de vendredi et la fusillade presque incessante dirigée contre les tranchées.

« Nous entretenons avec difficulté la route carrossable à l'arrière, car le terrain est détrempé par les pluies ; mais pour le moment, nous pouvons toujours nous en servir.

« La conduite des troupes américaines a été magnifique. Le général insurgé Garcia annonce qu'il est maître de la voie ferrée de Santiago à San-Luis ; il a brûlé le pont et enlevé quelques rails. Il fait savoir que le général Pando est arrivé à Palma et que le consul de France de Santiago et 400 Français sont arrivés hier de Santiago au camp des insurgés. J'ai invité Garcia à les traiter avec les plus grands égards possibles. »

Le secrétaire de la guerre répondit au général Shafter par le télégramme suivant :

« Le président me charge de vous dire que vous avez la reconnaissance et les remerciements de la nation pour les opérations si brillantes et si efficaces de votre noble armée dans le combat de vendredi.

« La bravoure et l'héroïsme de vos officiers et de vos hommes donnent à la nation américaine un frisson d'orgueil.

« Le pays pleure les braves tombés dans la bataille ; ils ont ajouté de nouveaux noms au Livre d'or de nos gloires. »

Au moment où ce dernier télégramme parvenait au commandant des troupes américaines à Cuba, l'amiral Sampson datait de Siboney, 3 juillet, la dépêche suivante qui provoqua dans toute l'Union un enthousiasme indescriptible :

« La flotte que je commande offre à la nation, comme cadeau de fête du 4 juillet, la destruction de toute la flotte de l'amiral Cervera. Aucun vaisseau n'a échappé. Elle a tenté de s'échapper à neuf heures et demie du matin, et à deux heures de l'après-midi, le dernier vaisseau, le *Cristobal-Colon*, s'était échoué à 60 milles à l'ouest de Santiago, où il a abaissé son drapeau. L'*Infante-Marie-Thérèse*, le *Viscaya* et l'*Oquendo* ont été forcés d'échouer. Ils ont été brûlés et ont sauté à moins de 20 milles de Santiago. Le *Furor* et le *Pluton* ont été détruits à environ 4 milles du port. Nos pertes ont été d'un homme tué et de deux blessés.

« Les pertes de l'ennemi s'élèvent probablement à plusieurs centaines d'hommes qui ont péri par le feu, par les explosions ou dans la mer. Nous avons fait environ 1300 prisonniers, y compris l'amiral Cervera. »

Le même jour, le gouvernement espagnol affirmait que l'amiral était parvenu à rompre le blocus, et que son escadre victorieuse avait repris la mer.

Mais il fallut bientôt se rendre à l'évidence, et le 5 juillet, M. Sagasta avouait officiellement que l'escadre de l'amiral Cervera avait été battue, son chef fait prisonnier, l'*Oquendo* incendié et le *Maria-Teresa* coulé. Mais, disait-on dans les sphères gouvernementales, la dépêche de Cuba n'est pas encore entièrement déchiffrée.

Elle l'était le lendemain, et le gouvernement de la reine devait enfin avouer à l'Espagne toute l'étendue du désastre.

Voici ce qui s'était passé :

L'amiral Cervera, placé en face de forces écrasantes, n'avait d'autre alternative, s'il restait enfermé dans le port, que d'être anéanti ou de se rendre. Aussi résolut-il de tenter le passage du goulet.

Dès que la flotte espagnole se fut mise en mouvement pour sortir du port, les navires américains ouvrirent le feu sur elle, et à peine avait-elle pris le large qu'ils se mirent à sa poursuite, faisant pleuvoir sur elle une grêle de projectiles qui perçaient les coques d'acier, ouvraient de larges voies d'eau et inondaient de sang le pont des navires.

A aucun moment du combat, les Espagnols ne parurent vouloir renoncer à la lutte. Ils n'amenèrent pas leur pavillon même quand leurs navires commencèrent à sombrer, et quand d'épais nuages de fumée montrèrent qu'ils étaient en feu.

A ce moment, ils se dirigèrent vers le rivage distant de moins d'un mille et échouèrent leurs navires sur les écueils. Les équipages quittèrent alors leurs vaisseaux et, avec l'aide d'embarcations envoyées par les navires américains, gagnèrent la terre.

Une fois débarqués, les marins espagnols se confièrent à la discrétion de leurs vainqueurs qui mirent à terre un détachement, pour protéger les prisonniers contre les bandes cubaines embusquées dans la brousse, et prêtes à tomber sur les marins désarmés.

Deux heures après que le premier navire espagnol eut franchi le goulet, trois croiseurs et deux contre-torpilleurs gisaient à la côte, à dix ou quinze milles du fort Morro. Tous ces navires étaient fracassés.

A chaque instant, quand l'incendie atteignait les soutes à munitions, des explosions formidables se produisaient; puis les navires s'enfoncèrent peu à peu dans le sable ou les rochers.

L'amiral Cervera gagna la terre dans une chaloupe envoyée par le *Gloucester* au secours de l'équipage de l'*Infante-Maria-Teresa*. Dès qu'il eut touché la terre, l'amiral se rendit ainsi que ses officiers au capitaine Morton et fut conduit à bord du *Gloucester* où les officiers américains le félicitèrent de sa bravoure. L'amiral était blessé au bras.

Seul de l'escadre Cervera, le *Cristobal-Colon* avait réussi à prendre de l'avance sur les vaisseaux américains. Mais poursuivi à toute vapeur par l'*Iowa*, l'*Oregon* et le *Brooklyn*, criblé de projectiles de gros calibre, il se laissait porter à la côte et s'échouait. Son équipage était fait prisonnier.

La deuxième escadre de l'Espagne était détruite. Il ne lui restait plus que les forces navales placées sous les ordres de l'amiral Camara, et que depuis plusieurs jours le manque de charbon immobilisait à l'entrée du canal de Suez.

Tandis que ces graves événements se passaient en mer, le général Pando à la tête de six mille réguliers, trompant la surveillance de l'armée d'investissement, entrait à Santiago, et faisait sa jonction avec les troupes du général Linarés.

CHAPITRE XIII

LA CAPITULATION DE SANTIAGO

Proclamation du maréchal Blanco. — Plus d'illusions. — L'échange des prisonniers. — Une suspension d'armes. — Le plan d'attaque. — Premières négociations. — Nouveau bombardement. — Arrivée du général Miles. — Dénouement imminent. — Les négociateurs. — La capitulation de Santiago. — Les exigences du vainqueur. — Dans le camp américain. — Aux États-Unis. — La dernière parade. — Situation de prise d'armes. — Le gouverneur de Santiago. — Mesures administratives. — Entre Américains et insurgés. — Le chef Castillo. — Une lettre de Calixto Garcia. — Réponse du général Shafter. — Dans la baie de Nipe. — Pétition des Cubains. — L'ambassadeur de France. — Est-ce la paix ? — A la Maison-Blanche. — Continuation des hostilités. — Encore une proclamation du maréchal.

Le désastre inouï qui frappait la nation espagnole ne parut pas, sur le moment, décourager les défenseurs de Cuba. Voici, en effet, en quels termes le maréchal Blanco, gouverneur général, annonçait à l'armée et à la population de l'île la destruction de l'escadre de Santiago :

« La fortune n'accompagne pas toujours le courage. L'escadre espagnole, commandée par l'amiral Cervera, combattant contre des forces supérieures, a péri glorieusement au moment où nous la croyions sauvée du péril qui la menaçait, dans le port de Santiago.

« Le coup est très dur, mais ce serait indigne des Espagnols de défaillir maintenant, malgré la gravité du désastre.

« Nous devons montrer du courage et non pas de la faiblesse, nous pouvons continuer la lutte contre les adversités et les vaincre. Nos forces sont suffisantes pour défendre notre cause ; nous devons nous grandir devant le malheur. Unissons-nous, confiants en Dieu, et soyons courageux pour défendre l'honneur et l'intégrité de la patrie. »

Cette proclamation, datée de la Havane, du 7 juillet, n'était pas, malheureusement pour les Espagnols, en rapport avec le côté matériel et pratique de la situation ; et les infortunés défenseurs de Santiago allaient bientôt s'en apercevoir.

On ne semblait d'ailleurs pas se faire grande illusion, dans cette ville, sur la durée de la résistance, puisque, dès les premiers jours de juillet, l'archevêque de Santiago avait prié le maréchal Blanco de permettre à la garnison de capituler, considérant, disait-il, « qu'il est inutile de continuer à se défendre, l'honneur de l'Espagne et de ses soldats étant sauf ».

Le maréchal avait, d'ailleurs, répondu par dépêche au prélat, qu'il était impossible que Santiago capitulât. Avant de mourir, disait-il, « rappelons-nous tous que nous sommes les descendants des immortels défenseurs de Gérone et de Saragosse ».

L'archevêque aurait pu répondre au maréchal que, dans son palais de la Havane, à l'abri des projectiles de gros calibre de l'armée américaine, le capitaine général ne courait aucun risque de trouver une mort glorieuse, alors que les défenseurs de Santiago étaient décimés inutilement par le feu, la famine et la maladie, mais il eut le patriotisme de s'abstenir.

Quelques jours après la destruction de la flotte espagnole, les autorités de Santiago consentirent à l'échange du lieutenant Hobson et des matelots du *Merrimac*, contre des prisonniers du même grade de l'escadre Cervera.

Les braves marins américains furent reçus, dans les lignes américaines, par le capitaine Chadwick, du *New-York*.

Ils furent l'objet d'une manifestation enthousiaste de la part des soldats sur tout le parcours.

De Jaragua, le lieutenant Hobson se rendit à bord du

New-York, sur le pont duquel les officiers et l'équipage étaient rangés. Ceux-ci l'applaudirent, tandis qu'il montait à bord.

Les équipages d'une douzaine de transports, ancrés dans la baie, se joignirent à cette démonstration.

Le lieutenant Hobson déclara qu'il n'avait qu'à se louer des bons traitements de l'armée espagnole.

Sitôt après la destruction de l'escadre Cervera, une courte suspension d'armes avait été conclue entre le général Shafter et le général Torral, remplaçant le général Linarés, blessé dans une précédente rencontre. Cette trêve, pendant laquelle on avait procédé à l'échange des prisonniers et on avait donné un peu de repos aux troupes, fut prolongée de quelques jours, pour permettre au commandant de Santiago de communiquer avec la Havane, et de recevoir les instructions du maréchal Blanco, soit dans le sens de la continuation de la résistance, soit dans celui de la capitulation, car vivres et munitions commençaient à se faire rares.

Le nouveau délai devait expirer le 9 juillet, à midi.

Il fut mis à profit par les deux partis, pour renforcer les batteries et les retranchements.

Les Américains fortifièrent beaucoup leurs positions. Ils construisirent des ponts pour amener leurs pièces de gros calibre.

Les canons à dynamite furent mis en batterie, sur des points commandant la ville. Les batteries d'El Caney enfilaient le Champ-de-Mars et l'hôpital, le chemin de Cristo et la ligne ferrée de Sabanilla ; celles des hauteurs de San-Juan menaçaient le quartier de Santo-Tomas, la place d'armes d'Alameda et les quais.

Du côté de la terre, Santiago n'avait ni murailles, ni forts, mais des lignes presque continues de retranchements en terre, avec terre-pleins d'artillerie, d'un profil assez sérieux.

D'après le plan concerté entre l'amiral Sampson et le

général Shafter, à la reprise des hostilités, l'escadre américaine devait bombarder les forts de l'entrée du goulet, pour en chasser les Espagnols, et les faire occuper par un millier d'hommes.

Des canots, pourvus de grappins, étaient désignés pour repêcher les fils conducteurs des mines sous-marines ; puis l'escadre entrerait dans le chenal, que n'obstruaient pas complètement les épaves du *Merrimac* et de la *Reina-Mercedès*, récemment coulée par les Espagnols eux-mêmes, et viendraient s'embosser à bonne portée de la ville, pour soutenir l'assaut donné par les troupes du général Shafter et de Calixto Garcia.

Tout faisait présager, d'ailleurs, que l'on ne serait pas obligé d'en arriver à cette extrémité.

Le général Torral avait, en effet, envoyé au général Shafter un parlementaire, pour offrir de capituler, à condition qu'il fût permis aux troupes espagnoles de se retirer avec leurs armes et leurs drapeaux.

Le général Shafter déclara ne pouvoir prendre sur lui d'accorder ces conditions, et en référa à Washington.

En effet, M. Mac Kinley refusa sa sanction, mais autorisa une courte prolongation d'armistice, au cours de laquelle le général Torral réunit un conseil de guerre où l'on examina la possibilité de battre en retraite, par la route de Caimanès.

Malheureusement, la voie n'était pas libre ; le commandant des forces américaines l'avait fait occuper par des réguliers et un détachement d'insurgés cubains.

A l'expiration du délai accordé par le général Shafter, le bombardement, ou pour être plus exact, une répétition du bombardement commença.

Sur un signal parti de la terre, le *Brooklyn*, le *Texas* et l'*Indiana*, placés en ligne, à un quart de mille du rivage, à Aguadores, exécutèrent, par-dessus les falaises, un tir plongeant ; mais, au trente-cinquième projectile, le général Shafter signala que les obus n'atteignaient pas

Santiago, qui est à cinq milles en arrière des falaises. Les navires eurent alors recours à leurs gros canons. Le général Shafter signala de nouveau que les obus tombaient à mille pieds en avant de la ville, et un peu trop à gauche.

Quand la nuit arriva, l'escadre suspendit son tir.

D'après un télégramme expédié le soir même à Washington, elle devait, le lendemain, se rapprocher de la côte, et reprendre le bombardement, pendant que l'armée de terre compléterait l'investissement vers le nord-ouest, et canonnerait Santiago avec ses pièces de campagne.

Mais, le jour suivant, de nouveaux pourparlers étaient engagés pour la reddition de la ville.

Le général Shafter avait conféré avec les autres généraux américains, au sujet des propositions du général Torral, qui s'engageait à ne pas détruire les navires restant dans le port, ni les canons, ni les munitions, ni les édifices de Santiago, si on lui permettait de se retirer à vingt milles de là, avec ses troupes, sans être inquiété.

Les généraux américains inclinaient à accepter ces propositions, parce que, vu la faiblesse du cordon d'investissement du côté de l'ouest, on pouvait craindre que, jouant la suprême carte, le général Torral se précipitât de ce côté avec toutes ses troupes, et effectuât une trouée, après avoir incendié la ville.

Sur ces entrefaites, le général Miles, généralissime de l'armée fédérale, le général Randolph, avec des troupes de renfort, arrivaient au large de Santiago.

L'effectif des troupes américaines était porté au chiffre de 22,000 hommes, et 65 canons ou mortiers se trouvaient en batterie devant la ville.

Malgré l'évidente et triste réalité, le maréchal Blanco et l'état-major de la Havane essayaient encore de se faire illusion.

Voici le texte du télégramme expédié le 10 juillet à Madrid, par le capitaine général de Cuba :

« La proposition de l'ennemi d'exiger la remise de la place de Santiago sans conditions ayant été repoussée, les hostilités ont recommencé cet après-midi à quatre heures.

« J'ai ordonné à la place de se défendre à outrance. Le vapeur *Pensylvania*, que j'ai envoyé avec 80,000 rations, a tenté de rompre le blocus de Santiago. Il est reparti pour Jucaroo après s'être réfugié dans le fleuve Canto, poursuivi par l'ennemi et ayant abandonné son chargement.

« Cette dernière tentative de ravitaillement de la place a donc été infructueuse.

« L'ennemi a commencé l'attaque de la place de Santiago par San-Juan et le Morro, à quatre heures quarante-cinq, par une vive fusillade et le canon.

« Nos troupes ont conservé leurs positions. L'ennemi a abandonné ses tranchées avancées sur les collines de San-Juan.

« L'escadre a bombardé simultanément la ville. Le feu a cessé à sept heures.

« Nos troupes ont été admirables. Nos pertes sont peu nombreuses. »

Et cependant, le dénouement approchait.

Les navires américains avaient recommencé le feu. Des observateurs à terre rectifiaient le tir, et les projectiles, passant par-dessus les falaises d'Aguadores, tombaient en plein centre de la ville. L'artillerie de terre faisait rage de son côté, et à faible distance. Santiago brûlait. Les Espagnols ne répondaient que faiblement.

Bientôt le général Shafter pria l'amiral Sampson de suspendre le tir de l'escadre ; puis il envoya au général Torral, en parlementaire, le général Wheeler pour lui annoncer que Santiago était complètement investi, que 18,000 réfugiés mouraient de faim dans le camp des Américains qui n'avaient pas les moyens de les nourrir.

En conséquence, le général Torral était sommé au nom de l'humanité, pour la troisième et dernière fois, de capituler sans conditions. Le général espagnol répondit que la question était si grave qu'il devait en référer à Madrid; il communiquait en même temps un télégramme du maréchal Blanco qui offrait de nommer une commission mixte pour rédiger les termes de la capitulation.

Le général Miles et le général Shafter trouvant ambigus les termes de la proposition, décidèrent d'avoir une entrevue personnelle avec le général Torral. Celle-ci eut lieu le 14 juillet, à midi, sur un point situé entre les deux armées.

Le général Torral déclara qu'il venait de recevoir l'autorisation de capituler aux conditions qui seraient arrêtées par les commissaires des deux nations, et il désigna pour l'Espagne M. Masson, vice-consul anglais, le général Tolon et son chef d'état-major; les généraux Wheeler et Lawton et le capitaine Wiley, de l'état-major du général Shafter, furent nommés commissaires américains.

Après de longs pourparlers, les préliminaires de la capitulation étaient signés le 17 juillet, à une heure du matin.

Les conditions de la reddition de Santiago étaient les suivantes :

1° Les 20,000 personnes réfugiées dans les camps américains rentreront dans Santiago ;

2° Des patrouilles d'infanterie américaine seront établies sur les routes qui aboutissent à la ville ;

3° Le service médical et les ambulances du corps expéditionnaire donneront leurs soins aux blessés espagnols ;

4° Toutes les troupes espagnoles de la province de Santiago, à l'exception des 10,000 hommes commandés par le général Luque, à Holguin, devront se concentrer à Santiago pour se rendre ;

5° Les canons et les défenses de Santiago devront être remis aux Américains en bonne condition ;

6° Les Américains pourront utiliser librement le chemin de fer de Jaragua ;

7° Les troupes espagnoles devront rendre leurs armes ;

8° Les troupes espagnoles de Santiago seront transportées en Espagne en emportant leurs effets personnels ;

9° Les Espagnols coopéreront avec les Américains à la destruction des mines sous-marines placées à l'entrée du port de Santiago.

La nouvelle de la capitulation de Santiago fut accueillie avec enthousiasme par les soldats américains.

Bien que plus réservée, la joie des officiers supérieurs et de l'état-major général du corps expéditionnaire n'en était pas moins vive, car si le blocus de la ville eût dû se prolonger, il eût pu devenir fatal à l'armée américaine. La fièvre jaune avait, en effet, fait son apparition dans le camp ; et, malgré de strictes précautions sanitaires, le pour cent journalier des indisponibles augmentait dans des proportions inquiétantes.

Un certain nombre d'officiers, le général Chaffee étaient atteints assez gravement ; les statistiques médicales indiquaient qu'un tiers du corps expéditionnaire était incapable de tout service.

Aussi, aux États-Unis, la nouvelle de la reddition de la place mit-elle un terme à l'anxiété causée par les dépêches récentes, exposant la situation pénible où se trouvaient les Américains par suite des pluies, des tempêtes et des fièvres, situation qu'un ennemi mieux organisé aurait pu transformer en un véritable désastre.

Le 17 juillet eut lieu, à Santiago, l'imposante mais triste cérémonie de la remise de leurs armes, par les soldats espagnols.

Le général Shafter, les commandants de division et de brigade et leur état-major, se présentèrent sur le terrain escortés par de la cavalerie ; le général Torral et son état-major arrivèrent escortés d'une centaine de soldats d'élite.

Des sonneries de trompettes retentirent ; puis le général Torral remit son épée au général Shafter, qui la lui rendit aussitôt.

Les troupes américaines, formées en bataille en avant de leurs retranchements, assistaient à la cérémonie.

Le général Shafter et son escorte, accompagnés par le général Torral, entrèrent ensuite à cheval dans la ville, pour la prise de possession officielle, qui eut lieu au Palais.

A midi précis, le canon tonna, les troupes présentèrent les armes, et aux accents de l'hymne national américain le drapeau étoilé fut hissé sur tous les édifices de la ville, en remplacement du drapeau espagnol.

Le général Mac Kibben était nommé gouverneur provisoire de Santiago ; deux régiments américains avaient pour mission de maintenir l'ordre.

Les troupes espagnoles devaient camper en dehors de l'enceinte, jusqu'au jour de leur embarquement pour l'Espagne.

Le jour de la capitulation, la situation de prise d'armes, remise par le général Torral à l'état-major américain, accusait un effectif de 22,780 hommes, c'est-à-dire que l'effectif des prisonniers de guerre était supérieur à celui de l'armée assiégeante.

Dans l'après-midi du 18 juillet, une chaloupe à vapeur du croiseur américain *Marblehead* s'avança dans la baie de Guantanamo jusqu'à hauteur de Vert-Caya-del-Toro, petite localité située en face de Caimanera.

L'officier qui commandait la chaloupe informa officiellement le commandant espagnol de la reddition du général Torral ainsi que de la capitulation de Santiago.

L'officier américain fixa un délai à l'expiration duquel le pavillon espagnol flottant sur Caimanera devrait être abaissé.

Il prévint également le commandant espagnol que si la canonnière *Sandoval*, qui se trouvait dans la rade, était mise hors d'usage d'une façon quelconque ou si les armes et munitions ainsi que les édifices publics et les casernes de Guantanamo et de Caimanera étaient détruits, les soldats composant la garnison espagnole ne seraient pas traités comme prisonniers de guerre.

L'officier espagnol abaissa son pavillon quelques heures plus tard et rendit les deux places le lendemain. L'effectif qui les défendait était de 5,000 hommes d'après les contrôles ; mais la fièvre jaune avait exercé de si cruels ravages que 300 hommes à peine étaient en état de faire un service actif.

Le 18 juillet, le président Mac Kinley signa un document d'État relatif à l'organisation du gouvernement provisoire de Santiago. Ce document devait être publié en anglais et en espagnol, de façon à recevoir la plus large publicité dans les territoires placés sous le contrôle américain. Le général Shafter était investi du commandement de tous les territoires occupés. Une proclamation adressée aux habitants de ces territoires indiquait l'établissement formel d'un nouveau pouvoir politique à Cuba et assurait aux habitants des districts occupés une sécurité absolue pour leurs personnes et pour leurs biens en même temps qu'une entière liberté pour l'exercice de leurs droits et de leurs relations privées.

Tous les forts et places actuellement en possession des forces américaines de terre et de mer étaient ouverts au commerce de toutes les nations neutres en ce qui concerne tous les objets qui ne sont pas de contrebande, contre payement des droits en vigueur au moment de leur importation.

La gendarmerie indigène ainsi que les tribunaux existants conservaient dans la mesure du possible les attributions qu'ils avaient avant l'occupation.

La modification la plus importante introduite dans le tarif douanier à Santiago était une réduction d'un dollar à vingt cents par tonne du droit de tonnage pour les navires transportant 2,000 tonnes au plus.

Mais à peine les Américains avaient-ils pris possession de Santiago que des dissentiments éclatèrent entre eux et les insurgés cubains. Peu de temps avant la capitulation, Calixto Garcia avait informé le général Shafter que les insurgés avaient choisi le chef Castillo comme gouverneur de Santiago. Mais en vertu des instructions de M. Mac Kinley, le commandant en chef avait, comme nous l'avons vu, donné le gouvernement de la place au général américain Mac Kibben, qui avait pris deux officiers de l'état-major de Garcia pour l'assister dans ses fonctions.

Quand le général Shafter avait annoncé sa décision de ne pas permettre à la junte insurgée d'entrer dans la ville, des murmures avaient éclaté parmi les hommes de Garcia qui espéraient piller Santiago comme ils avaient déjà saccagé Baiquiri et Siboney.

Le chef Castillo s'était rendu au quartier général et avait demandé au général Shafter pourquoi il laissait l'administration de Santiago entre les mains des autorités civiles espagnoles.

Le général avait répondu :

« Les Espagnols ne sont pas nos ennemis ; nous luttons contre les soldats de l'Espagne, mais nous ne voulons pas voler ses citoyens.

« Aucun Cubain ne sera autorisé à entrer dans la ville. Je crois probable qu'après le départ de l'armée américaine, l'administration de la ville sera transférée entre vos mains, mais pas avant. »

Castillo n'avait pas dissimulé son mécontentement. D'autre part, Garcia avait refusé l'invitation du général Shafter d'assister à la cérémonie du déploiement du drapeau américain sur Santiago, ne voulant pas, disait-il, se trouver côte à côte avec les Espagnols qu'il détestait. Depuis lors, les insurgés restaient dans leur camp ; mais, ne pouvant se ravitailler autrement, ils acceptaient néanmoins les vivres américains.

Le 22 juillet, Calixto Garcia réunit en conseil les officiers supérieurs cubains et, après avoir exposé ses griefs, adressa au général Gomez sa démission de commandant de l'armée orientale de Cuba ; puis il écrivit au général Shafter la lettre suivante :

« Le gouvernement de Cuba m'a ordonné de coopérer avec l'armée américaine. J'ai fait de mon mieux pour répondre aux désirs de mon gouvernement et j'ai été jusqu'ici un de vos plus fidèles subordonnés, m'honorant de servir sous vos ordres.

« Je n'ai pas été honoré d'un seul mot de vous m'informant des termes de la capitulation ni de l'importante cérémonie de la reddition de Santiago, que je n'ai connue que par la nouvelle rendue publique.

« Vous avez laissé au pouvoir les autorités espagnoles que je combats comme ennemies.

« Je désirais vivement coopérer avec votre armée à toutes les dispositions relatives à l'occupation de la ville et au maintien de l'ordre jusqu'à ce que le moment vînt pour le peuple des États-Unis de remplir l'engagement solennel qu'il a pris de proclamer Cuba libre.

« Un bruit trop absurde pour être cru attribue la cause de vos ordres interdisant à mon armée l'entrée de Santiago à la crainte de massacres comme représailles contre les Espagnols. Je proteste contre l'ombre même d'un pareille idée. Nous ne sommes pas des sauvages ignorants des règles de la guere entre civilisés. Nous sommes une pauvre armée en haillons comme vos ancêtres dans leur noble guerre d'indépendance ; mais, comme les héros de Saratoga, nous respectons trop profondément notre cause pour la souiller par la barbarie et la lâcheté.

« Je regrette sincèrement de ne pouvoir remplir plus longtemps les ordres de mon gouvernement et je me retire avec mes forces dans l'intérieur. »

Le général Shafter répondit à Calixto Garcia en lui exprimant la surprise et les regrets que lui causaient sa lettre. Il lui rappela qu'il l'avait invité à la cérémonie de la reddition de Santiago et que Garcia avait décliné cette invitation.

Il ajouta que la place avait rendue aux États-Unis seulement et que, par conséquent, il ne pouvait être question des forces cubaines dans la capitulation.

Le général joignait à sa lettre une copie des instructions de son gouvernement qui lui prescrivaient de laisser provisoirement l'administration de Santiago entre les mains de ceux qui en avaient la charge.

Il terminait en disant que le gouvernement des États-Unis et lui-même rendaient pleinement justice à Garcia et à ses vaillants soldats dont l'appui avait été d'une valeur considérable pendant la campagne.

J'apprends avec beaucoup de regrets, concluait le général Shafter, votre détermination de vous retirer de cette région.

En quittant Santiago, Garcia se dirigea vers Holguin dans le but de s'emparer de cette place et de se dédommager ainsi de la déception éprouvée à Santiago.

A quelques milles au nord de cette place, ses éclaireurs lui signalèrent un détachement espagnol qui rentrait à Santiago, pour rendre ses armes, aux termes de la capitulation.

Il s'avançait plein de confiance, sans s'attendre à être attaqué. Garcia disposa aussitôt ses hommes en embuscade, et fit ouvrir le feu sur les Espagnols; mais, ceux-ci, bientôt revenus de leur première surprise, se reformèrent en bon ordre, et ripostèrent vigoureusement, obligeant Garcia à battre en retraite précipitamment, après avoir perdu une quarantaine d'hommes. Les Espagnols ne les poursuivirent point.

Sitôt après la reddition de Santiago, le gouvernement de M. Mac Kinley avait décidé de s'emparer de la baie de Nipe, sur la côte nord-est de Cuba. Cette baie constitue une excellente base pour les opérations ultérieures, contre la ville d'Holguin.

Le 21 juillet, les navires de guerre *Topeka*, *Wasp* et *Leydan* se présentèrent devant la baie.

Les deux forts, placés de chaque côté de l'entrée du port, n'offrirent qu'une faible résistance ; mais le croiseur *Jorje-Juan* et un fort, situé sur une colline, près de la ville de Mayari, ripostèrent vigoureusement au feu des Américains.

Le *Jorje-Juan*, cerné par quatre navires américains qui dirigeaient sur lui un feu violent, fut anéanti, et coula dans l'espace de vingt minutes.

Deux obus américains, ayant éclaté dans le fort de Mayari, le drapeau blanc fut hissé sur ce fort.

Les embarcations des navires américains constatèrent qu'un grand nombre de plaques de la coque du *Jorje-Juan* avaient été enlevées par l'équipage, avant d'abandonner le navire.

Le port était défendu par des torpilles, dont l'une fit explosion à cent mètres de la proue du navire américain *Topeka ;* une autre éclata à deux cents mètres de la poupe du même navire.

Deux canonnières espagnoles abandonnées furent saisies, au fond du port de Nipe ; la ville, elle-même, après quelques pourparlers, capitula, et le drapeau américain remplaça le drapeau espagnol sur les édifices publics.

La petite place de Jibara, sur la côte nord de Cuba, à 120 kilomètres de Nipe, était en même temps attaquée par de nombreuses bandes d'insurgés. Hors d'état de résister, la petite garnison espagnole évacua la ville, qui fut occupée par les Cubains.

Dans l'après-midi du 23 juillet, une réunion importante d'insurgés avait eu lieu, au club San-Carlo de Santiago, pour discuter l'attitude qu'il convenait aux Cubains d'adopter, en présence de la réponse du général Shafter à la lettre de Calixto Garcia, que nous avons citée, et des instructions du président Mac Kinley, relatives à l'administration de Santiago.

Au cours de cette réunion, M. Joachim Castillo, président du club et frère du général cubain Castillo, déclara que si on gardait le silence ce serait donner une approbation tacite aux procédés des Américains, qui s'étaient conduits, disait-il, avec un manque absolu de bonne foi envers les Cubains, que ceux-ci ne pouvaient tolérer.

La pétition suivante fut, en effet, rédigée pour être transmise à M. Mac Kinley :

« Les soussignés, Cubains de naissance, propriétaires résidant à Santiago de Cuba, représentant, avec nos familles, la population non combattante qui, dans ces parties de l'île de Cuba, a souffert, durant de si longues années, du fait de la domination espagnole, tenons à adresser nos remerciements les plus chaleureux au peuple américain, pour nous avoir délivrés du joug insupportable de l'hégémonie espagnole.

« Nous tenons aussi à exprimer notre confiance absolue dans la bonne foi des intentions des États-Unis, et dans l'assurance qu'ils ont donnée que le territoire de Cuba ne sera pas conquis, par les troupes américaines, pour être ensuite annexé aux États-Unis. Nous sommes persuadés, et nous voudrions que tout le monde soit persuadé, que les Cubains sont capables de remplir leurs obligations nationales et de se gouverner eux-mêmes.

« Il est possible que, dans un avenir rapproché, l'île de Cuba fasse partie du territoire américain, ce qui ne pourrait qu'augmenter le bien-être de sa population, mais, pour le moment, nous voulons posséder un gouvernement qui nous soit propre, comme compensation aux souffrances graves endurées et à l'héroïsme de notre armée ; nous voulons l'établissement définitif d'une république cubaine, composée de Cubains, conformément aux résolutions du Congrès américain.

« Nous espérons que l'état actuel des choses à Santiago, où la garde de nos intérêts se trouve encore entre les mains des Espagnols, ne durera plus longtemps, et que la ville sera prochainement remise aux Cubains. Nous espérons que notre armée y entrera bientôt et que, de même qu'on a vu les troupes cubaines combattre vaillamment à côté des troupes américaines, on verra le drapeau cubain flotter triomphalement à Santiago, à côté du drapeau américain. »

Les relations entre Cubains et Américains commençaient, d'autre part, à être un peu moins tendues. Le général Shafter donnait quelques satisfactions aux autonomistes, en nommant les mieux qualifiés d'entre eux à des postes laissés vacants dans les douanes, par le départ ou la révocation de fonctionnaires espagnols.

Le gouvernement américain avait fait, d'ailleurs, connaître sa résolution de continuer à nourrir et à équiper les forces cubaines, et de faire tous ses efforts pour éviter les malentendus entre les chefs cubains et les commandants des troupes américaines.

Il avait, de plus, été décidé que, pour faire montre de courtoisie à l'égard de Calixto Garcia, le général Miles, commandant des forces destinées à opérer incessamment contre Porto-Rico, prierait le chef insurgé de fournir un petit détachement qui prendrait part à l'expédition, à côté des troupes américaines.

Celle-ci allait, en effet, avoir lieu, malgré les ouvertures des négociations de paix entre l'Espagne et les États-Unis.

Le 27 juillet, un communiqué officiel était publié à Washington, en ces termes :

« L'ambassadeur de France, au nom du gouvernement espagnol, et à la requête du ministre des affaires étrangères d'Espagne, a remis, cet après-midi, au président, à la Maison-Blanche, un message du gouvernement espagnol ayant en vue la fin des hostilités et l'établissement des conditions de paix. »

M. Jules Cambon, ambassadeur de France, accompagné du premier secrétaire de l'ambassade, M. Thiébaut, s'était en effet présenté à l'audience de M. Mac Kinley et lui avait remis, ainsi qu'à M. Day, secrétaire d'État, le message du gouvernement de la reine.

La communication espagnole était conçue en termes généraux ; il n'y était fait aucune proposition catégorique au sujet de Cuba, des Philippines et autres possessions. C'était une simple requête demandant l'ouverture de négociations de paix et marquant le désir de l'Espagne d'apprendre à quelles conditions les Etats-Unis seraient disposés à la conclure. Un armistice n'était même pas proposé.

Le président Mac Kinley réserva sa réponse.

Il déclara qu'il soumettrait la question au cabinet, et qu'il inviterait ensuite M. Cambon à une nouvelle entrevue, pour lui donner la réponse des États-Unis.

Après le départ de M. Cambon, un conseil de cabinet eut lieu, auquel assistèrent, outre le président et M. Day, les ministres de la guerre et de la marine, MM. Alger et Long, ainsi que M. Bliss, secrétaire à l'intérieur, et M. Wilson, secrétaire à l'agriculture.

Il fut décidé que l'on accepterait l'offre de l'Espagne d'ouvrir des négociations, mais tout en continuant la guerre, jusqu'à ce que cette puissance eût fait des propositions un peu plus tangibles.

La note remise par M. Cambon était, en effet, rédigée de la manière suivante :

« Le gouvernement des États-Unis et celui de l'Espagne sont malheureusement engagés dans une guerre née à la suite de la demande faite par le gouvernement américain à l'Espagne de se retirer de Cuba, demande à laquelle cette dernière a refusé de se rendre.

« Dans la lutte armée qui en est résultée, l'Espagne avoue avoir eu le dessous. Les souffrances que lui a causées cette guerre sont grandes, et elle croit que le moment est venu, pour elle, où elle peut convenablement demander aux États-Unis leur coopération dans le but de terminer la guerre.

« C'est pourquoi elle demande qu'on lui fasse connaître, par l'intermédiaire de l'ambassadeur de France, les conditions qu'exigeraient d'elle les États-Unis, pour conclure la paix. »

En attendant une communication plus explicite de l'Espagne, les hostilités devaient continuer sur tous les points. D'ailleurs, le parti militaire à Cuba ne semblait point admettre que la résistance fût arrivée à son terme, si l'on en juge par la proclamation suivante du maréchal Blanco, lancée à la suite de la capitulation de Santiago :

« Après une défense héroïque et plusieurs batailles sanglantes, le manque de munitions et de vivres ont obligé Santiago à capituler dans des conditions honorables et avec tous les honneurs de la guerre.

« L'occupation de Santiago par les Américains est sans importance stratégique, puisque la ville était depuis longtemps bloquée par les vaisseaux américains. Cette occupation n'aura donc aucune influence sur l'avenir de la campagne qui décidera du sort de l'Espagne.

« L'armée espagnole est intacte, avide de gloire et elle désire mesurer ses forces avec les Américains.

« C'est à cette armée que le roi, le gouvernement, le pays tout entier confient la tâche de défendre à tout prix l'intégrité du territoire et notre drapeau sans tache. Ils sont convaincus que l'armée espagnole sera victorieuse, malgré tant de dangers et d'obstacles, et qu'elle montrera une fois de plus le caractère indomptable et le génie militaire de notre peuple.

« Tel est aussi l'espoir de votre généralissime. »

Il semble qu'en écrivant ces lignes, le maréchal Blanco se faisait bien des illusions sur la situation. Il parlait de victoires au moment où son gouvernement cherchait à négocier et n'attribuait aucune importance à l'occupation de Santiago, alors que la prise de cette place allait rendre disponibles les navires de l'escadre Sampson et de l'escadre Schley et leur permettre soit de courir sus à la flotte de l'amiral Camara, soit de faire une tournée de destruction sur les côtes d'Espagne, soit enfin, but immédiatement réalisable, de transporter la guerre à Porto-Rico, et d'avoir raison des résistances accumulées depuis plusieurs mois dans cette colonie.

CHAPITRE XIV

L'EXPÉDITION DE PORTO-RICO

L'expédition de Porto-Rico. — Le plan de campagne. — Les forces espagnoles dans l'île. — Débarquement à Guanica. — Les fortifications de Ponce. — Le drapeau américain. — Sur la route de San-Juan. — Un article du *Correo*. — Prise de Ponce. — Proclamation du général Miles. — Le colonel Hulings occupe Juanadiaz. — Au phare de Cabeza. — Engagement de Mayaguez. — La suspension des hostilités.

L'ensemble des forces nécessaires à l'attaque de Porto-Rico était évalué à 30,000 hommes.

Le 1er corps, mobilisé à Chickamanga, avait déjà expédié deux de ses brigades qui devaient rallier à Port-Saint-Nicolas, sur la côte d'Haïti, les troupes d'avant-garde emmenées de Santiago par le général Miles, commandant en chef de l'expédition.

Un deuxième contingent avait quitté les États-Unis avec pour destination Fajardo.

Un troisième devait atterrir sur la côte septentrionale de l'île, aux environs de San-Juan.

Le département de la guerre avait, en outre, envoyé dans les eaux de Porto-Rico une escadrille de remorqueurs et de chalands porteurs de grues et de machines propres au déchargement des navires ainsi qu'à l'aménagement de quais, de ponts et de bassins.

Les forces espagnoles réparties dans les huit districts militaires de Porto-Rico préparaient activement la défense. Elles comptaient 7,200 hommes de troupes régulières et 12,000 volontaires sous les ordres du général Macias.

Le 26 juillet, les 3,500 hommes d'avant-garde amenés

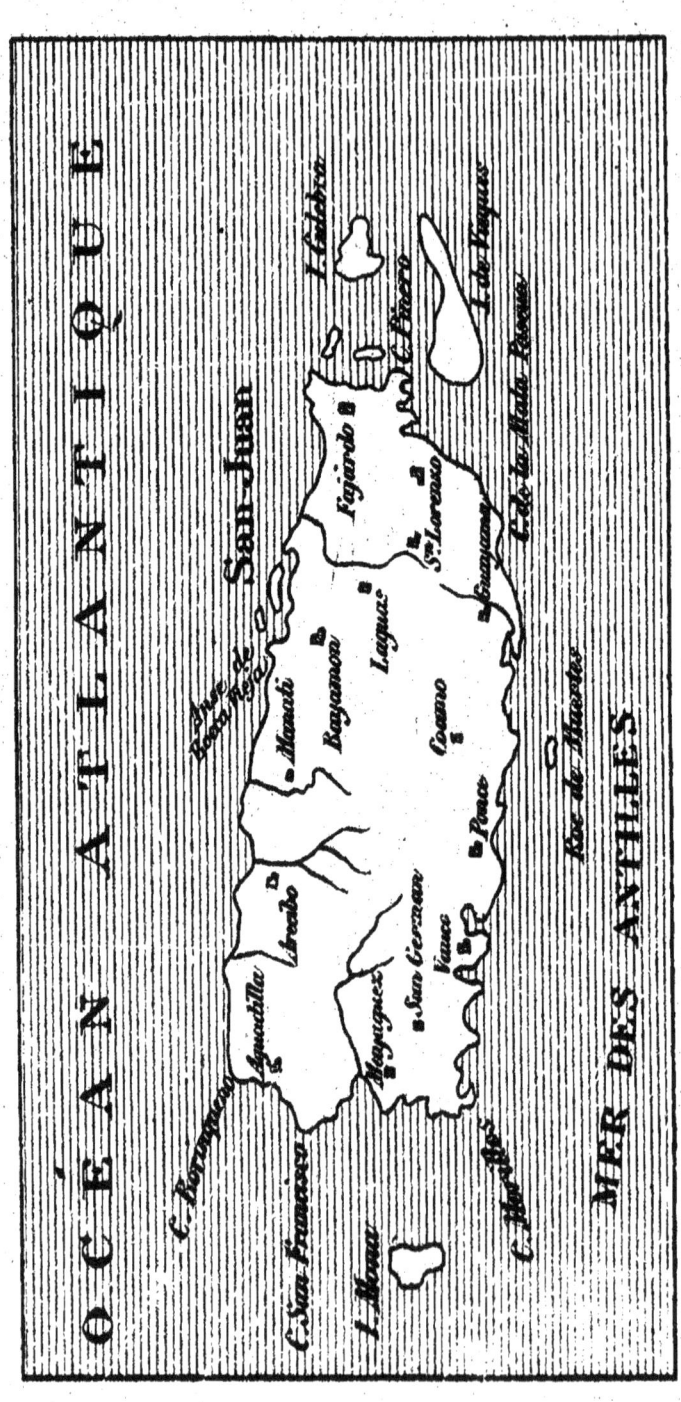

par le général Miles commencèrent à débarquer à Guanica, à 10 milles de Ponce, sur la côte sud de Porto-Rico, à quatre journées de marche de San-Juan.

Il n'y avait à Ponce qu'un bataillon de réguliers et trois bataillons de volontaires. Les seules fortifications de cette place consistaient en ouvrages récemment bâtis sur les hauteurs qui la dominent au nord et à l'ouest, battant le chemin de fer de Ponce à San-Juan. Ces ouvrages avaient été armés de 30 canons de montagne.

Le petit bassin de carénage de Ponce était également défendu par quelques batteries de terre.

Le débarquement de Guanica ne donna lieu qu'à une escarmouche dans laquelle un officier et trois soldats espagnols furent blessés.

Le cuirassé américain *Massachusetts*, les croiseurs ou transports affrétés *Columbia*, *Dixie*, *Gloucester* et *Yale* s'étaient embossés assez loin du rivage et tenaient à distance un petit détachement espagnol armé de fusils Mauser qui battit rapidement en retraite.

Sous la protection des navires, les troupes américaines gagnèrent la côte dans des chaloupes et bientôt le drapeau américain était hissé à un mât planté sur le rivage.

Le plan du général Miles consistait à pousser rapidement en avant et à s'emparer du chemin de fer conduisant de Guanica à Ponce.

De là, après avoir fait sa jonction avec les troupes du général Brookes, on se dirigerait par une superbe route de 130 kilomètres de longueur sur San-Juan de Porto-Rico où les Espagnols avaient concentré toute leur résistance. Les instructions du général Miles étaient d'offrir aux garnisons espagnoles de Porto-Rico de capituler dans les mêmes conditions que Santiago de Cuba.

Il n'est pas sans intérêt de rapprocher les ouvertures de paix que nous avons signalées plus haut et la décision du président Mac Kinley de continuer la guerre, de la déclaration suivante publiée par le *Correo*, journal officieux du gouvernement de Madrid, relativement à l'occupation de Porto-Rico :

« Porto-Rico n'a jamais été un facteur dans la guerre actuelle ; toutefois, les États-Unis ont, après l'ouverture des hostilités, manifesté le désir de s'en emparer ainsi que des Philippines. Le gouvernement de Washington ne peut cependant pas ignorer les démarches déjà faites par l'Espagne en faveur de la paix.

« Par conséquent, tous les actes postérieurs à ces manifestations ne sauraient être compris dans le traité, d'après les plus élémentaires principes du droit international. »

On comprend que le gouvernement de Madrid ait tenu à réserver éventuellement tous les droits de l'Espagne sur la petite Antille. Mais, en présence de la décision bien arrêtée des États-Unis de s'emparer de Porto-Rico, il semble que la précaution des Espagnols devait avoir, surtout à cette époque, un caractère absolument platonique. Après avoir débarqué son artillerie dans des conditions absolument normales, le général Miles occupa sans résistance la petite ville de Guanica, puis commença sa marche vers Ponce, refoulant devant lui un millier de volontaires espagnols qui tentèrent, mais sans succès, plusieurs attaques nocturnes contre le camp américain.

L'état-major du général Miles était en même temps avisé que toutes les garnisons des villes, situées à l'intérieur de l'île, se concentraient sur San-Juan dont on augmentait jour et nuit les défenses. Les Espagnols semblaient avoir abandonné le dessein de s'opposer à la marche des Américains sur la capitale.

Le 26 juillet, ceux-ci s'emparèrent de Ponce, la seconde ville de Porto-Rico. Elle tomba sans coup férir entre leurs mains. Non seulement la baie n'était pas protégée, mais les défenses de la ville, au nord et à l'ouest, consistaient en quelques ouvrages de terre improvisés sur les hauteurs et, comme nous l'avons dit, les forces espagnoles étaient limitées à un bataillon de réguliers et trois de volontaires.

Encore ces derniers mirent-ils beaucoup de mauvaise volonté à se joindre aux troupes régulières pour repousser l'envahisseur. Ce fait et cet autre, que la ville de Ponce accueillit les Américains comme des libérateurs, s'explique assez par la raison que la région de Ponce était depuis bien longtemps le principal foyer autonomiste de l'île.

Le général Miles, commandant le corps expéditionnaire, télégraphia en ces termes, au gouvernement américain, la prise de Ponce :

« Nous avons pris Ponce où, à cette heure, flotte le drapeau américain. Un grand enthousiasme règne dans la population. Dans un engagement à Yauco, quatre américains ont été blessés. Les Espagnols ont eu trois tués et treize blessés. L'ennemi s'est retiré de Ponce précipitamment, laissant des munitions derrière lui. La population se livre à des réjouissances en l'honneur des Américains. »

Après le départ de la garnison espagnole, les autorités civiles de Ponce se rendirent à l'escadre américaine, composée du *Wasp*, du *Gloucester* et du *Dixie*, qui était entrée dans le port, menaçant de bombarder la ville.

Celle-ci, comptant une population de 40,000 habitants, était construite en bois, et incapable de soutenir un bombardement.

Les notables invitèrent donc les autorités civiles à effectuer la reddition de la ville, ce qui fut fait entre les mains d'un petit détachement de marins américains, entre les mains duquel le drapeau espagnol fut remis. Le lendemain le général Miles apprit avec surprise la capitulation de la ville.

L'administration civile fut laissée en fonctions. Les Américains remirent en liberté quelques prisonniers politiques qui se trouvaient en prison.

Dans une proclamation au peuple de Porto-Rico, le général Miles déclara que la guerre avait été entreprise au nom de la liberté, de la justice et de l'humanité.

« Les Américains, disait-il, ne sont pas venus pour faire

la guerre aux habitants de Porto-Rico, mais pour chasser les ennemis du gouvernement des États-Unis, qui sont en même temps les vôtres, afin de vous libérer du joug de vos oppresseurs, et de vous faire bénéficier des avantages de la civilisation.

« Le gouvernement des États-Unis ne changera rien aux lois existantes, tant que le peuple se conformera aux règles de l'administration militaire et se montrera respectueux de l'ordre. »

Le port de Ponce renfermait une vingtaine de voiliers espagnols dont les Américains s'emparèrent.

Le général Miles prit aussitôt ses dispositions pour exécuter, sitôt l'arrivée des renforts, la deuxième partie des instructions envoyées de Washington, c'est-à-dire la marche sur San-Juan.

On ne croyait pas, à l'état-major américain, que l'on dût rencontrer une résistance sérieuse de la part des troupes espagnoles, sur une route pourtant accidentée, coupée de torrents et facile à défendre, notamment à Coamo, à Aibonito et à Caguas ; on espérait même avoir l'appui des *Jibaros*, nom donné aux paysans de Porto-Rico.

Déjà à Guanica, trois cents indigènes s'étaient joints aux Américains, et, étant donné l'enthousiasme avec lequel les habitants de Ponce avaient accueilli les libérateurs, on espérait ne pas rencontrer d'hostilité chez les populations qu'il fallait traverser pour arriver à San-Juan.

L'état sanitaire du corps expéditionnaire était excellent ; on attendait d'un moment à l'autre l'arrivée des 5,000 hommes de renfort que le général Brookes amenait de Newport-News, et que devaient suivre presque immédiatement les troupes de Floride concentrées à Tampa.

Le 30 juillet, toutes les forces américaines étaient réunies autour de Ponce, et les opérations commençaient. Le colonel Hulings à la tête de dix compagnies occupait Juanadiaz.

Le général Brookes débarqué à Arroyo, à l'est de Ponce,

commençait un mouvement tournant contre les troupes espagnoles d'Aibonito, et occupait Guayamo après un petit combat.

Le général Stone poussait une reconnaissance sur Arecibo, et s'emparait d'Adjuntas et d'Utado ; enfin un petit détachement prenait possession du phare de Cabeza de San-Juan, à la pointe nord-est de l'île.

Le 9 août, le major Wilson s'emparait de la petite ville de Guamo, à la suite d'un combat pendant lequel les Espagnols perdaient 12 tués, 35 blessés et 180 prisonniers.

La marche sur San-Juan s'effectuait dans des conditions normales ; le général Brookes suivait la route directe ; le général Wilson se dirigeait vers Adjuntas, et le général Schwan marchait sur Janco et Mayaguez.

En approchant de cette localité, le général Schwan se heurta à un fort détachement espagnol et le culbuta. Les Espagnols battirent rapidement en retraite, laissant un grand nombre de morts et de blessés sur le champ de bataille. Les Américains n'avaient eu dans cette rencontre que 2 tués et 14 blessés.

A Cabezas de San-Juan, huit cents espagnols essayèrent de reprendre le phare qui était gardé par quarante matelots américains.

Ils mirent une mitrailleuse en batterie et ouvrirent le feu.

L'*Amphitrite*, le *Leyden* et le *Cincinnati* ripostèrent et débarquèrent deux cent cinquante hommes, qui mirent en déroute les assaillants, leur tuèrent cinquante hommes, et s'emparèrent de la mitrailleuse, de fusils et de munitions.

L'avant-garde du général Brookes, de son côté, s'était emparé de Coamo, avait poursuivi les Espagnols jusqu'à quatre milles d'Aibonito, et n'avait cessé la poursuite que parce que l'ennemi avait fait sauter le pont sur la rivière Cuyox.

L'engagement de Coamo et l'occupation de Mayaguez

furent les derniers faits d'armes de la campagne de Porto-Rico.

Le 12 août, en effet, à 4 heures 23 de l'après-midi, le protocole des préliminaires de paix était signé à la Maison-Blanche, et M. Mac Kinley prescrivait la suspension de toutes les opérations militaires.

Avant de nous occuper des négociations à la suite desquelles la guerre cessait entre les États-Unis et l'Espagne, retournons sur le théâtre des hostilités de l'Asie orientale où nous avons laissé aux prises l'escadre Dewey et le chef Aguinaldo d'une part, de l'autre le général Augusti, capitaine général pour l'Espagne des Philippines.

CHAPITRE XV

LA CHUTE DE MANILLE

La situation à Manille. — Les progrès des Tagals. — Plus de munitions. — Télégramme du général Augusti. — Sur la rivière Pasig. — Le général Monet à Bulacan. — Révolte des troupes indigènes. — A Mindanao. — Dans la baie de Manille. — Renforts américains. — La canonnière allemande *Irène*. — Succès des insurgés. — Défaite de Monet à Macabebe. — Les avances d'Aguinaldo. — L'état de siège aux Philippines. — Le premier ministère philippin. — Les insignes du dictateur. — Relations tendues. — Instructions du général Merritt. — Une sortie générale. — La quatrième expédition américaine. — Fuite du général Augusti. — Reddition de Manille. — Situation embrouillée. — Rapport de l'amiral Dewey. — Les termes de la capitulation.

Nous avons vu plus haut que, dès le 12 juin, le général Augusti considérait la situation de Manille comme très grave, et déclarait ne plus attendre son salut que des renforts expédiés par la métropole. Or, ceux-ci, par une suite de circonstances que nous avons racontées, ne devaient pas dépasser le canal de Suez (1).

La chute de la domination espagnole aux Philippines n'était donc plus qu'une question de semaines ou de jours.

Au moment où nous reprenons notre récit, Manille, bloquée du côté de la mer par la flotte de l'amiral Dewey, est investie, sur le front de terre, par les bandes du chef insurgé Aguinaldo. Les Tagals se sont déjà emparés des abords de la ville, du côté de Malate, et ont refoulé les

---

(1) L'escadre Camara, la dernière force navale de l'Espagne, avait été immobilisée à Suez par manque de charbon. Après le désastre de Santiago, elle regagna sans bruit les eaux espagnoles et l'on n'entendit plus parler d'elle.

Espagnols dans leurs tranchées. Dans l'intérieur, les postes espagnols de Lagunas, Santa-Cruz et Pampanga ont été évacués, et les positions côtières de Pinas, Parangue, Tungalo, Malibas et Pineda sont tombées entre les mains des insurgés.

Les Espagnols commencent à manquer de munitions.

Le gouvernement de Madrid laisse entendre que le général Augusti a remis le commandement à son subordonné, le général Jaudenez.

En prévision de la capitulation de Manille, des ordres ont été expédiés, pour transporter à Ilo-Ilo le siège du gouvernement des îles, et les consuls espagnols de Hong-Kong, de Sanghaï et de Singapour sont invités à organiser, par tous les moyens possibles, des communications avec les parties de l'archipel restées encore fidèles à l'Espagne.

Le 14 juin, le général Augusti télégraphiait encore :

« La situation continue à être très grave. Les moyens de résistance diminuent.

« Les désertions de forces indigènes continuent. Si je me vois dans le cas de m'enfermer dans les murs de la ville, je ne pourrai plus rien communiquer à Votre Excellence. »

Effectivement, les forces espagnoles, qui défendaient pied à pied les approches de la vieille ville, allaient être réduites à s'enfermer dans l'enceinte murée, autour de laquelle le cercle des insurgés allait se resserrant. Toutes communications étant ainsi coupées aux défenseurs de Manille, la résistance deviendrait forcément limitée à la durée des munitions et des vivres.

Comme il restait encore, sur la rivière Pasig, deux petits torpilleurs espagnols, qui pouvaient inquiéter la flotte américaine, l'amiral Dewey envoya une chaloupe à vapeur, commandée par l'enseigne Caldwell, pour les détruire.

A son approche, les Espagnols coulèrent eux-mêmes,

à l'entrée de la rivière, la canonnière *Cebu*, qui en ferma complètement l'entrée.

Dans la première quinzaine de juin, le général Monet se trouvait avec trois mille hommes à Bulacan, à trente milles au nord de Manille et se dirigeait vers le sud, quand il tomba dans une embuscade tendue par les rebelles, dans une jungle très épaisse.

On se battit avec acharnement; mais, malgré la défection des troupes indigènes, les Espagnols mirent en fuite leurs adversaires et, après s'être reposés quelques jours, continuèrent leur marche sur Manille. Nous retrouverons bientôt cette colonne.

A Marebon, un bataillon de milice indigène, sur la fidélité duquel on croyait pouvoir compter, tira sur ses officiers, en tua cinq et déserta.

A Zapote, un autre régiment indigène se révolta au moment d'une attaque des insurgés et les laissa pénétrer dans les lignes, où ils jetèrent le désordre.

Ne pouvant plus compter sur leurs troupes auxiliaires, les Espagnols étaient fatalement réduits à la défense passive.

Et pendant ce temps, les renforts arrivaient aux Américains. Le *Charleston*, chargé de troupes, était signalé dans les eaux d'Honolulu. L'amiral Dewey avait envoyé à sa rencontre le croiseur *Baltimore*.

Un nouveau détachement de 4,000 hommes allait partir de San-Francisco avant la fin de juin; il serait embarqué sur six transports affrétés par le gouvernement, et placé sous les ordres du général Merritt.

Le 29 juin, le gouvernement espagnol recevait du général Augusti le télégramme suivant, daté du 23 juin:

« La situation est toujours aussi grave. Je continue à me maintenir dans la lutte des blockhaus. Mais le nombre de l'ennemi augmente à mesure qu'il occupe les provinces qui se rendent.

« Les pluies torrentielles, qui inondent les tranchées, rendent les défenses difficiles.

« Le nombre des malades va croissant parmi les troupes, ce qui contribue à rendre la situation très pénible, et à provoquer un accroissement de désertions parmi les indigènes.

« On croit que les insurgés comptent trente mille hommes pourvus de fusils, et cent mille d'armes blanches.

« Le chef rebelle Aguinaldo m'a sommé de capituler, mais j'ai méprisé ses propositions sans les écouter, car je suis résolu à soutenir la souveraineté et l'honneur du drapeau espagnol jusqu'à la dernière extrémité.

« J'ai plus de mille malades et deux cents blessés.

« L'enceinte fortifiée est envahie par les habitants des quartiers ruraux, qui abandonnent leurs demeures, en présence des actes de barbarie des rebelles.

« Les habitants constituent un embarras qui aggravera la situation, en cas d'un bombardement qu'on ne craint pas sérieusement pour le moment. »

Au moment où le général Augusti télégraphiait à la métropole ces peu réconfortantes nouvelles, les onze provinces de l'île de Luçon étaient occupées par les insurgés.

Des émissaires, envoyés vers le nord pour s'assurer du désastre de la colonne Monet, à Bulacan, n'avaient pu rapporter le moindre renseignement.

On prétendait que le général Pena avait dû se rendre, par suite de la défection des troupes indigènes.

L'effectif des rebelles campés autour de Manille dépassait 25,000 hommes.

Dans les provinces méridionales de l'archipel, la situation était un peu meilleure. Une dépêche du gouverneur des îles Visayas et Mindanao annonçait, en effet, la déroute des insurgés.

Le chef Arce, représentant d'Aguinaldo, avait été tué.

Le gouverneur espagnol déclarait que la tranquillité régnait sur son vaste territoire. Les chefs malais de Mindanao s'étaient présentés devant lui et lui avaient déclaré que, sachant la guerre déclarée entre l'Espagne et les

États-Unis, ils combattraient du côté des Espagnols pour la défense de la souveraineté de l'Espagne.

Un télégramme, daté de Manille, 26 juin, exposait la situation de la manière suivante :

« La situation continue à être dangereuse, et elle est semblable à celle que je vous annonçais par mon télégramme du 10 juin.

« Quinze navires allemands, français, japonais et anglais mouillent dans la baie, et par leur moyen on est fréquemment en communication avec Hong-Kong pour communiquer.

« Le général Monet, après avoir livré plusieurs combats, est arrivé avec 1000 hommes à Macabebe, où il s'est fortifié. Si l'ennemi poussait jusqu'à la capitale, j'ai donné l'ordre à Monet de forcer le passage pour venir à mon aide, quoique je considère cette opération comme difficile. »

La situation était, à ce moment, assez confuse. Les Espagnols, bloqués dans Manille, étaient prêts à succomber, cherchant en quelles mains capituler ; l'amiral américain, maître de la baie, attendait des renforts pour agir ; une escadre européenne surveillait les événements, prête à intervenir pour la sauvegarde de ses nationaux ; enfin, les insurgés, divisés entre eux, louvoyaient entre les Allemands et les Américains pour sauvegarder l'indépendance qu'ils semblaient à la veille de conquérir.

Le 1ᵉʳ juillet, les troupes américaines récemment arrivées débarquèrent à Cavite et établirent leur camp dans l'isthme. Le drapeau étoilé fut arboré sur les ruines du fort de San-Luizi. Le même jour, le général Monet était investi et assiégé dans Macabebe par les indigènes.

Le 5 juillet, le port de San-Francisco envoyait à Manille une nouvelle expédition, la quatrième depuis le commencement des hostilités, composée des vapeurs affrétés *Peru*, *City-of-Puebla*, *City-of-Acapulco* et *State-of-California*. Le nouveau contingent devait, en arrivant aux Philippines, porter à 15,000 hommes l'effectif du corps expéditionnaire du général Merritt.

Une cinquième et dernière expédition était prévue pour les premiers jours d'août.

Le 6 juillet, la canonnière allemande *Irène* croisait dans la baie de Subig lorsqu'elle rencontra des embarcations insurgées qui se portaient vers l'Isla-Grande dans l'intention d'attaquer les Espagnols. Elle les força à abandonner leurs projets.

L'amiral Dewey envoya aussitôt deux navires, le *Raleigh* et le *Concord*, pour faire une enquête. Le *Raleigh*, en entrant dans la baie, ouvrit le feu contre les forts qui la défendaient. Les Espagnols, au nombre de 500, capitulèrent. Le navire allemand sortit du chenal par l'extrémité opposée, et, revenu à Manille, son commandant déclara que son intervention était due à des raisons d'humanité.

Un télégramme de l'amiral Dewey rendit compte de l'affaire de Subig en ces termes :

« Aguinaldo m'a informé que ses troupes ont occupé toute la baie de Subig excepté l'Isla-Grande, qu'il a été empêché d'occuper par le navire de guerre allemand *Irène*. Le 7 juillet, j'ai envoyé le *Raleigh* et le *Concord*, qui ont pris l'île, capturé 1300 hommes, des armes et des munitions, sans résistance. L'*Irène* a quitté la baie à leur arrivée. »

Le même jour, plusieurs attaques furent dirigées par les insurgés contre les Espagnols. Les bandes d'Aguinaldo s'emparèrent de quelques canons à Santa-Mesa et creusèrent des tranchées à San-Juan, Santana, Paco et Pasayi. L'une d'entre elles s'empara même des retranchements de Malate et poussa jusqu'au pied de la muraille du réduit. Mais au bout de quelques heures, elle dut se retirer.

Le général Anderson, commandant provisoire des troupes de débarquement américaines, en attendant l'arrivée du général Merritt, avait conclu un arrangement avec Aguinaldo ; les insurgés devaient évacuer Cavite pour laisser la place aux soldats américains. Le 9 juillet, le général Augusti télégraphiait encore :

« On confirme l'arrivée de renforts américains. Ils se sont emparés, en passant, des Mariannes où ils ont laissé un gouverneur américain. Les Américains attendent une autre expédition pour le 15 juillet.

« La garnison de Manille et les lignes extérieures soutiennent chaque jour des combats contre les insurgés, qui reçoivent de nombreux renforts. Nous leur infligeons de grandes pertes.

« Les Américains n'osent point attaquer la place ; ils craignent de se rencontrer en face des rebelles et qu'il leur soit impossible de résister à l'avalanche.

« Les Américains craignent que, si Aguinaldo et ses hommes attaquent la place, la population ne prenne parti pour eux.

« Les Tagals sont aussi divisés entre eux ; les uns veulent l'indépendance, les autres l'autonomie. Je crois devoir me concilier les indigènes par des réformes qui sauvent la situation. »

A la date du 10 juillet, une autre dépêche officielle du gouverneur général de Manille annonçait que la colonne du général Monet, ne pouvant tenir à Macabebe, un détachement était parti sur trois embarcations remorquées par la canonnière *Leyte* pour aller chercher du renfort.

Les trois embarcations, entraînées par le courant, allèrent s'échouer à Bulacan et Esteros ; les soldats qui les montaient furent faits prisonniers par le chef insurgé Agonoy, lieutenant d'Aguinaldo.

Ce dernier venait d'envoyer des parlementaires au général Augusti pour l'engager à capituler, lui disant que 50,000 insurgés entouraient Manille, prêts à la prendre d'assaut et que l'Espagne ne pouvait envoyer de renforts.

Il valait donc mieux, estimait-il, que les Espagnols et les

insurgés se réconciliassent sous le drapeau de la République pour persuader ensuite aux Américains de cesser les hostilités et de demander aux puissances de reconnaître la république des Philippines.

Le général Augusti éconduisit les envoyés d'Aguinaldo, leur déclarant qu'il se défendrait jusqu'à la fin. Dans toute cette période, les Espagnols déployèrent d'ailleurs beaucoup d'activité, créant des abatis, des palissades, des tranchées et détruisant en avant de la ville les cabanes pouvant gêner le tir.

De leur côté, les insurgés tenaient sans cesse leurs ennemis en haleine. Ils avaient mis en batterie, sur les hauteurs de Posoy, deux vieux canons et, à intervalles inégaux, tiraient dans la direction de la ville européenne. Aguinaldo avait transféré son quartier général de Cavite à Bacoor et se tenait en relations fréquentes avec l'amiral Dewey, dont les navires exerçaient du côté de la mer une surveillance rigoureuse. Une dépêche de Manille du 14 juillet montrait la situation sous un jour un peu moins défavorable :

« J'espère, disait le capitaine général, soutenir la défense en luttant contre l'ennemi jusqu'à la dernière extrémité.

« Avec la deuxième expédition américaine arrive un monitor, comme batterie flottante, et, avec la troisième, un autre monitor et deux croiseurs.

« A la fin du mois de juin, les indigènes de l'équipage d'un vapeur ont tué le capitaine ; puis ils sont allés à Cavite s'unir aux rebelles et aux Américains.

« Le colonel Blanco et les officiers échappés à Macabebe et à Cavite, ainsi que le général Monet se trouvent ici.

« Modestement et sans aucune exagération qui serait contraire à mon caractère, j'ai exposé avec une loyale franchise les vraies phases de cette difficile situation, que pour ma patrie et mon roi j'espère sauver à tout prix. »

Le 15 juillet, la garnison avait repoussé victorieusement

une attaque des insurgés et leur avait infligé de grosses pertes.

Le même jour le général Anderson télégraphiait à Washington, qu'Aguinaldo venait de proclamer la dictature et l'état de siège aux Philippines.

Le chef tagal avait même constitué un ministère. Il en avait pris la présidence et donné le portefeuille de la guerre à son neveu Baldimiro Aguinaldo ; celui de l'intérieur, à Léandro Ibaira ; celui des affaires étrangères, à Mariano Irias.

Le but poursuivi par les insurgés apparaissait nettement ; c'était l'établissement de la République dans l'archipel.

Le 1er août, le cabinet espagnol laissait publier une dépêche préparant le pays à la nouvelle de la capitulation imminente de Manille. Ce télégramme constatait que la capitale des Philippines était bloquée depuis trois mois, que le courage admirable de la garnison décimée ne se démentait pas, mais que les vivres commençaient à manquer et que les munitions étaient presque épuisées.

Une longue résistance, ajoutait-on, devient impossible, l'espoir de l'arrivée de secours et de ravitaillements indispensables étant aujourd'hui perdu, tandis que les forces des Américains sont portées à 11,000 hommes par l'arrivée de l'expédition du général Merritt, devant la ville bloquée, d'autre part, par 30,000 insurgés.

Jusqu'à présent les rebelles, qui ont été les seuls à prendre l'offensive, ont été tenus en échec par les défenseurs de la place ; mais ceux-ci n'ont plus de vivres que pour quinze jours. Il paraît certain que les Espagnols ne se rendront pas sans combat, mais qu'ils saisiront avec empressement la première occasion de conclure une capitulation honorable, dans les mains des Américains.

Ceux-ci n'étaient point d'ailleurs sans quelques inquiétudes causées par l'attitude des bandes d'Aguinaldo.

Le général Merritt avait fait savoir à Washington que celui-ci se préparait à rompre avec les États-Unis. Le général disait qu'il ferait de son mieux pour protéger les citoyens contre les violences des rebelles. Dans ce but, il demanderait, conjointement avec l'amiral Dewey, la reddition de Manille, devançant ainsi les insurgés. Le général Augusti avait laissé entendre qu'il capitulerait dès qu'il pourrait le faire honorablement, comme la garnison de Santiago de Cuba, si toutefois la paix n'était pas conclue avant l'attaque décisive des Américains.

Ceux-ci, sous les ordres des généraux Merritt, Anderson et Green, campaient à Cavite, à Paranao et à Tambo, au sud de Manille.

Sur ce dernier point, « le camp Dewey » était établi en arrière des positions des insurgés, en face de Malate. Les troupes de ce camp, commandées par le général Green, tenaient les insurgés en échec, et l'artillerie du capitaine Astor était aussi bien braquée contre eux que contre les lignes espagnoles.

Les relations étaient très tendues entre Américains et insurgés. Aguinaldo avait défendu aux Tagals de se soumettre aux réquisitions de bétail nécessaire aux troupes du général Merritt. Celui-ci avait passé outre ; des conflits avaient failli éclater qui n'avaient été empêchés que par l'énergie et le sang-froid des officiers américains. Les commandants des forces des États-Unis aux Philippines reçurent aussitôt l'ordre de réprimer, avec la plus grande énergie, toute tentative de trouble de la part des insurgés.

Il fut convenu entre le général Merritt et le général Augusti que Manille capitulerait lorsque les troupes américaines seraient en nombre pour contenir les insurgés, et éviter les excès, après la reddition.

Ce ne pouvait plus être qu'un délai de quelques jours, car la quatrième expédition, organisée à San-Francisco, avait fait relâche à Honolulu le 24 juillet, et ne devait point tarder à arriver dans les eaux de l'archipel.

Aguinaldo semblait vouloir motiver des actes de rigueur de la part de l'armée américaine.

Il avait adressé une sorte de défi au général Merritt, déclarant qu'il tiendrait Manille contre eux, lorsque le général Augusti aurait capitulé.

Une autre communication, assez puérile, du chef tagal provoquait l'hilarité des pratiques Américains.

Aguinaldo leur envoyait ampliation d'un décret rendu par lui, en vertu duquel il s'octroyait, comme président du gouvernement des Philippines, les insignes suivants : « Un collier d'or auquel sera suspendue une plaque triangulaire du même métal, portant un soleil et trois étoiles gravées, un sifflet en or, et enfin une canne à pommeau également en or. »

Bien que les défenseurs de Manille ne dussent plus se faire illusion sur la valeur pratique d'une sortie, ils ne voulurent point capituler avant d'avoir tenté une dernière fois le sort des armes.

Le général américain Green ayant avancé les retranchements du camp Dewey du côté de Malate, entre la plage et le Camino-Real, les garnisons espagnoles de cet arsenal et de San-Pedro profitèrent d'un ouragan dans la nuit du 31 juillet, pour faire une sortie générale au nombre de 3,000, et surprendre l'aile droite américaine, qui se trouvait un peu en l'air. A la faveur d'un bois de bambous et de mangliers, les Espagnols s'approchèrent des avant-postes américains, qu'ils attaquèrent vigoureusement. Ceux-ci allaient plier lorsqu'ils furent renforcés, et une batterie d'artillerie qui prit en flanc les assaillants, les obligea à battre en retraite, après un combat de trois heures. L'infanterie américaine ayant épuisé ses munitions ne poursuivit pas les Espagnols.

Ceux-ci avaient éprouvé des pertes considérables.

Celles des Américains furent moindres.

Le 4 août, la quatrième expédition, à bord de cinq transports escortés par le cuirassé *Monterey*, entra dans la baie de Manille.

L'amiral Dewey et le général Merritt se concertèrent

aussitôt pour attaquer la place, au cas où les négociations de paix, actuellement engagées, n'auraient point une issue favorable.

Le 13 août, l'amiral Dewey fit au général Augusti sommation d'avoir à se rendre.

Celui-ci refusa. L'escadre commença aussitôt le bombardement; mais, à peine les premiers projectiles avaient-ils incendié quelques maisons des faubourgs, que le drapeau blanc fut arboré sur la ville. Les Espagnols avouaient que toute résistance était désormais impossible.

Conformément à des instructions, auxquelles nous avons fait plus haut allusion, le général Augusti avait cédé le commandement à son second, le général Jaudenez, gouverneur de Manille, et, sautant dans une chaloupe allemande qui l'attendait dans le port, se faisait conduire à bord du navire de guerre allemand *Kaiserin-Augusta*. Celui-ci levait l'ancre et se dirigeait sur Hong-Kong.

A peine les troupes du général Merritt avaient-elles pris possession de la ville, qu'un navire, monté par le consul d'Espagne, entrait en rade, apportant la nouvelle de la signature des préliminaires de paix. Il était trop tard.

La capitale avait succombé un jour trop tôt.

Voici en quels termes l'amiral Dewey télégraphia, le 13 août, la nouvelle de la reddition de Manille :

« Une division de l'escadre a bombardé le fort et les retranchements de Malate, obligeant l'ennemi à se retirer. En même temps, l'armée s'avançait sur le côté de la ville regardant la mer. La ville s'est rendue à cinq heures de l'après-midi. Le lieutenant d'état-major Brumby a alors hissé le drapeau américain.

« L'escadre américaine n'a subi aucune perte. Les navires n'ont pas été atteints.

« Le général Merritt et moi avions catégoriquement demandé, le 7 août, la reddition de la ville, mais le gouverneur général espagnol avait refusé. »

Les Américains faisaient 11,000 prisonniers, dont 7,000 réguliers, et prenaient 20,000 fusils Mauser, 3,000 remingtons, 18 canons modernes et quelques munitions.

Après la reddition, le général Merritt demanda à Washington si Manille devait être occupé conjointement par les Américains et les insurgés.

Le président Mac Kinley répondit que la ville, la baie et le port devaient être occupés par les forces des États-Unis, mais qu'il n'y aurait pas d'occupation mixte.

Le blocus de Manille était levé le même jour.

Il n'entre point dans notre cadre d'étudier les dissensions qui éclatèrent entre les Espagnols, les insurgés d'Aguinaldo et les Américains, après la signature des préliminaires.

Citons seulement, avant de passer à l'examen des négociations qui aboutirent à ces préliminaires, une dépêche datée du 8 août et qui ne fut expédiée de Hong-Kong que dix jours après ; elle donne une idée de la situation embrouillée au milieu de laquelle se débattaient les autorités espagnoles des Philippines, et des difficultés, non encore résolues au moment où nous écrivons, qu'allait rencontrer la commission de paix, chargée de régler le sort politique de l'archipel :

« Le général Augusti, considérant sa position comme intenable, essaya d'obtenir d'être transporté à Hong-Kong sur un navire allemand.

« Comme il avait, depuis plusieurs semaines, la conviction que le gouvernement espagnol ne lui enverrait aucun secours, il déclara qu'il déclinait toute responsabilité, et qu'il se lavait les mains des conséquences de la lutte. »

Le monitor *Monterey* apporta, le 5 août, au commandant des forces américaines l'ordre d'attaquer la ville.

En conséquence, le même jour, à midi, le général Merritt et l'amiral Dewey envoyèrent à Manille un ultimatum, par lequel ils sommaient la ville de se rendre, et accordaient quarante-huit heures pour faire sortir les non-combattants.

Le gouverneur de Manille répondit en remerciant les Américains pour leurs sentiments d'humanité, mais il ajouta qu'il était inutile de faire sortir les non-combattants, puisque les insurgés entouraient la ville, et qu'il n'y avait pas d'endroits où pussent se réfugier les femmes, les enfants, les malades et les blessés.

Le gouverneur convoqua ensuite les consuls, et leur demanda d'obtenir des Américains le temps et les moyens de transporter ailleurs les non-combattants, parmi lesquels 5,000 prêtres.

Le gouverneur suggérait que les non-combattants fussent embarqués sur les transports américains, mais il se refusait à leur laisser embarquer des vivres.

Les consuls exhortèrent vivement le gouverneur à se rendre. Ils exaltèrent l'héroïsme déployé jusqu'alors par les Espagnols, et démontrèrent que le caractère désespéré de la défense nécessitait une capitulation, au nom de l'humanité.

En raison de l'ultimatum américain, le gouverneur donna l'ordre de cesser de tirer sur les retranchements ennemis, et il suspendit un officier de Malate qui avait désobéi à cet ordre.

« Une députation de commerçants est venue aujourd'hui demander au gouverneur de se rendre, pour éviter leur ruine complète.

« Les membres civils du conseil de guerre sont favorables à la capitulation, mais les membres militaires n'osent pas prendre sur eux d'exprimer le même avis.

« Cependant, les officiers espagnols sont pleinement convaincus de l'inutilité de la résistance, étant donné que les Américains possèdent des canons de siège supérieurs à ceux des Espagnols.

« On croit qu'aussitôt qu'une douzaine d'obus auront été tirés en ville, le drapeau blanc sera arboré.

« Des scènes déchirantes ont lieu dans les rues que parcourent une foule d'Espagnols, d'indigènes, de femmes, d'enfants, suppliant qu'on leur fournisse les moyens de s'enfuir. »

Pendant le bombardement, les vaisseaux de guerre neutres avaient pris les positions suivantes : les cinq allemands et les deux français s'étaient retirés à quelques milles au nord de la ville ; les quatre anglais et le japonais, avec deux marchands, avaient rejoint la flotte américaine.

Voici en quels termes était conçue la capitulation de Manille :

« Les soussignés, nommés commissaires pour le règlement des détails de la capitulation de la ville et des ouvrages de défense de Manille et de ses faubourgs, ainsi que des forces espagnoles y stationnées, conformément à un accord survenu entre le major général Wesley Merritt, commandant en chef des forces des États-Unis aux Philippines, et don Fernim Jaudenes, faisant fonctions de général en chef de l'armée espagnole aux Philippines, ont convenu ce qui suit :

« 1° Les troupes espagnoles, tant européennes qu'indigènes, capitulent ainsi que la ville et les ouvrages de défense, avec tous les honneurs de la guerre.

« Elles déposeront leurs armes aux endroits désignés par les autorités des États-Unis.

« Elles resteront dans les quartiers qui leur seront affectés, sous la garde de leurs officiers, et seront soumises au contrôle des susdites autorités des États-Unis, jusqu'à la conclusion d'un traité de paix entre les deux nations belligérantes.

« Toutes les personnes non comprises dans la capitulation restent en liberté.

« Les officiers resteront dans leurs domiciles respectifs, et seront respectés aussi longtemps qu'ils observeront les règlements qui les régissent et les lois en vigueur ;

« 2° Les officiers conserveront leurs armes blanches, leurs chevaux et les objets leur appartenant en propre.

« Les chevaux et les objets appartenant en commun, de quelque nature qu'ils soient, seront remis à des officiers d'état-major désignés par les États-Unis ;

« 3° Un état des effectifs complets des hommes, par corps ou services, et une liste complète du matériel et des approvisionnements, seront remis en double expédition aux États-Unis, dans un délai de dix jours, à compter du présent jour ;

« 4° Toutes les questions relatives au rapatriement des officiers et des soldats des forces espagnoles et de leurs familles, ainsi qu'aux dépenses que ledit rapatriement peut occasionner, seront déférées au gouvernement des États-Unis à Washington.

« Les familles espagnoles pourront quitter Manille quand il leur conviendra.

« La remise des armes rendues par les forces espagnoles aura lieu quand les forces évacueront la ville, ou quand l'armée américaine y entrera ;

« 5° Les officiers et soldats compris dans la capitulation seront pourvus par les États-Unis, conformément à leur rang, des vivres nécessaires, attendu qu'ils seront prisonniers de guerre, jusqu'à la conclusion d'un traité de paix entre les États-Unis et l'Espagne.

« Tous les fonds qui se trouvent à la Trésorerie espagnole et dans toutes les autres caisses publiques seront versés aux autorités des États-Unis ;

« 6° La ville de Manille, ses habitants, ses églises, ses édifices religieux, ses établissements d'éducation et ses propriétés privées de toute nature, seront placés sous la sauvegarde de la foi et de l'honneur de l'armée américaine. »

Suivaient les signatures des sept commissaires, dont quatre américains : le général Green, le capitaine de vaisseau Lamberton, et les lieutenants-colonels Whittier et Crowder, et trois espagnols : l'auditeur général de l'armée, Nicolas de la Pena, le colonel du génie Carlos Reyes, et le chef de l'état-major, José-Maria Olquen.

En vertu des ordres du général Merritt, les forces rebelles d'Aguinaldo devaient, dans le délai de trois jours, se retirer à trois milles de Manille.

CHAPITRE XVI

LE TRAITÉ DE PARIS

Les négociations. — Les conditions américaines. — Abolition des traités de commerce. — Le sort des Philippines. — Un communiqué officiel. — Un échange de notes. — Signature du protocole. — Les commentaires de la presse. — Le licenciement des troupes de Cuba. — Rapatriement de l'armée. — Une réception triomphale à New-York. — Discours du maire Van Wick. — Les commissaires américains. — La commission espagnole. — La paix définitive. — Le traité de Paris.

Nous avons vu dans un chapitre précédent que M. Cambon, ambassadeur de France, avait remis, le 27 juillet, au président Mac Kinley une note dans laquelle il demandait, au nom de l'Espagne, aux États-Unis « *leur coopération dans le but de terminer la guerre* ».

Le gouvernement américain avait répondu qu'il acceptait l'offre de l'Espagne d'ouvrir des négociations, mais que la guerre continuerait jusqu'à ce que l'on fût tombé d'accord sur les conditions imposées par les vainqueurs et acceptées par les vaincus.

C'est l'historique de ces négociations que nous allons retracer.

Dans une conférence tenue le 30 juillet, M. Mac Kinley et son cabinet arrêtèrent les bases suivantes des conditions de paix qui devaient être proposées à l'Espagne par l'intermédiaire de M. Cambon, qui ne devait jouer en toute cette affaire que le rôle d'un agent de transmission :

Cession aux États-Unis de Porto-Rico ;

Reconnaissance de l'indépendance de Cuba ;

Cession d'une des îles Ladrones ;

Cession d'au moins une station de charbon aux Philippines ;

Renonciation complète de la part de l'Espagne à toute souveraineté dans les eaux des Indes occidentales et de la mer des Caraïbes ;

Les États-Unis n'assumeront pas les dettes de Cuba ni de Porto-Rico ;

Seront abolis les traités de commerce entre Cuba, Porto-Rico et les autres parties du royaume espagnol que les États-Unis ne reconnaîtront pas.

Le cabinet arrêta également qu'il n'y aurait pas d'armistice et qu'il ne serait pas question d'une indemnité en argent.

Quant au sort des Philippines, il serait réglé par une commission spéciale ; l'unanimité des membres du cabinet se déclarait à ce moment hostile à l'annexion de l'archipel. Le gouvernement américain penchait à réclamer seulement comme station de charbon le port de Subig, au nord de Manille et, de plus, l'entrée dans les îles des marchandises américaines aux mêmes conditions douanières que les marchandises espagnoles.

Mais il était nettement spécifié dans la note que les conditions relatives à l'abandon de la souveraineté espagnole sur les Indes occidentales et sur le choix par les États-Unis d'une des îles Ladrones étaient en dehors de toute discussion. Il n'était point non plus fait mention de ce que le gouvernement américain avait l'intention de faire de Cuba émancipé du joug espagnol.

Lorsque le gouvernement américain eut été avisé que le cabinet de Madrid était en possession de la note remise à M. Cambon, il fit publier le communiqué officiel suivant :

« Afin d'écarter tout malentendu au sujet des négociations de paix, le gouvernement croit devoir dire que les conditions de paix présentées par les États-Unis dans la note remise à M. Cambon le 31 juillet sont rédigées comme suit :

« Les États-Unis ne demandent aucune indemnité pécuniaire ; mais ils exigent l'abandon de la souveraineté espagnole sur Cuba et l'évacuation immédiate de cette île ; la cession aux États-Unis et l'évacuation immédiate de Porto-Rico et des autres îles placées sous la souveraineté de l'Espagne dans les Indes occidentales ; la cession semblable d'une des îles Ladrones.

« Les États-Unis occuperont et garderont la ville, la baie et le port de Manille jusqu'à la conclusion du traité de paix qui déterminera le sort des Philippines, leur administration et leur gouvernement. »

Après un échange de notes entre les gouvernements espagnol, français et américain, le négociateur français, M. Cambon, fut enfin autorisé par le cabinet de Madrid à signer, le 12 août, le protocole mettant fin aux hostilités. Celles-ci avaient duré 113 jours.

Voici la teneur des six clauses principales de ce protocole :

1º L'Espagne renonce à la souveraineté sur Cuba ;

2º Porto-Rico et les autres îles espagnoles des Indes occidentales, ainsi que des îles de l'archipel des Ladrones au choix des États-Unis, seront cédés aux États-Unis ;

3º Les États-Unis occuperont la ville, la baie et le port de Manille et y resteront pendant les négociations pour la conclusion du traité qui déterminera les conditions de contrôle et de gouvernement des Philippines ;

4º Cuba, Porto-Rico et les autres îles des Indes occidentales seront évacués immédiatement. Des commissaires, qui devront être nommés dans un délai de dix jours, s'assembleront à la Havane et à San-Juan de Porto-Rico dans un délai de trente jours après la date de la signature du protocole pour arranger les détails de l'évacuation ;

5º Les États-Unis et l'Espagne ne nommeront pas plus de cinq commissaires chacun, pour conclure le traité de paix. Ces commissaires se réuniront à Paris, au plus tard le 1er octobre.

6° Dès la signature du protocole, les hostilités seront suspendues, et des ordres dans ce sens seront envoyés aussitôt que possible aux commandants des forces militaires et navales.

Des dispositions additionnelles réglaient l'exécution des conventions ci-dessus, ainsi que la question de l'enlèvement des mines sous-marines et la reddition des places fortes de Cuba et de Porto-Rico.

Si la nouvelle de la signature des préliminaires de paix provoqua, dans le monde entier, une satisfaction générale, elle fut accueillie par la presse espagnole avec une tristesse marquée.

Quelques citations des journaux madrilènes feront ressortir l'état d'esprit de la capitale au moment de la cessation des hostilités :

El País, journal républicain, publie le texte du protocole encadré de noir. Il déclare que l'Espagne, sans ses colonies, serait réduite à l'état de puissance de troisième ordre.

L'*Imparcial* déclare que la signature de la paix n'apportera même pas à l'Espagne le repos après trois ans et demi de guerre.

La *Nacion* exprime sa tristesse; avec amertume, elle écrit : « Si du moins l'Espagne n'avait été vaincue qu'après une lutte acharnée et héroïque, elle saurait se résigner. Mais il n'en est rien, et aujourd'hui la paix n'est pour nous qu'une phase dans notre malheur. »

Le *Liberal* dit que l'article du protocole concernant les Philippines n'indique rien de bon pour l'Espagne, et fait craindre que cette question ne soit pas résolue dans un sens favorable pour elle.

Le *Globo*, journal ministériel, exprime l'opinion que la paix entre l'Espagne et les États-Unis compliquera la question en Occident ; il ajoute que du jour où M. Cambon a signé la paix, au nom de l'Espagne, commence le premier chapitre d'une nouvelle histoire de l'Europe.

Le *Tiempo*, journal conservateur, dit que la paix est un fait accompli. L'amertume de la défaite n'empêche pas la satisfaction de voir la fin de la guerre.

La *Epoca* estime que la paix actuelle est la plus triste qui ait été imposée à l'Espagne depuis le traité d'Utrecht.

En résumé, la presse, sans distinction d'opinions, constatait que le protocole proclamait la destruction complète de l'empire colonial de l'Espagne.

L'état de siège proclamé en Espagne ne permettait pas d'en dire plus, et le gouvernement ne se pressait point de convoquer les Cortès.

Cependant une circulaire du ministre de la guerre établissait les règles pour le licenciement des forces revenant de Cuba. Celles-ci devaient déposer leurs armes et leur matériel aux ports d'arrivée : la Corogne, Santander et Vigo.

Les soldats et les sous-officiers rentreraient dans leurs foyers aux frais de l'État. Les officiers seraient placés provisoirement dans la réserve, jusqu'à ce que les Cortès eussent autorisé l'augmentation des cadres de l'armée régulière.

On estimait que 120,000 hommes et 6,000 officiers devraient être ramenés des Antilles.

Les commissions d'évacuation de Cuba et de Porto-Rico devaient être présidées par le maréchal Blanco et le général Macias, assistés d'officiers de terre et de mer et de membres de l'auditorat.

Bien que le gouverneur général eût donné sa démission, le gouvernement lui avait prescrit de rester à son poste jusqu'à nouvel ordre.

La situation à Santiago était déplorable. L'évacuation des deux armées se poursuivait dans des conditions sanitaires fort mauvaises. 1800 hommes des régiments espagnols Asia et Talavera s'étaient embarqués dans un état pitoyable. Les médecins croyaient qu'il n'en arriverait pas les deux tiers en Europe.

Du côté des Américains, le transport *Mobile* venant de Santiago avec 1600 hommes en avait perdu 10 en route ; 3 étaient mourants, et 500 gravement malades.

Entre temps, l'escadre victorieuse de l'amiral Sampson entrait dans le port de New-York, et y était l'objet d'une réception triomphale.

Le 20 août, à huit heures du matin, le *New-York*, le *Brooklyn*, le *Massachusetts*, l'*Iowa*, l'*Indiana* et l'*Oregon*, passaient à Sandy-Hook et venaient mouiller à Tompkinsville où le *Texas* les attendait.

Là, M. Van Wick, maire de New-York, montait à bord du navire-amiral pour souhaiter la bienvenue à la flotte, en l'absence du président Mac Kinley retenu à Washington, mais qui avait adressé un télégramme à l'amiral Sampson, annonçant sa prochaine visite au vainqueur de Santiago.

Le maire Van Wick, après avoir déclaré que les mots lui faisaient défaut pour mettre l'expression des sentiments d'orgueil patriotique et de gratitude dont sont pleins les cœurs américains à la hauteur des exploits de l'escadre, déclara qu'il n'y avait pas dans le monde entier une marine qui détînt un plus splendide record que celle des États-Unis.

« Jamais, dit-il, tant que l'histoire continuera à instruire les hommes et que la mémoire des grands faits américains restera gravée chez des hommes libres et fera trembler la tyrannie, la bataille qui vit la flotte espagnole anéantie sur la côte de Santiago ne tombera dans l'oubli.

« En présence de cette victoire, de l'habileté, de la vaillance et de la magnanimité des vainqueurs et de la grande portée que ce fait aura pour l'avenir du monde civilisé, ce combat n'a pas de parallèle dans l'histoire. »

L'amiral Sampson remercia le maire de New-York pour l'accueil qui lui était fait ainsi qu'à ses officiers par la grande ville.

« Nous n'avons fait, ajouta-t-il, que notre devoir ;

c'est pourquoi nous vous sommes profondément reconnaissants de nous avoir exprimé, en des termes si brillants, les remerciements et les félicitations du peuple de cette ville pour le peu que nous avons accompli. »

L'escadre entra ensuite dans l'Hudson, qu'elle remonta jusqu'au tombeau du général Grant, devant lequel elle tira des salves d'honneur auxquelles répondirent les batteries de la côte, tandis que les cloches sonnaient à toute volée et que d'innombrables musiques jouaient les hymnes nationaux. Cinq mille embarcations pavoisées escortaient l'escadre. Plus d'un million de spectateurs bordaient les quais et les rives de l'Hudson en poussant des cris frénétiques. Un enthousiasme indescriptible régnait dans New-York et Brooklyn, décorés à profusion de drapeaux et de bannières.

Pendant ce temps, les gouvernements espagnol et américain s'occupaient de la désignation des commissaires qui devaient se réunir à Paris le 1er octobre pour la conclusion de la paix définitive.

La commission américaine fut constituée la première. Elle comprenait MM. Day, ex-secrétaire d'État ; Davis, président de la commission des affaires étrangères du Sénat ; Frye, sénateur du Maine ; Edward White, juge assesseur de la Cour suprême, et Whitelaw Reid, ancien ministre des États-Unis à Paris. M. John Moore, adjoint au secrétaire du département d'État, et M. Mac Arthur, ancien secrétaire de la légation américaine à Madrid, étaient nommés respectivement secrétaire et secrétaire adjoint de la commission.

Le gouvernement de Madrid désignait, quelques jours après, comme président de la commission espagnole M. Montero Rios, ancien ministre et président de la Cour de cassation d'Espagne. Les autres membres de la commission étaient MM. Abarzurzia, Garnica, Villarutia et le général Cerrero.

La commission se réunit le 1er octobre au ministère des

affaires étrangères et commença ses opérations. Elles furent longues et laborieuses. La méthode adoptée ne permettait d'ailleurs point de travailler rapidement. Les commissaires de chaque puissance, en effet, formulaient par écrit leurs propositions. Celles-ci étaient traduites et remises aux commissaires de l'autre nation qui faisaient connaître, par écrit également, leur réponse et leurs contre-propositions. Lorsque le cas semblait épineux, il en était référé par câble ou télégraphe aux cabinets de Washington et de Madrid. On comprend que les négociations engagées de cette manière se soient prolongées jusqu'au 12 décembre. C'est, en effet, ce jour-là seulement, à 9 heures du soir, que les plénipotentaires américains et espagnols ont apposé leurs signatures sur le traité mettant fin au conflit hispano-américain.

Ce traité, qui prendra le nom de traité de Paris, est un des plus draconiens que l'histoire ait eu à enregistrer. En voici les dispositions essentielles :

« L'Espagne abandonne tout droit et titre de souveraineté sur Cuba. Comme l'île devra, après son évacuation par l'Espagne, être occupée par les États-Unis, ceux-ci, tant que durera leur occupation, assumeront et rempliront toutes les obligations que réclame la protection de la vie et de la propriété qui, au point de vue des lois internationales, peuvent leur incomber du fait de cette occupation.

« L'Espagne cède aux États-Unis l'île de Porto-Rico et les autres îles des Antilles actuellement placées sous la domination espagnole, ainsi que l'île de Guam, dans les îles Mariannes.

« L'Espagne cède aux États-Unis l'archipel connu sous le nom des îles Philippines.

« Les États-Unis admettront, pendant une période de dix années, à dater du jour où seront échangées les ratifications du présent traité, les navires et marchandises espagnols dans les ports des Philippines, aux mêmes conditions que leurs navires et leurs marchandises propres.

« Les États-Unis, après la signature du présent traité, renverront en Espagne, aux frais de ce pays, les soldats espagnols faits prisonniers de guerre à Manille par les forces militaires américaines. On rendra à ces prisonniers leurs armes. Après la signature du présent traité, l'Espagne remettra en liberté tous les prisonniers de guerre et toutes les personnes arrêtées ou emprisonnées pour crimes politiques se rattachant aux insurrections de Cuba et des Philippines et à la guerre avec les États-Unis. De leur côté, les États-Unis remettront en liberté toutes les personnes faites prisonnières de guerre par les forces américaines.

« Ils s'efforceront également d'obtenir la mise en liberté de tous les prisonniers espagnols actuellement entre les mains des insurgés à Cuba et aux Philippines.

« Le gouvernement des États-Unis rapatriera à ses propres frais en Espagne, et le gouvernement de l'Espagne rapatriera à ses propres frais aux États-Unis, Cuba, Porto-Rico ou les Philippines, selon qu'ils y auront leur foyer respectif, les prisonniers mis en liberté à la suite de ce traité.

« Les États-Unis et l'Espagne abandonnent mutuellement toute demande d'indemnité nationale ou individuelle, de quelque nature qu'elle puisse être, qui proviendrait de l'un ou de l'autre gouvernement, ou serait introduite par les citoyens ou sujets de l'un contre l'autre gouvernement et se serait produite depuis le commencement de la dernière insurrection de Cuba et avant l'échange des ratifications du présent traité, en y comprenant toutes les demandes d'indemnité pour frais de guerre.

« Les États-Unis feront une estimation des revendications portées par leurs nationaux contre l'Espagne et les indemniseront.

« Les sujets espagnols, natifs de la péninsule, qui résident sur le territoire dont l'Espagne cède et abandonne la souveraineté, peuvent continuer à demeurer dans ce territoire ou le quitter. Ils conserveront, dans l'un et l'autre cas, tous les droits de propriété, y compris le droit de vendre telles propriétés ou les revenus d'icelles, ou d'en disposer à leur gré. Ils auront également le droit de continuer leur industrie, commerce et profession, sous l'application des lois qui régissent les autres étrangers.

« Dans le cas où ils resteraient sur le territoire, ils pourront demeurer Espagnols, en en faisant la déclaration devant une cour de justice avant l'expiration d'un an, à partir du jour où les traités ratifiés auront été échangés. A défaut d'une telle déclaration, ils seront considérés comme ayant renoncé à leur nationalité pour adopter la nationalité du territoire où ils résideront.

« C'est le Congrès qui fixera les droits civils et la situation politique des indigènes des territoires cédés aux États-Unis. Les habitants des territoires dont l'Espagne abandonne et cède la souveraineté conserveront le libre exercice de leur religion.

« Les Espagnols résidant dans les territoires que l'Espagne abandonne et cède par ce traité seront soumis, en matières civile et criminelle, à la juridiction des tribunaux du pays dans lequel ils habitent, et devront obéissance aux lois ordinaires de ce pays. Ils auront le droit de paraître et d'agir devant les tribunaux dans les mêmes conditions que les citoyens du pays auquel ces tribunaux appartiennent. Les droits de propriété que les Espagnols ont acquis par des documents et des patentes dans l'île de Cuba, à Porto-Rico et aux Philippines, et dans tous autres territoires cédés au moment de l'échange des ratifications du présent traité seront respectés.

« Les ouvrages espagnols scientifiques, littéraires et artistiques continueront, pourvu qu'ils ne soient pas d'un caractère subversif, à entrer sans payer de droits dans ces territoires pendant une période de dix ans, qui sera calculée à partir de la date à laquelle les ratifications de ce traité auront été échangées.

« L'Espagne aura le droit d'établir des consuls dans les ports et les villes des territoires dont elle a abandonné ou cédé la souveraineté par le présent traité.

« Le gouvernement de chacun des deux pays accordera aux navires marchands de l'autre, pendant un délai de dix ans, le même traitement pour tout ce qui regarde les frais de port, en y comprenant les droits d'entrée, de congé et de tonnage, comme il les accorde à ses propres navires marchands qui ne font pas de cabotage. Les droits peuvent être établis en tout temps, à condition que l'un des deux gouvernements en informe l'autre six semaines à l'avance.

« Il est entendu que toute obligation contractée dans ce traité par les États-Unis, en ce qui concerne Cuba, est limitée à la période d'occupation de l'île ; mais une fois qu'ils cesseront de l'occuper, ils engageront le gouvernement qui sera établi dans l'île à contracter la même obligation.

« Dans les trois mois qui suivront l'échange des ratifications du présent traité, les États-Unis payeront à l'Espagne la somme de vingt millions de dollars, ou cent millions de francs. »

Il est inutile de chercher à se le dissimuler, le traité de Paris consacre la déchéance maritime et coloniale de l'Espagne. Puissent les peuples latins en méditer les clauses et éviter les erreurs qui ont conduit à l'abime la malheureuse nation castillane.

Les commentaires de la presse américaine pourront donner de précieuses indications aux pasteurs des peuples de la vieille Europe. Citons, en l'adoucissant, un article paru dans le *New-York Journal*. Voici comment la feuille américaine présentait à ses lecteurs le bilan de la guerre avec l'Espagne :

« 1° Ce que l'Espagne perd :

Cuba.....................................	1,500,000,000
Philippines.............................	2,250,000,000
Porto-Rico..............................	750,000,000
Dépenses de la guerre................	625,000,000
Pertes du commerce...................	100,000,000
Trente navires perdus................	150,000,000
Total.........	5,375,000,000

« 2° Ce que perdent les États-Unis :

Le *Maine*...............................	12,500,000
Dépenses de la guerre................	1,000,000,000
Indemnité à l'Espagne................	100,000,000
Total.........	1,112,000,000

« *Pertes en hommes pour les Etats-Unis.* — Environ 253 tués et 1324 blessés. Ces chiffres ne comprennent pas les 266 marins morts sur le *Maine*.

« *Pertes en hommes pour l'Espagne.*— Environ 2,500 tués et 3,000 blessés.

« La catastrophe du *Maine* a donc coûté à l'Espagne, vingt et un navires de guerre, la défaite de deux armées, la perte de Cuba, de Porto-Rico, des Philippines et de quelques autres petites îles.

« Il y a un an, l'Espagne avait sous sa domination, en dehors de son propre territoire, dix millions d'individus. Actuellement il lui en reste moins de 200,000. »

Avant de clore cette étude, savourons, sans le commenter, l'avertissement donné par le journal new-yorkais à des états européens qu'il ne nomme pas :

« Que les autres puissances qui ont des empires coloniaux, et désirent les conserver, prennent bonne note de l'issue d'une guerre juste. »

A qui donc peut s'adresser cette semonce dépourvue d'artifice ?

L'avenir nous l'apprendra. En attendant, veillons !

TABLE DES MATIÈRES

CHAPITRE PREMIER.

UNE PAGE D'HISTOIRE.

Pages.

Aperçu historique et géographique. — Découverte de Cuba et conquête de l'île. — Orographie et hydrographie. — Productions. — Population et races. — Disparition des peuplades anciennes. — La traite des nègres. — La révolte de 1812. — Le Casino espagnol et le gouvernement de l'île. — L'étoile solitaire. — Les flibustiers de Lopez. — Le président Buchanan. — La guerre de dix ans. — Les doléances cubaines. — La commission coloniale. — Le gouvernement métropolitain refuse les réformes. — Commencement de l'insurrection. — Prise de Bayamo. — Manuel Cespedes, le Père de la Patrie. — Les généraux Lersundi et Dulce. — Anarchie et massacres. — Don Salvador Cesneros. — Le pacificateur Martinez Campos. — Le Convenio de Zanjon. — Fin de la guerre de dix ans.................................... 1

CHAPITRE II.

L'INSURRECTION CUBAINE.

La révolution de 1895. — Les causes de la révolte. — Griefs des Cubains. — Réponse des Espagnols. — Les préparatifs. — L'avocat José Marti. — Comités de propagande et comités d'action. — Les chefs de l'insurrection. — Inertie du gouverneur Calleja. — Il est remplacé par Martinez Campos. — Premiers engagements. — Combat du Contramaestre. — Mort de Marti. — Combats de Peralejos et de Mulato. — Le marquis de Santa-Lucia. — Manifeste révolutionnaire. — Incendie de Baracoa. — La République proclamée à Jimaguayu. — Constitution cubaine. — Le premier Président de la République. — M. Bartolomé Masso. — Les représentants cubains à l'étranger. — Le trésor de guerre.

— L'armée révolutionnaire. — Les Maceo. — Mlle Agramonte. — Rappel de Martinez Campos. — Le général Weyler. — Les Reconcentrados. — Terribles représailles. — La mort de Maceo. — Les trochas. — L'assassinat de Canovas. — Les décrets d'autonomie. — Le maréchal Blanco. — L'exécution du colonel Ruiz. — Trop tard.. 20

CHAPITRE III.

L'ESPAGNE EN EXTRÊME-ORIENT.

Aux îles Philippines. — La découverte de Magellan. — Un archipel asiatique. — Don Miguel de Legaspi. — Les cinquante peuplades. — Volcans philippins. — Le Bombon. — Sages précautions. — A Mindanao. — Flore et faune asiatiques. — Le régime politique de l'archipel. — Le cabeza de barangay. — Les bandits tulisanes. — Augustins et récollets, franciscains et dominicains. — Le casuel des chapitres. — L'Université de Saint-Thomas. — Les loges maçonniques. — A San Juan del Monte. — Les frères dormants. — Aguinaldo. — Les foyers de conspiration. — La révolte de 1896. — Les aveux de M. Canovas. — La situation à Manille. — Don Ramon Blanco y Erenas, marquis de Pena-Plata. — Le tercer entorchado. — Disgrâce imméritée. — Le général Polavieja. — Victoires d'Imus et de Cavite. — Don Fernando Primo de Rivera. — Une médaille commémorative...... 37

CHAPITRE IV.

AU PAYS DES DOLLARS.

Le rôle des États-Unis. — Un message de M. Cleveland. — Conflit inévitable. — La junte insurrectionnelle cubaine. — Les navires flibustiers. — Proposition d'intervention. — Protestation du gouvernement espagnol. — L'orgueil castillan. — M. Mac Kinley à la Maison-Blanche. — Réorganisation municipale de Cuba. — L'indécision de M. Sagasta. — La junte de New-York. — Le consul général Lee. — Situation tendue. — L'incident Dupuy de Lôme. — L'explosion du *Maine*. — M. Polo de Barnabé à Washington. — Jingoïstes et presse jaune. — Télégramme du capitaine Sigsbee. — Effroyable catastrophe. — Accident ou crime. — Préparatifs de guerre. — La commission d'enquête. — Rupture imminente. — Conclusions inconciliables. — Un message présidentiel. — Encore les reconcentrados. — Propositions espagnoles. — Mobilisation des flottes. — Intervention du pape. — Démarche des six puissances. — Un armistice à Cuba. — Les instructions des ambassadeurs......................... 54

CHAPITRE V.

LA RUPTURE.

Le message de M. Mac Kinley. — Historique de la question cubaine. — Paix ou guerre. — Impuissance de l'Espagne. — Un rapport de M. Lee. — Propositions belliqueuses. — Une lettre de Maximo Gomez. — Entente impossible. — Préparatifs espagnols. — Une souscription nationale. — Au Sénat américain. — Les ordres du jour. — Résolution conjointe. — A la Chambre des représentants. — L'ultimatum de M. Mac Kinley. — M. Polo de Barnabé demande ses passeports. — Départ du général Woodford pour la France. — L'ouverture des Cortès. — Un discours de la reine régente. — Déclaration de guerre officielle. — Capture de navires marchands. — Le blocus de Cuba. — L'amiral Sampson quitte Key-West. — Devant la Havane. — L'escadre du Pacifique. — Cuba en état de siège. — Mobilisation espagnole.................. 77

CHAPITRE VI.

UN PEU DE DROIT DES GENS.

La convention de Paris et la guerre de course. — Les droits des corsaires. — Les croiseurs auxiliaires. — La contrebande de guerre. — L'avis des jurisconsultes. — Jurisprudence française. — Déclaration de neutralité. — Les intentions de M. Mac Kinley. — La société de secours aux blessés militaires. — Les volontaires aux États-Unis. — Appareillage de l'escadre de Hampton-Road. — Le plan de campagne américain. — Les idées du général Miles. — La question des câbles sous-marins. — Difficultés financières en Espagne. — Une circulaire aux puissances. — Une évolution de la doctrine de Monroë. — Protestation platonique.. 98

CHAPITRE VII.

LES FORCES EN PRÉSENCE.

Puissance américain. — Un article du *World*. — Les forces latentes. — L'armée fédérale. — Réguliers et miliciens. — La marine des États-Unis. — La flotte espagnole. — Les croiseurs auxiliaires. — La répartition des escadres. — Les points vulnérables. — La question du charbon. — Les points de relâche. — Possessions espagnoles du Pacifique. — Les théâtres de guerre. — Offensive ou défensive. — Hésitations funestes...................... 112

CHAPITRE VIII.

PREMIERS COUPS DE CANON.

Premiers coups de canon. — Capture du *Buenaventura*. — Le blocus de Cuba. — La situation aux Philippines. — Le combat du *Cushing* et de la *Ligera*. — Bombardement de Matanzas. — Les enrôlements aux États-Unis. — National Guard et Cowardly Seventh. — Les évolutions de l'amiral Sampson. — L'amiral Montojo à Manille. — L'arrivée des Américains aux Philippines. Désastre de Cavite. — Les escadres en présence. — Destruction de la flotte espagnole. — Manifestations en Amérique. — Le Dewey day. — Piété du Sénat américain. — En Espagne...... 126

CHAPITRE IX.

L'ESCADRE FANTOME.

L'incident du *La Fayette*. — Dans les eaux de la Havane. — Une chasse au steamer. — Navire capturé. — Protestations de M. Cambon. — Le *La Fayette* est relâché. — Tentative sur Cardenas. — Le *Wilmington* et l'*Hudson*. — Bombardement de Cienfuegos. — A l'embouchure de l'Arimao. — Devant Cabanas et Bahia-Honda. — L'escadre fantôme. — L'amiral Cervera. — Dans la mer des Antilles. — Nouvelles contradictoires. — Le *Viscaya* à Fort-de-France. — Incertitudes américaines. — Les dispositions de l'amiral Sampson. — L'escadre espagnole à Santiago de Cuba. — Un télégramme de la reine régente. — Le goulot de la bouteille. — Dans la souricière.................. 141

CHAPITRE X.

LES AMÉRICAINS A MANILLE.

A Porto-Rico. — En vue de San-Juan. — Quelques heures de bombardement. — Le blocus de Manille. — La canonnière *Callao*. — Les Tagals. — Ajournement des Cortès. — Un nouveau cabinet. — L'escadre Camara. — Dans la mer des Antilles. — Mort du chef insurgé Emilio Collazo. — Guantanamo et Caimanera. — L'escadre Cervera bloquée. — Des plans fantaisistes. — Les anathèmes de l'archevêque de Manille. — Le corps expéditionnaire des Philippines. — Dewey contre Augusti. — La tête d'Aguinaldo mise à prix. — Combats de Bancoor et de Cavite. — Une dépêche alarmante. — Prise de Bancoor et d'Imus. — A l'arsenal de Cadix. — Le gouverneur des îles Visayas. — A

TABLE DES MATIÈRES

Mindanao. — L'attaque de Manille. — Sur le fleuve Zapote. — Proclamation d'Aguinaldo. — Attaque de Malate. — Le général Jaudenez.. 157

CHAPITRE XI.

SAMPSON CONTRE CERVERA.

A Santiago de Cuba. — Où se trouve la flotte espagnole ? — Hésitations des Américains. — Recherches infructueuses. — Une conférence à Washington. — La sérénité de M. Sagasta. — L'escadre Cervera est retrouvée. — Le corps expéditionnaire Shafter. — Premier bombardement des ouvrages de Santiago. — Enthousiasme espagnol. — Le navire *Merrimac*. — Hobson et ses braves compagnons. — Deux versions contradictoires. — Deuxième bombardement. — Débarquement du colonel Huntington. — Les forces espagnoles autour de Santiago. — Plaintes de l'amiral Sampson. — Départ du corps expéditionnaire. — Troisième bombardement de Santiago.. 178

CHAPITRE XII.

OPÉRATIONS CONTRE SANTIAGO.

Le corps expéditionnaire à Santiago. — Un conseil de guerre. — Les points de débarquement. — A terre. — Le « Yankee dodle ». — Le rapport du général Linarés. — Le chef insurgé Jesus Rabi. — L'organisation du camp. — Dispositif de l'escadre espagnole. — Composition des troupes d'investissement. — Les roughs-riders. — L'avant-garde du général Lawton. — L'engagement de Jaragua. — L'escadre Camara à Suez. — Pas de charbon. — Le passage du Rio-Guama. — Les généraux Pando et Pareja. — L'escadre du commodore Howell. — Proclamation du président Mac Kinley. — L'extension du blocus de Cuba. — La revue de Jaragua. — Les conduites d'eau de Santiago. — Le commandement des lignes d'investissement. — Les débuts de la bataille. — La prise d'El Caney. — Contre le Morro. — Les pertes. — Blessure du général Linarés. — Le général Toral. — Un cadeau de fête. — Destruction de l'escadre espagnole................ 194

CHAPITRE XIII.

LA CAPITULATION DE SANTIAGO.

Proclamation du maréchal Blanco. — Plus d'illusions. — L'échange des prisonniers. — Une suspension d'armes. — Le plan d'attaque.

— Premières négociations. — Nouveau bombardement. — Arrivée du général Miles. — Dénouement imminent. — Les négociateurs. — La capitulation de Santiago. — Les exigences du vainqueur. — Dans le camp américain. — Aux États-Unis. — La dernière parade. — Situation de prise d'armes. — Le gouverneur de Santiago. — Mesures administratives. — Entre Américains et insurgés. — Le chef Castillo. — Une lettre de Calixto Garcia. — Réponse du général Shafter. — Dans la baie de Nipe. — Pétition des Cubains. — L'ambassadeur de France. — Est-ce la paix ? — A la Maison-Blanche. — Continuation des hostilités. — Encore une proclamation du maréchal................................. 213

CHAPITRE XIV.

L'EXPÉDITION DE PORTO-RICO.

L'expédition de Porto-Rico. — Le plan de campagne. — Les forces espagnoles dans l'île. — Débarquement à Guanica. — Les fortifications de Ponce. — Le drapeau américain. — Sur la route de San-Juan. — Un article du *Correo*. — Prise de Ponce. — Proclamation du général Miles. — Le colonel Hulings occupe Juanadiaz. — Au phare de Cabeza. — Engagement de Mayaguez. — La suspension des hostilités............................. 232

CHAPITRE XV.

LA CHUTE DE MANILLE.

La situation aux Philippines. — Les progrès des Tagals. — Plus de munitions. — Télégramme du général Augusti. — Sur la rivière Pasig. — Le général Monet à Bulacan. — Révolte des troupes indigènes. — A Mindanao. — Dans la baie de Manille. — Renforts américains. — La canonnière allemande *Irène*. — Succès des insurgés. — Défaite de Monet à Macabebe. — Les avances d'Aguinaldo. — L'état de siège aux Philippines. — Le premier ministère philippin. — Les insignes du dictateur. — Relations tendues. — Instructions du général Merritt. — Une sortie générale. — La quatrième expédition américaine. — Fuite du général Augusti. — Reddition de Manille. — Situation embrouillée. — Rapport de l'amiral Dewey. — Les termes de la capitulation. 240

CHAPITRE XVI.

LE TRAITÉ DE PARIS.

Les négociations. — Les conditions américaines. — Abolition des traités de commerce. — Le sort des Philippines. — Un communiqué officiel. — Un échange de notes. — Signature du protocole. — Les commentaires de la presse. — Le licenciement des troupes de Cuba. — Rapatriement de l'armée. — Une réception triomphale à New-York. — Discours du maire Van Wick. — Les commissaires américains. — La commission espagnole. — La paix définitive. — Le traité de Paris.................... 257

A LA MÊME LIBRAIRIE

Notions sur les opérations combinées de l'armée et la flotte; par Ch. **Bride**, capitaine breveté d'État-major (Réserve). Paris, 1898, 1 vol. in-8 .... 4 fr.

Sur mer. — La Marine et la Défense nationale. — Les Alliances; par le colonel **Thomas**. Paris, 1898, broch. in-8 .... 1 fr. 25

La guerre sino-japonaise, 1894-1895; par le lieutenant **Sauvage**, du 43ᵉ régiment d'infanterie. Paris, 1897, 1 vol. in-8 avec *Atlas* in-f°, comprenant 7 cartes et planches tirées en 5 couleurs .... 10 fr.

Histoire de la campagne de Madagascar (1895) pour les soldats; par **Un soldat**. Paris, 1896, broch. in-12 .... 75 c.

La guerre turco-grecque de 1897; par le capitaine **Douchy**, de l'État-major de l'armée. Paris, 1898, 1 vol. in-8 avec cartes et croquis .... 5 fr.

Les Italiens en Afrique (1880-1896); par le capitaine **Pellenc**, de l'État-major de l'armée. Paris, 1897, 1 vol. in-8 avec 10 cartes .... 5 fr.

Sinicæ res. — **La guerre du Japon contre la Chine** et ses conséquences éventuelles. Paris, 1895, broch. in-8 avec 2 croquis .... 2 fr.

Guerre d'Orient 1877-1878. — Défense de Plevna, d'après les documents officiels et privés réunis sous la direction du muchir Ghazi-Osman pacha; par le général de division **Mouzaffer** pacha, aide de camp de S.M.I. le sultan, et le lieutenant-colonel d'État-major **Talaa** bey, aide de camp du muchir Ghazi-Osman pacha. Paris, 1889, 1 vol. in-8 avec *Atlas* de 10 planches en couleurs. 15 fr.

Histoire de la guerre du Pacifique (1879-1880); par M. Diégo **Barros Arana**. Paris, 1881, 2 vol. in-8 avec cartes et plans de combats ...... 9 fr.

Siège de Sébastopol. — Journal des opérations du génie, publié avec l'autorisation du Ministre de la guerre; par le général **Niel**, avec un *Atlas* in-f° de 15 planches. Paris, 1858, 1 vol. in-4 avec l'atlas en portefeuille. 60 fr.

Expédition du Mexique (1861-1867). Récit politique et militaire; par G. **Niox**, capitaine d'État-major. Paris, 1874, 1 vol. gr. in-8 avec *Atlas* in-f° de 6 cartes ou plans gravés .... 15 fr.

La guerre de Sécession (1861-1865); par Ernest **Grasset**, inspecteur de la Marine, avec une lettre de Victor Duruy. Iʳᵉ Partie : *Les Événements*. Paris, 1886, 1 vol. in-12 .... 4 fr.

IIᵉ Partie : *Les Hommes*. Paris, 1887, 1 vol. in-12 .... 4 fr.

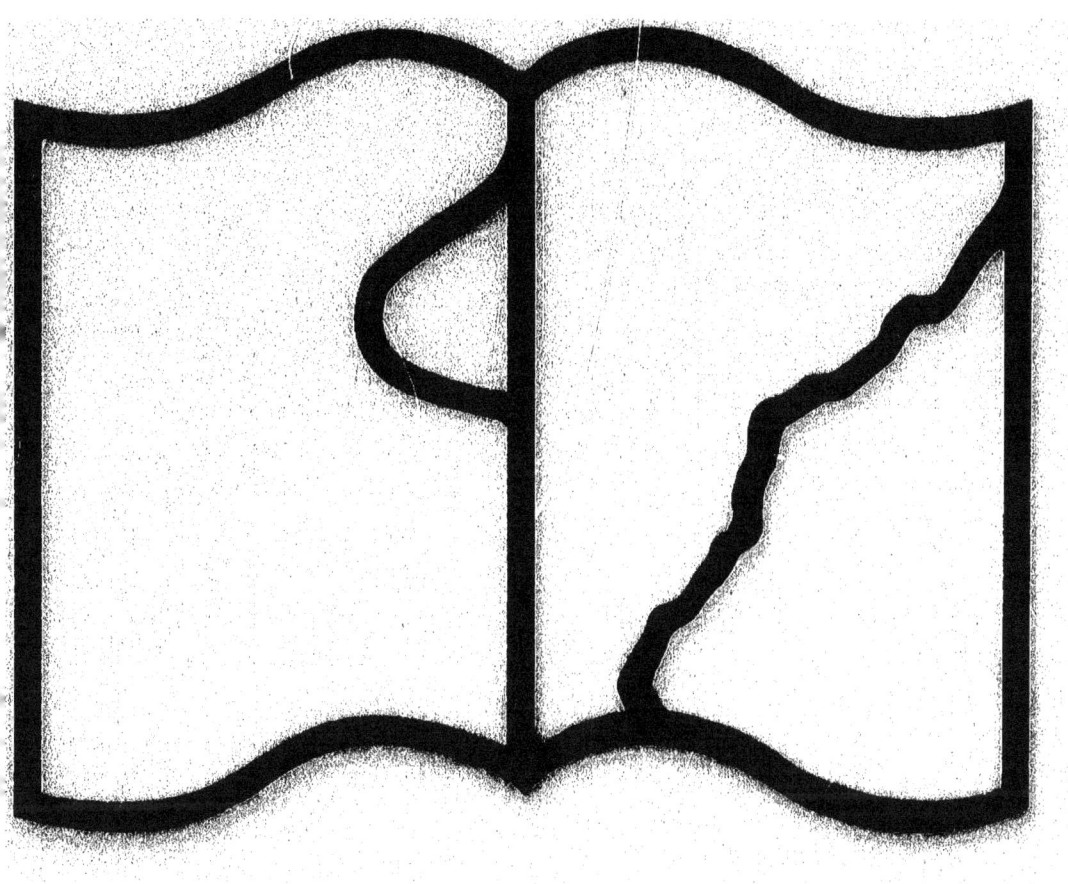

Texte détérioré — reliure défectueuse
NF Z 43-120-11

Contraste insuffisant

www.ingramcontent.com/pod-product-compliance
Lightning Source LLC
Chambersburg PA
CBHW050636170426
43200CB00008B/1041